징비록

징비록

유성룡이
보고 겪은
참혹한
임진왜란

유성룡 원작
김기택 옮김
임홍빈 해설
이부록 그림

알마

일러두기

1. 이 책은 《징비록懲毖錄》의 여러 판본 가운데 조선에서 간행된 "이권본二卷本"(〈글을 열며〉
참조)을 대본으로 삼아 오늘의 한국어로 다듬어 쓴 것이다.
2. 이민수, 이동환, 허선도, 김홍수를 비롯한 여러 학자의 번역과 주석을 두루 참고했다.
3. 누구나 쉽게 읽을 수 있도록, 난삽한 중세의 정치·외교·군사 용어 들은 평이하게 다듬
었다. 단 의미가 분명해야 할 경우에는 용어를 살리고 간략한 주석을 달았다.
4. 책에 실린 그림은 국립진주박물관의 전쟁사 전문 자료와 일본의 역대 인물화와 군기물
자료를 두루 참고했다.
5. 원문의 원주 또는 편집자주 성격의 문단은 생략했다.
6. 이 책에서 언급한 날짜는 모두 음력이다.

우리의 부끄러운 곳을 비춰주는 거울

처음 《징비록》을 읽었을 때, 가슴이 답답하고 화가 나고 한숨이 나던 일이 기억난다. 어떤 대목에서는 감추고 싶은 내 약점을 발견한 것처럼 얼굴이 화끈거렸고, 또 어떤 대목에서는 잘못한 것을 들켜서 가슴이 철렁 내려앉거나, 억울해서 속이 콱 막히는 것 같았다. 왜 이런 과한 반응을 하나, 나를 가만히 관찰해보니, 이 책에 나오는 겁 많고 소심하고 나약한 여러 사람들의 모습이 나와 꽤나 닮아 있었기 때문이다.

이 책은 우리 역사의 굴욕적인 부분을 들출 뿐만 아니라, 우리 마음의 부끄럽고 창피한 부분을 들여다보게 한다. 《징비록》에서 일어난 상황이 지금 여기에서 일어난다면, 땅과 하늘을 흔드는 조총 소리와 새카맣게 몰려드는 일본군을 본다면, 나도 겁을 먹고 무기와 식량을 다 물에 빠뜨리고 혼비백산한 군사와 양민들을 내버려둔 채 먼저 도망갈지 모른다. 나의 몸에는 그 선조들의 피가 흐르고 있고, 그들이 했던 시행착오와 실수를 나 또한 매일 되풀이하고 있기 때문이다.

《징비록》은 우리 역사에서 가장 아프고 어려운 시대를 되돌아보는 기록이다. 66개로 쪼개진 작은 나라를 통일한 도요토미 히데요시는 명나라를 정복하겠다는 야심으로 그 길목에 있는 조선을 침략해 임진왜란과 정유재란을 일으켰다. 두 전쟁은 거울을 보듯 조선 사회가 가지고 있던 여러 잘못과 병폐를 자세하게 비춰보게 해주었다. 그중에는 너무 치욕스러워서 얼굴을 붉히지 않고는 결코 남에게 하기 어려운 이야기도 적지 않다. 이 전쟁에서 일본군이 저지른 끔찍한 만행을 탓하기는 쉬워도 그 침략에서 드러난 우리의 치부를 꼼꼼하게 되돌아보고 잘못을 뉘우치고 다시는 되풀이하지 않도록 하기는 어렵다.

몹시 두렵거나 창피하거나 아픈 경험이 있을 때 우리는 그것을 다시 떠올리지 않으려고 한다. 그 기억은 아픈 상처를 건드려 그 고통을 다시 겪게 하기 때문이다. 우리는 잘못과 부끄러움을 빨리 잊으려고 한다. 자기의 실수나 못난 모습을 정직하고 객관적으로 되돌아보고 곱씹어보고 말하는 데는 용기가 필요하다. 용기를 내는 사람만이 자기의 잘못을 통해 큰 것을 배울 수 있다. 잊는 것은 편안하지만 망각을 통해서는 아무것도 배울 수 없다. 《징비록》은 그 고통을 기억하고 다시 체험하고 그것을 잊지 않으려는 용기에서 나온 것이다.

《징비록》은 일본은 물론 다른 여러 나라에도 번역되어 소개되었다. 보여주기 싫은 우리의 치부를 외국인들이 훤히 들여다본다고 생각하면 저절로 낯이 뜨거워진다. 찬란한 문화유산이나 올림픽에서 딴 금메달이나 아름다운 금수강산이 아닌, 하필이면 가장 치욕스러운 모습을 외국인들에게 보여줘도 괜찮은 것일까? 그렇게 할 수 있는 것은 그것이 남에게 보여주기 위한 역사가 아니라 우리 스스로 보고 생각하고 바꿔가야 할 우리의 역사이기 때문이다. 찬란한 문화유산만이 아니라 일제 수탈의 장소도 우리의 유산이고, 금수강산만이 아니라 오염된 땅과 버려진 땅도 우리의 땅이기 때문이며, 금메달을 딴 선수만이 아니라 예선에서 탈락한 선수도 우리의 소중한 국민이기 때문이다.

이 책에서 우리가 비웃거나 한숨짓거나 욕하며 보는 여러 잘못들은 오늘날에도 계속 되풀이되고 있다. 나 역시 소심하고 약해서 전에 했던 잘못을 되풀이하고 있고, 신문이나 방송에서도 되풀이되는 잘못을 거의 매일 보고 있다. 그럴수록 '지난 일의 잘못을 주의하여 뒷날에 어려움이 없도록 조심한다'는 '징비록'의 뜻은 더욱 소중하게 느껴진다. 《징비록》은 나, 우리 사회, 우리나라의 잘못을 비춰주는 맑은 거울이다.

임진왜란과 정유재란은 각각 1592년과 1597년에 일어났지만, 30년쯤 지나 청나라에 의해 비슷한 전쟁이 두 번이나 또 일어났다. 정묘호란과 병자호란이 그것이다. 비참하고 끔찍하다는 점에서, 미리 막을 수 있거나 피해를 줄일 수 있었는데도 같은 잘못을 되풀이한 점에서, 앞의 두 전쟁과 아주 비슷하다. 1910년에는 한일합방이 되어 일본의 식민 지배를 받았다. 7년의 전쟁은 그 다섯 배인 35년의 식민지로 늘어났다. 그리고 명나라 구원병 대신 미군과 소련군이 들어왔다. 잘못이 되풀이되는 것을 막기는커녕 더 심해진 것이다. 일제강점기에 살았던 시인 윤동주는 거리에 나가 싸우지 못하고 어두운 골방에서 순수하고 아름다운 세상을 꿈꾸는 자신을 '거울'을 통해 부끄럽게 비춰보았다.

파란 녹이 낀 구리거울 속에
내 얼굴이 남아 있는 것은

어느 왕조의 유물이기에

이다지도 욕될까

…

밤이면 밤마다 나의 거울을

손바닥으로 발바닥으로 닦아 보자

— 〈참회록〉에서

　윤동주의 거울은 '양심'이었다. 이 양심으로 비춰보니 "왕조의 유물"인 옛날의 잘못을 이어받은 소심하고 나약한 자신의 모습이 보였을 것이다. 그것은 내 핏속에서 흐르는 부끄러운 유전자다. 윤동주는 그 괴로움을 잊으려 하지 않고 자신을 더 잘 비춰볼 수 있도록 밤마다 거울을 닦았다. 밤은 잠자는 시간이고 고통을 잊을 수 있는 시간인데, 윤동주는 깨어서 그 고통으로 자신의 양심을 맑고 깨끗하게 단련시켰다.

우물 속에는 달이 밝고 구름이 흐르고 하늘이

펼치고 파아란 바람이 불고 가을이 있습니다.

그리고 한 사나이가 있습니다.

어쩐지 그 사나이가 미워져 돌아갑니다.

돌아가다 생각하니 그 사나이가 가엾어집니다.

도로 가 들여다보니 사나이는 그대로 있습니다.

다시 그 사나이가 미워져 돌아갑니다.

돌아가다 생각하니 그 사나이가 그리워집니다.

— 〈자화상〉에서

　자기의 약점, 부끄러운 부분을 보면 누구나 자신이 미워질 것이다. 윤
동주는 아무리 미워도 다시 돌아가 자기 자신을 들여다본다. 그에게는
'우물'도 자신을 들여다보는 거울이었고, "죽는 날까지 하늘을 우러러/
한 점 부끄럼이 없기를"〈서시〉에서 보듯이 맑은 하늘도 거울이었다. 무엇
이든 맑은 것이 있으면 윤동주는 거기에 자신의 부끄러운 모습을 비춰보
았다. 《징비록》 또한 그와 같은 양심의 거울이다.

　유성룡은 임진년과 정유년의 전쟁이 일어났을 때 영의정과 도체찰사
라는 중요한 직책을 맡으면서 피란 가는 선조 임금을 따라다니며 지키고,
명나라 구원병을 맞이하고 접대하고 그들이 먹을 식량을 댔다. 군사 정책
에 관한 것을 건의하거나, 작전을 짜거나, 군사들을 모집하거나, 군대를
지휘하는 등의 활약도 했다. 나라에서 별로 눈여겨보지 않았던 이순신과
권율 두 장수에게 높은 벼슬을 주고 중요한 일을 맡겨 전쟁의 흐름을 확
바꿔놓은 데 큰 기여를 했다.

　유성룡은 직접 전쟁을 겪으면서, 위기에 빠진 나라를 구하려고 자기
몸과 마음을 남김없이 쓰면서, 못 볼 꼴을 수없이 보면서 느끼고 생각한
것들을 이 책에 썼다. 그래서 이야기 하나하나가 바로 눈앞에서 벌어지는
일처럼 생생하다. 실감나게 쓰려고 꾸미지도 않았으며, 슬픔에 빠지거나
고통에 겨워 비명을 지르는 따위의 감상에 빠지지도 않았다. 많은 자료를

모아 역사적인 사실 그대로를 쓰려고 했으며, 당파 싸움의 한가운데 있으면서도 누구 편을 들지 않고 중립적인 입장으로 현실을 보려고 했다. 그래서 이 책은 임진왜란과 정유재란 두 전쟁을 이해하는 데 큰 도움이 된다. 나아가 16세기 후반의 조선의 정치·경제·사회를 이해하는 데도 없어서는 안 될 중요한 책이다.

《징비록》은 국보 132호로 역사 자료로서 가치가 매우 뛰어나다. 그러면서도 지난 역사를 오늘날 내가 경험하는 것처럼 실감나게 써서 마치 문학작품을 읽는 것 같은 큰 감동을 준다.

이 책은 두 권으로 되어 있는 《징비록》 1권과 2권을 다듬어 쓴 것이다. 〈녹후잡기綠後雜記〉는 해설을 써주신 임홍빈 전 국방부 전사편찬위원회 민족군사실 책임편찬위원이 번역해 8장에 이어 실었다.

이 책을 통해 우리 역사의 가장 어렵고 비참한 시대를 간접적으로 겪어 보면서, 오늘날 이 땅에 사는 나는 누구인가를 더욱 깊이 생각하는 기회가 되기를 바란다.

옮긴이 김기택

징비록

차례

유성룡의 〈머리말〉

'징비록懲毖錄'이란 무엇인가? 임진왜란 뒤의 사실을 기록한 것이다. 여기에는 임진왜란 전의 것도 가끔 기록되어 있는데, 그 이유는 임진왜란이 왜 일어날 수밖에 없었는지를 밝히기 위해서다.

슬프다! 임진왜란의 상처는 비참하고 끔찍했다. 수십 일 만에 서울과 개성 그리고 평양을 지켜내지 못했고, 팔도강산이 부서져 떨어졌으며, 임금님께서는 피란길에 올라 고생을 하셨다. 그러고도 나라를 보존하고 유지하게 된 것은 하늘의 도움이요, 조상의 어질고 후한 은혜와 덕이 백성들에게 스며들어서 그들에게 조국을 생각하는 충성스러운 마음이 끊임없이 일어났기 때문이다. 또한 임금님께서 명나라를 섬기는 정성이 명나라 황제를 감동시켜서 구원병이 여러 번 나와 도와주었기 때문이다. 그렇지 않았다면 우리 나라는 매우 위태로웠을 것이다.

《시경詩經》에 "지난 일의 잘못을 주의하여 뒷날에 어려움이 없도록 조심한다"라고 했는데, 이것이 《징비록》을 쓴 이유다.

나와 같이 보잘것없는 사람이 나라가 어지러운 난리를 겪을 때 중요한 일을 맡아가지고 그 위태로운 국면을 바로잡지도 못하고, 기울어지는 형세를 붙들지도 못했으니, 이 죄는 죽어도 용서받지 못할 것이다. 그런데도 나는 아직 시골구석에 살아남아서 구차하게 목숨을 이어가고 있으니 어찌 임금님의 너그러운 은혜가 아니겠는가?

　　근심 걱정이 조금 진정되니, 지난날을 생각할 때마다 황송하고 부끄러워 몸 둘 곳을 모르겠다.

　　이제 한가해져서, 그동안 듣고 보고 겪은 일들을 임진년1592년. 선조 25년에서 무술년1598년. 선조 31년에 이르기까지 큰 줄거리만 기록한다. 이것이 얼마가량 되고, 또 임금께 보고한 글狀啓, 임금의 잘못을 지적한 글疏箚, 공문서文移 및 자질구레한 기록雜錄을 그 뒤에 붙였는데, 비록 보잘것없으나 모두가 그때의 일들이므로 버리지는 못한다.

　　이것으로써 시골에 살면서 삼가 나라에 충성하고자 하는 나의 간절한 뜻을 나타내고, 또 어리석은 신하로서 나라의 은혜에 보답하지 못한 죄를 드러내고자 한다.

1

전쟁 전의
조선과
일본

일본에 조선의 통신사를 보내시오

1586년선조 19년에 일본 사신 다치바나 야스히로가 일본의 국왕 도요토미 히데요시의 국서國書를 가지고 왔다. 일본 사신은 조선의 통신사를 보내라는 일본 왕의 외교문서를 우리나라에 전하고 그 답을 듣기 위해 온 것이다. 조선은 명나라를 어른의 나라로 섬기고 일본을 이웃나라로 사귄다는 '사대교린' 정책을 썼기 때문에 일본에 보내는 사신을 명나라에 보내는 사신과 다르게 '통신사'라고 낮추어 불렀다.

1392년에 나라를 세운 조선과 일본의 무로마치막부1336~1573년. 막부는 군사정권의 우두머리인 쇼군將軍이 지배하는 정부는 사이좋은 이웃나라로서 국교를 맺은 지 거의 200년이 되었다. 처음엔 우리나라도 일본에 사신을 보냈다. 신숙주도 세조 때 통신사로 일본에 다녀왔다. 그 후로 일본에 통신사를 보내지 않았는데, 신숙주는 죽음을 맞이하는 자리에서 성종께 이렇게 말씀드렸다.

"우리나라는 일본과 평화롭게 지내야 한다는 것을 부디 잊지 마옵소서."

성종께서는 신숙주의 말에 크게 감동하여 일본에 통신사를 보냈으나 풍랑이 심해 도중에 돌아오고 말았다. 그 후에도 일본은 계속 사신을 보내왔으나 우리나라는 일본에 통신사를 보내지 않았다.

일본은 무로마치막부가 10여 년 전에 망하고, 나라가 66개로 나뉘어 싸우고 있었다. 그런데 야스히로가 사신으로 오기 한 해 전1585년에 도요토미 히데요시가 66개 나라를 통일시키고 강력한 왕이 되었다. 도요토미 히데요시에 대해서 사람들은 이렇게 말했다.

"도요토미 히데요시는 본래 중국 사람인데 떠돌다가 일본으로 들어가 나무꾼이 되었다. 어느 날 일본의 최고 권력자인 오다 노부나가 장군이 밖에 나갔다가 그를 만났는데, 남달리 똑똑하고 뛰어난 것을 보고 자기 군대의 병사가 되게 했다. 그랬더니 용감하고 힘이 세어 싸울 때마다 이기고 큰 공을 쌓으니 곧 높은 자리에 오르게 되었다. 그래서 마침내 권력을 잡아 오다 노부나가 장군의 자리를 빼앗고 왕이 되었다."

"오다 노부나가 장군이 다른 사람에게 죽임을 당하자 도요토미가 그 사람을 죽이고 나라를 빼앗았다."

일본이 계속 사신을 보냈으니 우리나라도 통신사를 보내야 한다는 말은 당연한 것 같지만, 거기에는 그럴 만한 중요한 이유가 있었다. 일본을 통일해 세상에 무서울 것이 없던 도요토미 히데요시는 조선을 거쳐 명나라를 침략하려는 야심을 품고 있었다. 그래서 조선의 통신사를 일본으로 보내라고 요구하면서 편지에다 이렇게 큰소리를 쳤다.

"우리 사신은 늘 조선에 가는데 조선의 통신사는 일본에 오지 않으니, 이것은 조선이 일본을 업신여기는 것이다."

일본 왕의 편지에는 이런 말까지 들어 있었다.

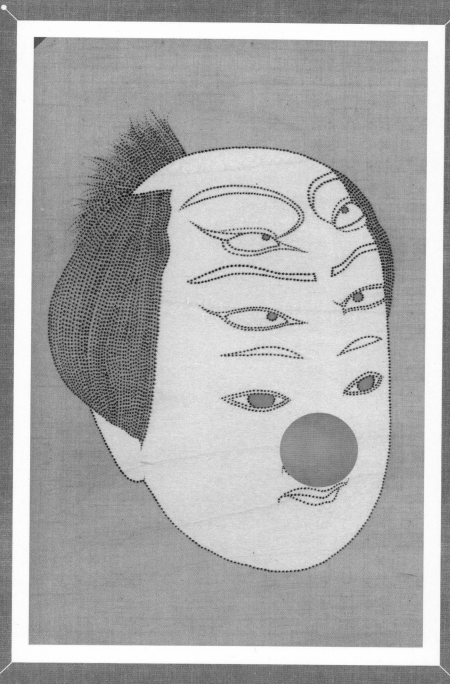

전쟁 전의 조선과 일본

"이제 온 세상이 내 손아귀에 들어올 것이다."

명나라를 부모처럼 받들고 일본을 깔보던 우리나라에서는 이 편지를 보고 일본 사신을 내쫓아야 한다느니, 그래서는 안 된다느니 하며 신하들이 서로 말싸움을 하는 소동이 벌어졌다.

우리나라에 드나들며 장사를 하던 일본인들 사이에서는 일본이 곧 조선으로 쳐들어갈 것이라는 소문이 퍼져 있었다. 그러나 일본에서는 조선에 그런 이야기를 하면 절대로 안 된다는 명령을 내렸으므로 일본 사람들은 아무도 이 말을 하지 못했다. 그랬기에 우리나라에서는 일본이 어떤 속셈을 갖고 있는지 알지 못했다.

사신으로 온 야스히로도 믿는 것이 있었던지 거만하기가 이를 데 없었다. 그는 오랫동안 쓰시마대마도에 있으면서 우리나라에 10년 넘게 드나들던 사람이었다. 쉰 살이 넘었으며, 덩치가 크고 수염과 머리가 희끗희끗했다. 그는 다른 일본 사람들과 달리 늘 가장 좋은 여관, 가장 좋은 방에 묵으면서 거드름을 피워 사람들이 이상하게 생각했다. 우리나라 지방 관청에서는 일본에서 사신이 오면 군인들을 불러 창을 들고 큰길가에 늘어서게 했는데, 이 사신은 군인들을 흘겨보고는 비웃으며 이렇게 말했다.

"너희들의 창자루는 아주 짧구나."

그가 상주에 이르렀을 때, 상주 목사지방을 다스리고 군사에 대한 권한도 가진 정3품 벼슬 송응형이 기생을 불러 음악과 노래와 춤으로 대접했다. 일본 사신은 송응형이 늙고 머리가 흰 것을 보고 이렇게 놀렸다.

"나는 오랫동안 전쟁하느라고 머리와 수염이 다 희어졌소이다만, 사또께서는 어여쁜 기생들 틈에서 놀면서 걱정 없이 지냈을 텐데 나보다 머리가 더 희니, 어찌된 일입니까?"

야스히로가 서울에 올라왔을 때는 예조판서가 직접 나가 잔치를 열어 대접했다. 한창 잔치 분위기가 무르익었을 때, 일본 사신은 술에 취한 척하며 일부러 주머니를 끌러 후추를 바닥에 흐트러뜨렸다. 후추를 보자 노래를 하던 기생들과 연주를 하던 악공들이 서로 차지하려고 다투어 달려들어 그 자리가 난장판이 되고 말았다. 그 시절에는 후추가 우리나라에서는 거의 구할 수 없는 매우 귀한 양념이었기 때문이다. 그러자 일본 사신은 이렇게 탄식했다.

"너희 나라는 이제 망했다. 나라의 질서와 사람들의 태도가 이렇게 엉망이니 어찌 망하지 않겠느냐?"

그러나 우리나라 조정에서는 통신사를 보내라는 일본의 요구를 들어주지 않았다. 일본 왕에게 보내는 답장에 그 이유를 이렇게 썼다.

"바닷길을 잘 모르기 때문에 일본으로 통신사를 보내는 일은 허락할 수 없습니다."

야스히로는 할 수 없이 빈손으로 자기 나라로 돌아갔다. 그러자 도요토미는 크게 화를 내며 그를 죽이고 그것도 모자라 그의 가족까지 다 죽여버렸다. 이 일본 사신은 오다 노부나가 장군 시대부터 쓰시마에서 우리나라로 자주 드나들었기 때문에 우리나라의 처지를 잘 알고 있었다. 그래서 우리나라가 왜 통신사를 보내기 어려운지를 그대로 보고했다. 그러자 조선과 명나라를 치려는 야망으로 불타오르던 도요토미는, 통신사를 보내게 만들기는커녕 조선이 대는 핑계를 그대로 전한 그의 태도를 참을 수 없어 죽여버린 것이라고 한다.

마지못해 통신사를 보내다

첫 번째 사신이 오고 나서 열 달쯤 지나 일본은 두 번째 사신을 우리나라에 보냈다. 두 번째 사신은 소 요시토시인데, 그는 쓰시마의 도주_{쓰시마를} 지배하는 영주 소 요시시게의 양아들이며, 임진왜란 때 일본군 제1부대 대장이었던 고니시 유키나가의 사위다. 도요토미는 그를 신임했기 때문에 조선이 일본에 통신사를 꼭 보내게 하라는 중요한 임무를 맡긴 것이다.

지난번에 우리나라는 바닷길을 잘 모른다는 핑계를 대고 통신사를 보내지 않았는데, 도요토미는 그런 핑계를 더이상 대지 못하도록 편지에다 이렇게 썼다.

"소 요시토시는 쓰시마 도주의 아들이므로 바닷길을 아주 잘 아니, 그를 따라서 오시오."

게다가 이번에는 우리나라의 형편을 알아보려고 게이테쓰 겐소 스님까지 함께 보냈으며, 사신을 따라온 사람도 200명이나 되었다.

소 요시토시는 나이가 젊고 힘이 있고 사나워서 일본 사람들이 무서워했다. 그 앞에서는 엎드려 무릎으로 기며 감히 쳐다보지 못할 정도였다. 그는 우리나라 통신사를 데리고 가기 전에는 절대 일본으로 돌아가지 않겠다면서 동평관_{일본 사신들이 머무르던 여관}에 오랫동안 머물렀다.

그래도 우리나라에서는 통신사를 보낼 것인지 결정하지 못하고 있었다. 그래서 이번에는 다른 핑계로 시간을 끌었다.

몇 해 전에 전라도 손죽도에 왜구들이 들어와 우리 백성들의 재산을 빼앗고 죽이는 등 강도짓을 한 적이 있었다. 거기에는 왜구들과 함께 어울려 강도짓을 하고 일본으로 달아난 우리 백성들도 섞여 있었다. 신하들은 임금께 그 왜구들과 우리나라를 배반한 백성들을 잡아서 보내줄 것을 먼저 일본에 요구하고, 일본이 이 요구를 들어주면 그때 통신사를 보내야 한다고 말씀을 올렸다. 그리하여 일본이 먼저 이 요구를 들어주면 임금께서 일본 사신을 만나주겠다고 전했다.

그러자 소 요시토시는 즉시 일본으로 사람을 보냈다. 두 달쯤 지나 왜구들과 배반한 백성들 열 명 정도가 일본에서 잡혀 왔다. 소 요시토시가 이들을 임금께 바치니, 임금께서 배반자들을 성 밖으로 끌어내 처형하게 하신 뒤 일본 사신들을 만나보고 잔치를 베풀어주셨다. 그렇다고 해서 일본에 통신사를 보내겠다고 바로 결정한 것은 아니었다. 그 후에도 오랫동안 통신사를 보내느냐 마느냐 하는 문제로 말이 많았다.

여러 신하들이 통신사를 보내야 한다고 임금께 말씀을 드렸다. 나_{유성룡}도 글을 올려 통신사를 보낼 것을 요청드렸다.

"이 일을 빨리 결정하시어 우리나라와 일본 사이에 틈이 생기지 않게 하시옵소서."

변협도 임금께 나아가서 이렇게 아뢰었다.

"마땅히 통신사를 일본에 보내 일본 왕의 편지에 답장을 하게 하고, 또 일본 형편도 살펴보게 해야 합니다."

그제야 임금께서 통신사를 보낼 것을 결정했다. 일본으로 갈 통신사에는 정사 황윤길, 부사 김성일, 서장관에는 허성이 임명되었다. 이들은 1590년 3월 일본 사신과 함께 일본으로 떠났다.

소 요시토시는 감사의 표시로 공작새 두 마리와 조총, 창, 칼 등을 우리나라에 선물했다. 임금께서 공작새는 남양군_{오늘날의 화성시 부근}의 섬으로 보내고, 조총은 군기시무기를 만드는 관청에 넣어두라고 명하셨다. 우리나라가 조총을 가진 것은 이것이 처음이었다.

통신사들의 엇갈린 생각

1590년 3월 6일에 서울에서 출발한 통신사는 4월 29일에 부산에서 배를 타고 먼저 쓰시마로 갔다. 그런데 외국 사신을 영접하는 일을 맡아 보는 선위사가 나타나지 않아 길 안내를 못 하는 바람에 한 달 동안이나 머물렀다. 쓰시마의 한 절에서 소 요시토시가 통신사들에게 잔치를 베풀었다. 통신사들이 먼저 와서 자리에 앉아 있는데, 소 요시토시가 가마를 타고 대문 안으로 들어와 돌층계까지 와서 내렸다. 이것을 보고 김성일이 크게 화를 냈다. 문밖에서 내려 걸어 들어오는 것이 예의인데, 이것을 지키지 않은 것은 통신사를 업신여기는 일이라고 생각했기 때문이다.

"쓰시마 사람은 우리나라 변두리에 있는 신하요. 우리가 임금의 명령을 받고 여기에 왔는데, 어찌 이렇게 거만하시오? 나는 이런 잔치를 받을 수 없소."

김성일이 이렇게 말하고 자리에서 벌떡 일어나 나오자, 다른 사람들도 따라나왔다. 다음 날, 소 요시토시는 애꿎은 가마꾼을 죽여서 그 머리를 들고 와 용서를 빌었다. 그다음부터 일본 사람들은 김성일을 무서워하여 그를 대접할 때는 예의를 다했으며, 멀리서 보기만 해도 말에서 내렸다.

통신사는 쓰시마를 떠나 이키 섬을 거쳐 일본에 들어가서도 하카타, 나가토, 나고야를 지나갔다. 그래서 서울을 떠난 지 넉 달 반이 지난 7월 22일이 되어서야 일본의 서울인 교토京都에 도착했다. 그런데 마침 도요토미가 말을 듣지 않는 호조씨복조씨. 일본 동북부 지역을 지배하던 영주를 치기 위해 군사를 이끌고 동북 지방으로 갔기 때문에 통신사는 교토에서도 두 달 넘게 기다려야 했다. 도요토미는 싸움을 끝내고 교토에 들어와서도 궁궐을 수리한다는 핑계로 바로 통신사를 만나지 않았다. 그래서 통신사는 절에 머물면서 다섯 달이나 도요토미를 기다렸다.

11월 7일이 되어서야 통신사는 도요토미를 만날 수 있었다. 도요토미는 얼굴이 작고 검으며 보통 사람과 크게 다르지 않으나, 눈빛이 아주 날카로워서 마치 사람을 쏘아보는 느낌이 들었다고 한다. 통신사와 일본 왕이 만나는 예절도 아주 간단했다. 자리에는 탁자 하나만 있고 그 위에는 떡 한 그릇이 놓여 있었다. 술도 막걸리였으며 술잔도 질그릇이었고, 술을 두어 잔 돌리는 것으로 끝이었다. 통신사가 우리 임금의 편지를 올렸는데, 도요토미는 아무 말도 없이 일어나 방 안으로 들어갔다. 조금 있다가 보통 때 입는 옷을 입고 아기를 안은 사람이 방에서 나와 돌아다녀서, 바라보니 도요토미였다. 그는 곧 난간으로 나가 악공들에게 음악을 연주하게 했다. 그 음악을 듣고 있는데 안고 있던 아기가 오줌을 쌌다. 그러자 시녀를 불러 아기를 건네고 옷을 갈아입히게 했다. 도요토미는 마치 옆에 사람이 아무도 없는 것처럼 제멋대로 행동했다.

일본은 통신사가 우리나라로 떠나기 전까지 답장을 주지 않았다. 김성일은 일본 왕의 답장을 받기 전에는 떠날 수 없다고 버텼으나 황윤길은 일본에서 붙잡아둘까봐 두려워서 배가 있는 바닷가로 먼저 나가 기다렸다. 보름쯤 지나 답장이 왔다. 답장을 보니 내용이 거칠고 태도가 거만하여 그대로 가지고 갈 수가 없었다. 그래서 몇 번이나 고쳐 써 오게 한 다음에야 답장을 들고 떠났다.

황윤길은 부산에 도착하자마자 바로 일본의 정세에 대한 글을 써서 임금께 올렸다.

"반드시 전쟁이 일어나 우리나라는 큰 어려움에 처하게 될 것입니다."

임금께서는 황윤길의 보고와 일본 왕이 보내온 답장을 보고 깜짝 놀랐다. 통신사가 서울로 올라와 일본에 다녀온 일을 보고할 때, 임금께서 일본의 사정이 어떠한지 직접 물어보셨다. 황윤길은 먼저 올린 글대로 말씀드렸는데, 김성일은 다르게 말했다.

"저는 그곳에서 전쟁이 일어날 것이라는 낌새를 느끼지 못했습니다. 황윤길이 전쟁이 일어날 것이라고 하여 사람들의 마음을 불안하게 하는데, 이는 옳지 못한 행동입니다."

신하들의 의견도 서로 엇갈려 어떤 이는 황윤길이 맞다고 하고, 어떤 이는 김성일이 맞다고 했다.

나는 나중에 김성일을 만나 물었다.

"앞으로 정말 전쟁이 일어나면 어떻게 하려고 그렇게 말했는가?"

"일본이 전쟁을 일으키지 않을 거라고 어떻게 확실하게 말할 수 있겠습니까? 다만 황윤길의 말에 온 나라가 놀라고 백성들의 마음이 크게 흔들릴까봐 이를 막으려고 한 것뿐입니다."

명나라를 치겠으니 일본을 도우라

"군사를 거느리고 명나라로 쳐들어가겠다."

통신사가 가져온 일본 왕의 답장에는 이렇게 분명하게 전쟁을 하겠다는 말이 들어 있었다. 그러나 조정에서는 어떻게 전쟁에 대비해야 할 것인지에 대해서는 의논하지 않고, 이 일을 명나라에 알릴 것인지 말 것인지를 두고 시끄럽게 말싸움을 했다.

나는 명나라에 알려야 한다고 주장했으나, 영의정 이산해는 이렇게 말하며 반대했다.

"명나라에서 우리가 통신사를 보내 일본과 연락했다고 잘못을 따질까 봐 걱정됩니다. 그러니 알리지 말고 숨겨두는 게 좋겠습니다."

그래서 내가 대답했다.

"일이 있어서 이웃나라와 서로 소식을 주고받는 일은 어쩔 수 없는 것입니다. 우리가 이 일을 숨기고 명나라에 알리지 않는 것은 마땅히 지켜야 할 도리에도 맞지 않습니다. 만일 명나라가 일본이 쳐들어가려고 한다는 것을 다른 곳에서 들어 알게 된다면, 명나라는 우리나라가 일본과 서로 짜고 이 사실을 숨긴다고 생각할 것입니다. 이렇게 된다면 정말로 큰일이 아니겠습니까?"

여러 신하들은 나의 말이 옳다고 여겼다. 그래서 김응남을 명나라에 보내 이 사실을 알리게 했다.

그때 일본에 잡혀간 명나라 사람이 일본에서 일어난 일을 몰래 명나라에 알렸다. 일본 남쪽의 섬나라인 유구국동중국해 서남부에 있던 섬나라. 지금의 오키나와로 원래 일본에 속하지 않은 독립국가였다 왕자도 명나라로 사신을 보내 이 소식을 전했다. 그래서 명나라는 일본이 자기 나라를 치려고 한다는 것을 알고 있었다. 그런데 우리나라만 이 사실을 알리지 않았기 때문에 명나라에서는 우리나라가 일본과 어울려 무슨 일을 꾸미는 것이 아닌지 의심하고 있었다. 그러나 우리나라에 사신으로 다녀간 적이 있는 명나라 재상 허국은 우리나라에 대해 잘 알고 있었으므로 명나라 신하들에게 이렇게 말했다.

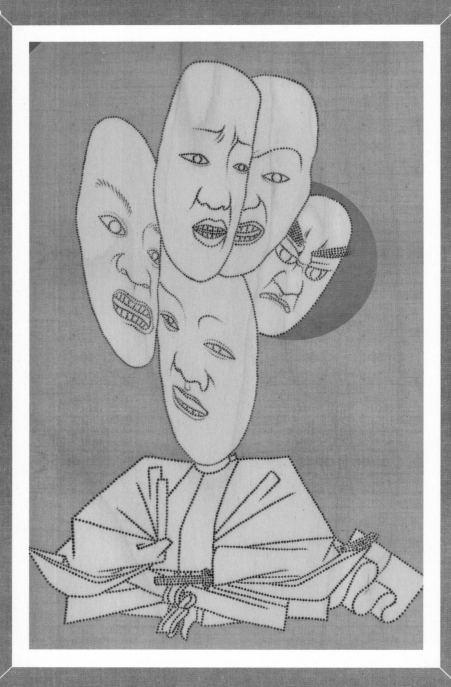

"조선은 정성을 다하여 우리나라를 섬기고 있으니, 일본과 일을 꾸며 우리나라를 배신하는 일은 절대로 없을 것입니다. 좀더 기다려봅시다."

그런데 마침 사신으로 간 김응남이 이 사실을 알리는 글을 가지고 명나라에 가니, 허국은 크게 기뻐했고 명나라의 의심도 풀리게 되었다.

나라를 지키는 일이 급하건만

전쟁이 없을 거라고는 했지만, 우리나라는 일본이 어떻게 움직일지 걱정되지 않을 수 없었다. 그래서 왜구나 오랑캐_{두만강 일대의 만주 지방에 살던 여진족}를 지키는 일에 경험이 많은 장수들을 뽑아 여러 지방에 내려보내 무기를 갖추고 성 쌓는 일을 하도록 했다. 특히 영천, 청도, 삼가_{합천 지역의 옛 지명}, 대구, 성주, 부산, 동래, 진주, 안주, 상주 등 경상도 지방은 성을 쌓는 일이 급해, 여러 마을에서 성을 새로 쌓거나 더 늘려서 쌓았다.

그러나 우리나라는 거의 200년 동안 전쟁 없이 평화롭게 지냈으므로 서울에서나 지방에서나 사람들이 다 편한 일만 찾았다. 백성들은 어떻게 하면 성 쌓는 일을 피할까 하는 생각만 했고, 너도 나도 힘든 일을 시킨다고 불평만 했다.

나와 나이도 같고 성균관에서 같은 일을 하기도 했던 합천 사람 이로는 나에게 편지를 보내 이렇게 말했다.

"성을 쌓는 일은 좋은 방법이 아닙니다. 합천은 정암진_{의령}과 함안 사이를 흐르는 남강의 나루터이 가로막고 있는데, 일본군이 날아서 건너오겠습니까? 성을 쌓는 것은 쓸데없는 일에 힘을 쓰는 것입니다."

우리나라와 일본 사이에 '현해탄'이라는 큰 바다가 가로막고 있어도 일본군을 막을 수 없는데, 조그만 강물 하나 있다고 일본군이 건너올 수 없다고 하니 참으로 어처구니없는 일이다. 이때는 여러 사람들의 생각이 이와 같았다.

경상도와 전라도에 많은 성들을 쌓았지만, 험한 산과 강의 모양을 잘 살펴서 적이 공격하기 어렵게 성을 쌓지 않고, 많은 백성들이 들어올 수 있도록 넓고 평평한 들판에 쌓는 데만 힘썼다. 진주성은 본래 험한 산에 자리 잡고 있어서 적이 공격하기는 어려워도 우리가 지키기는 쉬웠다. 그러나 이때는 성이 작다면서 동쪽 평평한 들판으로 내려와 다시 쌓았다. 그래서 나중에 일본군이 쳐들어왔을 때, 성안으로 들어오는 것을 막기가 어려워 성을 지키지 못했다.

튼튼하고 작은 것이 좋은 성인데, 사람들은 오히려 넓지 않다고 걱정하여 크게만 지으려고 했다. 더군다나 군사를 다스리는 중요한 문제는 더욱 형편이 없었다. 예를 들면 장수를 어떻게 뽑을 것인지, 어떻게 부대를 짜고 군사를 훈련시킬 것인지에 대해서는 제대로 할 수 있는 것이 하나도 없었다. 이런 형편이니 어떻게 전쟁에서 이길 수 있겠는가?

이순신을 수군 장수로 뽑다

나라에서는 정읍 현감<small>작은 현을 다스리는 종6품 벼슬</small>인 이순신을 뽑아 전라좌도 수군절도사<small>각 도의 수군을 총지휘하는 정3품 벼슬</small>를 맡겼다.

이순신은 겁이 없고 용감하며 싸울 때는 꾀를 잘 써서 이겼다. 또 말을 잘 타고 활도 잘 쏘았다. 이순신은 일찍이 만주와 서로 맞닿은 두만강 변의 작은 마을 조산보에서 낮은 무관 벼슬인 만호가 되었다. 이 무렵 북쪽에서는 여진족 오랑캐가 자주 우리나라로 들어와 백성들을 죽이거나 재물을 빼앗고 괴롭혔다. 이순신은 오랑캐가 쳐들어올 만한 길목에 군사들을 숨겨놓고는 적이 그 길로 들어오도록 꾀어냈다. 적이 그 길로 들어오자 갑자기 공격해 오랑캐 두목 울지내于乙其乃를 사로잡았다. 울지내를 잡아 죽인 뒤에는 한동안 오랑캐가 쳐들어오지 못했다.

다음에는 순찰사전쟁이 있을 때 왕의 명령으로 군사 일을 맡는 임시 벼슬 정언신이 이순신에게 녹둔도두만강 하류에 있는 작은 섬를 지키게 했다. 어느 날 안개가 짙게 끼었는데, 군인들은 다 벼를 베러 나가고 나무 울타리 안에는 군인들 열 명 남짓만 있었다. 그런데 갑자기 말을 탄 오랑캐 군사들이 사방에서 몰려들었다. 이순신은 얼른 나무 울타리의 문을 닫고, 울타리 안에서 연달아 활을 쏘았다. 말 탄 군사 수십 명이 말에서 떨어져 죽자 오랑캐들은 크게 놀라서 서둘러 도망갔다. 이순신이 혼자서 말을 타고 큰 소리를 지르며 쫓아가니 오랑캐들은 크게 패하여 달아났다. 그래서 오랑캐가 백성에게 빼앗은 재물을 도로 찾아올 수 있었다.

이렇게 뛰어난 이순신이었지만 조정에서 중요한 자리에 오르도록 소개해주는 사람이 없었다. 그래서 무과에 합격한 지 10년이 넘도록 낮은 벼슬자리에만 있다가 가까스로 정읍 현감이 되었던 것이다.

이때 일본군이 쳐들어온다는 목소리가 나날이 높아져 임금의 귀에도 들려오게 되었다. 임금께서는 비변사최고의 국방 행정 관청에 명령해 뛰어난 장수를 찾아서 뽑아 올리라고 했다. 내가 이순신을 뽑아 올려 드디어 정읍 현감에서 해군 대장인 수군절도사로 벼슬이 크게 올랐다. 이순신의 벼슬이 갑자기 높아지고 중요한 자리를 맡게 되자, 사람들은 이상하게 생각했다.

우리나라에서 가장 유명한 장수는 신립과 이일이었다. 경상우도 병사
각 도의 육군을 지휘하는 책임을 맡은 장수. 병마절도사 조대곤은 늙고 용감하지도 못
해서 사람들은 그가 육군 대장의 일을 잘 해내지 못할 거라고 걱정했다.
나는 임금께 조대곤의 자리를 이일에게 맡기자고 말씀드렸다. 그러자 병
조판서오늘날의 국방부 장관 홍여순이 이렇게 말하며 반대했다.

"서울에는 마땅히 힘 있는 장수가 남아 있어야 합니다. 이일을 지방으
로 보내면 안 됩니다."

그래서 나는 다시 임금께 말씀드렸다.

"모든 일은 미리 준비하는 것이 좋습니다. 더구나 군사들을 다스려서
적을 막는 일은 하루아침에 할 수 있는 일이 아닙니다. 만일 갑자기 적이
쳐들어오면 어쩔 수 없이 이일을 내려보내게 될 것입니다. 그러느니 차라
리 하루라도 일찍 보내 미리 군대를 정비하고 싸울 준비를 단단히 하도록
하는 것이 좋습니다. 그렇지 않고 급하게 장수를 내려보내면 그 지방 땅
의 형세가 전쟁하기에 알맞은지, 군사들은 얼마나 용감한지 잘 알지 못할
터이니 싸우는 데 크게 불리할 것입니다. 이것은 병법에도 맞지 않습니
다. 미리 장수를 내려보내 준비하지 않으면 반드시 후회할 것입니다."

그러나 임금께서는 아무 대답도 하지 않으셨다.

일본이 쳐들어와도 걱정할 것 없소

1592년임진년 봄에 임금께서 신립과 이일을 지방으로 보내 전쟁 준비가
잘 되어 있는지 살펴보게 하셨다. 이일은 충청도와 전라도로 가고, 신립
은 경기도와 황해도로 가서 한 달 동안 돌아본 다음 서울로 올라왔다. 그

런데 기껏 검사했다는 것이 활, 화살, 창, 칼 따위뿐이었다. 지방에서는 무기가 별로 없는데도 있는 것처럼 문서만 꾸몄으며, 실제로 적을 막을 좋은 대책은 없었다.

신립은 잔인하고 사납기로 이름이 나 있었다. 가는 곳마다 사람을 죽여 자신이 힘 있는 장수라는 걸 드러내 보이니, 지방의 관리들은 모두 무서워해 그가 온다 하면 백성들을 불러 길을 닦는다고 야단이었다. 또 가장 좋은 음식을 대접하고 지나치게 호화로운 곳에서 자게 하니, 대신이 온다 하여도 그보다 더하지는 않을 것 같았다.

신립이 임금의 명령을 받은 뒤, 4월 1일에 우리 집으로 나를 찾아왔기에 이렇게 물었다.

"머지않아 전쟁이 일어날 것 같습니다. 그러면 신립 장군이 나가서 싸워야 할 터인데 장군의 생각으로는 적을 막기가 어려울 것 같습니까, 아니면 싸울 만할 것 같습니까?"

"적이 뭐 그리 대단할 게 있겠습니까? 조금도 걱정할 일이 아닙니다."

"옛날에는 일본군이 짧은 창칼을 썼지만, 요즈음에는 조총과 같은 새로운 무기를 가지고 있으니, 결코 얕보아서는 안 될 것입니다."

"조총을 가지고 있다고 해도, 어떻게 쏘는 대로 다 맞힐 수 있겠습니까?"

"우리나라는 오랫동안 전쟁 없이 편하게만 살아와서 군사들이 겁이 많고 싸움에 약합니다. 갑자기 전쟁이 터지면 적과 맞서 싸우기가 어려울 것입니다. 우리가 앞으로 많은 전쟁을 치러서 싸우는 데 익숙해진다면, 그때 가서는 전쟁을 잘할 수 있겠지요. 그러나 지금 같은 군대를 가지고는 잘 막을 수 있을지 걱정이 몹시 큽니다."

그러나 신립은 내가 하는 말을 대수롭지 않게 여기고, 지금의 형편이 얼마나 위험한지 깨닫지 못한 채 그냥 가버리고 말았다.

2

일본의
침략

임진왜란이 일어나다

통신사가 우리나라로 돌아올 때 겐소 스님과 야나가와 시게노부 등도 따라와서 서울에 있는 일본 사신의 숙소인 동평관에 머물렀다. 임금께서 황윤길과 김성일을 불러 겐소 등에게 술과 음식을 대접하면서 일본의 사정을 알아보라고 하셨다. 김성일이 찾아가자 겐소가 목소리를 낮춰 말했다.

"명나라는 오랫동안 일본이 조공을 바치지 못하게 막았습니다. 그래서 도요토미 히데요시가 속으로 화를 내고 수치스럽게 여겨서 전쟁을 일으키려고 합니다. 조선이 먼저 이런 사정을 명나라에 알려 조공하는 길이 열리게 해준다면 아무 일도 없을 것이고, 일본 백성들 또한 전쟁하느라 고생하지 않아도 될 것입니다."

김성일은 일본이 조공을 바치도록 해주겠다고 하지 않았다. 그 대신 명나라는 조선이 섬기는 나라이니 이래라 저래라 할 수 없는 처지라는 걸 타이르려고만 애썼다. 겐소는 말이 잘 통하지 않자 이렇게 말했다.

"옛날에 고려는 원나라1271~1368년. 몽골족이 송나라를 멸망시키고 세운 나라의 군대를 안내해서 일본을 공격했습니다. 이 때문에 일본이 조선을 공격해 원수를 갚으려고 하는 것은 당연합니다."

두 사람의 말은 점점 거칠어지기만 했다. 그다음부터 더이상 겐소를 찾아가지 않았고, 겐소 일행도 그냥 돌아가버리고 말았다.

1591년 여름에 소 요시토시는 다시 부산에 와서 거기에 있는 한 장수에게 이렇게 말했다.

"일본은 명나라와 국교를 맺고자 하오. 만약 조선이 일본의 뜻을 명나라에 알려주면 다행한 일이지만, 그렇지 않으면 두 나라의 사이는 아주 나빠질 것이오. 이것은 아주 중요한 일이기 때문에 내가 직접 와서 알려주는 것이오."

이 장수는 소 요시토시의 말을 조정에 전했다. 그러나 조정에서는 일본에 통신사를 보낸 것이 잘못이라느니 일본의 태도가 거칠고 거만하다느니 하면서 화만 내고 아무런 대답도 해주지 않았다. 소 요시토시는 열흘 남짓 기다리다가 화가 나서 돌아갔다.

그 뒤로는 일본인들이 더이상 우리나라에 들어오지 않았다. 부산에 있던 일본인들도 차츰차츰 줄어들더니, 아주 보이지 않게 되었다. 그래서 사람들이 이상하게 생각했다.

1592년 4월 13일 저녁, 드디어 일본군의 배가 쓰시마에서 바다를 덮으며 우리나라로 몰려왔는데, 그 끝이 보이지 않았다.

이때 부산진 첨사첨절제사. 각 진영에 둔 종3품 무관으로 절도사 아래에 있는 벼슬 정발은 절영도지금의 영도로 사냥을 나갔다가 적이 쳐들어온다는 보고를 받고 허둥지둥 성안으로 들어왔다. 일본군은 배에서 하루를 자고 새벽에 구

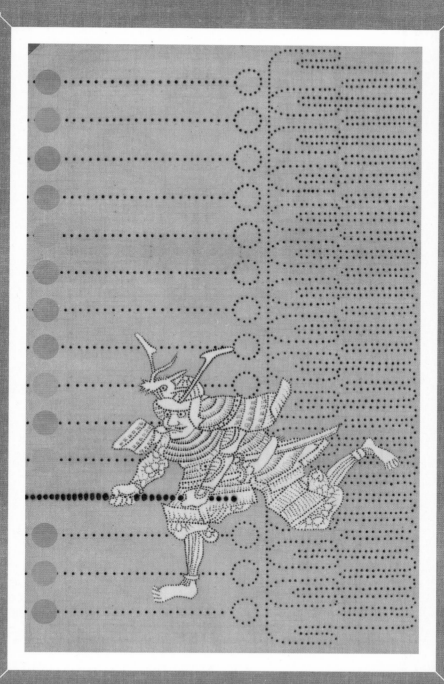

일본의 침략

름같이 몰려와 부산진성을 공격했다. 정발은 힘껏 싸웠으나 적의 수가 너무 많아 당해낼 수가 없었다. 정발은 죽고, 성은 오래 버티지 못하고 빼앗겼다.

⚜

군사들은 도망가고 성은 빼앗기고

경상좌도 수사_{수군절도사} 박홍은 일본군이 대단하다는 말을 듣고 감히 싸울 생각을 하지 못하고 도망쳤다. 일본군은 별로 힘들이지 않고 서평포와 다대포_{지금의 부산시 사하구에 있는 포구들}를 차지했다.

경상좌도 병사 이각은 적이 쳐들어왔다는 소식을 듣고 동래성으로 들어왔다. 부산성이 적에게 무너졌다는 소식을 듣고 겁이 나서 어쩔 줄을 몰라 했다. 이각은 밖에 나가 적을 미리 살펴보고 구원병을 보내겠다고 핑계를 대고는 성에서 빠져나와 도망쳤다. 동래 부사_{지방 수령의 하나. 정3품,} _{종3품} 송상현이 함께 동래성을 지키자고 했으나 그 말을 따르지 않았다.

다음 날 일본군은 동래성을 공격했다. 송상현은 끝까지 성을 지키자고 외치며 용감하게 싸웠다. 조총을 쏘아대며 공격하는 2만 명의 일본군을 칼과 활과 돌멩이를 든 2,000명이 막으려 했으니, 상대가 될 리 없었다. 성이 적의 손에 들어가자 송상현은 살려달라고 빌지 않고 장군답게 적의 칼을 맞고 죽었다. 일본군은 성을 지키려고 목숨을 바친 뜻을 높게 생각하여 그의 시체를 관에 넣어 묻고 말뚝을 세워주었다.

밀양 부사 박진은 동래성에서 밀양으로 돌아오다가 좁은 길목이 나타나자 그곳에서 적을 막으려고 했다. 일본군이 이것을 보고 산 뒤로 가서 갑자기 개미 떼처럼 내려오니, 우리 군사들은 모두 놀라 흩어지고 말았다. 박진은 밀양으로 들어와 성에 불을 지르고 무기를 다 태운 뒤 성을 버리고 산으로 들어갔다.

일본군이 가는 곳마다 이기자 감히 맞서 싸우려는 우리 군사는 아무도 없었다. 김해 부사 서예원은 성문을 굳게 닫아걸고 밖으로 나오지 않았다. 일본군이 밖에 있는 보리를 베어서 쌓으니 보릿단이 금방 성처럼 높아졌다. 일본군이 이것을 타고 넘어 쉽게 성안으로 들어오자 서예원은 도망을 갔고, 성은 빼앗겼다.

순찰사 김수는 진주성에 있다가 적이 쳐들어왔다는 소식을 듣고 말을 타고 동래성으로 가다가 적군이 가까이 왔다는 말을 듣고 겁이 나서 돌아갔다. 그는 아예 싸울 생각도 못하고 어찌할 바를 몰라 허둥대다가 백성들에게 도망가라고 소리만 질렀다. 그래서 곧 마을이 텅 비고 말았다.

용궁 현감 우복룡은 군사들을 이끌고 자기 부대로 가다가 잠시 길가에 앉아 밥을 먹었다. 이때 하양군의 군사 수백 명이 그 앞으로 지나갔다. 우복룡은 그 군사들이 말에서 내리지도 않고 지나가는 것을 보고 괘씸하다고 생각하여 붙잡아서 반란을 하려 한다는 구실로 다 죽여버렸다. 아무 잘못도 없이 죽은 시체가 들판에 가득했다.

그런데 순찰사 김수는 이런 우복룡이 큰 공을 세웠다고 임금께 알려서 벼슬을 올려주고, 안동 부사를 맡게 했다. 그 뒤에 억울하게 죽은 하양군의 군사 가족들이 서울에서 높은 사람이 올 때마다 가는 길을 막고 사정을 이야기하며 울부짖었다. 하지만 그때 우복룡은 힘이 있었으므로 아무도 이 원통한 사정을 조정에 말해 풀어주지 못했다.

징비록

뒤늦게 올라온 급한 보고

전쟁이 일어났다는 보고가 임금이 계신 조정에 처음으로 올라온 것은 일본군이 쳐들어온 날로부터 4일이나 지난 4월 17일 아침이었다.

성을 버리고 도망간 박홍이 올린 보고서였는데, 그 보고서에는 "높이 올라가 보니 부산성 안에 붉은 기가 가득합니다"라고 쓰여 있었다. 전쟁이 어떻게 되어가고 있다는 말은 한 마디도 없었다. 그러나 조정에서는 이 글을 보고 부산이 일본군에게 점령당한 것을 알게 되었다.

신하들이 모여 임금께 뵙기를 청했으나 허락하지 않으셨다. 그래서 글을 써서 올린 뒤 이일을 비롯한 여러 장수들을 뽑아 지방으로 내려가게 했다. 조금 있다가 부산이 일본군에게 점령되었다는 보고가 또 들어왔다.

이일이 순변사왕의 명령으로 군사 일을 하면서 지방을 순찰하는 특사가 되어 지방으로 내려가면서 날쌘 병사 300명을 데리고 가겠다고 했다. 병조국방을 담당하는 행정기관에서 군사를 뽑은 문서를 가지고 왔는데, 모두가 한 번도 싸움을 해본 적이 없는 사람들이었다. 실제로 가서 보니 그중에서 반 이상은 관청에서 일하는 사람들과 유학을 공부하는 선비들이었다. 군복을 입은 사람은 없고 싸움터에 전혀 어울리지 않는 옷을 입고 있었고, 과거시험을 볼 때 쓰는 시험지를 들고 있는 사람도 있었다. 어떻게든 전쟁터에 끌려가지 않으려고 애쓰는 사람들만 뜰 안에 가득해 보낼 만한 사람이 하나도 없었다. 이일은 명령을 받은 지 3일이 되도록 떠나지 못했다. 할 수 없이 이일을 혼자 먼저 떠나게 하고, 뒤따르는 장수가 군사들을 뽑아 따라가게 했다.

조금 뒤에 또다시 급한 보고가 올라왔다. 적이 벌써 밀양과 대구를 지나 조령에 가까이 왔다고 했다. 나는 신립과 이 일을 의논했다.

"일본군이 이렇게 깊이 들어왔으니 일이 아주 급하게 되었습니다. 앞으로 어떻게 하면 좋겠습니까?"

"이일이 싸우러 내려갔는데 뒤따르는 군사들이 없습니다. 어째서 용맹스러운 장수에게 급히 달려가서 도와주게 하지 않으십니까?"

신립이 이렇게 말했는데, 그 뜻을 헤아려보니 스스로 이일을 구원하러 가겠다는 것이었다. 임금께 신립의 뜻을 말씀드리니, 임금께서는 직접 신립에게 물어보시고 내려가게 했다. 나는 신립에게 군사들을 다스릴 만한 군관_{장교급의} 병사 80여 명과 그 명단을 주었다. 신립이 군관들을 이끌고 나가니 그들 모두 걱정이 가득한 얼굴이었다.

또한 전 의주 목사 김여물은 전쟁을 하는 데 필요한 꾀와 슬기가 뛰어난 장수인데, 감옥에 갇혀 있었다. 임금께 청하여 감옥에서 풀어주고, 신립을 따라가게 했다. 김여물은 속으로는 별로 좋아하지 않는 것 같았다.

신립이 떠날 때 임금께서 그를 불러 보시고, 임금이 쓰는 칼을 주면서 말씀하셨다.

"이일보다 낮은 장수들 중에 말을 듣지 않는 자가 있으면 이 칼을 쓰도록 하라."

신립이 임금께 인사를 드리고 대신들을 만나본 다음 계단을 막 내려오려고 할 때, 머리에 썼던 모자가 갑자기 떨어졌다. 그것을 본 사람들은 모두 얼굴빛이 하얗게 변했다. 신립이 용인에 도착해 글을 올렸는데, 거기에 자기 이름을 쓰지 않았다. 그래서 사람들은 모자가 떨어진 일 때문에 마음이 어지럽고 뒤숭숭해진 것이 아닌가 의심했다.

김성일의 죄를 물을 것인가

전쟁이 일어나기 전에 조정에서는 경상우도 병사 조대곤을 물러나게 하고 그 자리에 김성일을 앉혔다. 김성일이 자기 부대로 내려가고 있는데, 상주에 이르렀을 때 일본군이 쳐들어왔다는 소식을 들었다. 그래서 밤낮으로 말을 달려 내려가다가 중간에 조대곤을 만나 자기가 맡을 부대의 도장과 군사 명부를 받았다.

이때 일본군은 김해를 차지하고 떼를 지어 다니며 경상우도의 여러 마을에서 우리 백성들을 죽이거나 재물을 빼앗고 있었다. 김성일이 길을 가다가 일본군을 만났는데, 부하들이 무서워서 달아나려고 했다. 김성일은 말에서 내려 의자에 걸터앉아 움직이지 않은 채 이종인을 불러 말했다.

"너는 용감한 군관이니 적을 보고 물러나서는 안 된다."

이때 적군 한 명이 무쇠탈을 쓰고 칼을 휘두르며 달려나왔다. 이것을 본 이종인이 말을 타고 달려나가 한 발의 화살로 적을 쏘아 죽였다. 그러자 일본군은 도망치며 감히 앞으로 나오지 못했다.

김성일은 도망가느라 흩어진 군사들을 불러모으고, 백성들을 안심시키는 글을 써서 여러 마을에 붙이게 하는 한편, 어떻게 하면 어수선한 민심과 어지러운 사태를 바로잡을 수 있을지 이리저리 방법을 궁리하고 있었다.

그런데 임금께서는 김성일이 전에 일본에 통신사로 갔다 와서 "일본이 쉽사리 쳐들어오지는 못할 것이다"라고 말한 것 때문에 군사들의 긴장이 풀어지고 백성들의 마음이 느슨해져 나랏일을 그르쳤다고 생각하고 계

셨다. 그래서 의금부도사죄인의 잘못을 조사하는 일을 맡은 관청인 의금부의 5·6품 관리에게 명령해 김성일을 잡아오게 했다. 경상감사감사는 도의 으뜸 벼슬아치로 정식 명칭은 관찰사다 김수는 김성일이 잡혀가게 되었다는 말을 듣고 나와 길가에서 김성일을 떠나보내는 인사를 했다. 김성일은 표정이나 말에서 슬프고 억울하고 분한 빛이 가득했지만, 자신에 대해서는 한 마디도 하지 않고 오직 김수에게만 말했다.

"힘을 다하여 적을 치시오."

이것을 본 어떤 늙은 하급 관리가 감탄하며 한마디 했다.

"자신의 죽음에 대해서는 조금도 걱정하지 않고 오직 나랏일만을 걱정하니, 참말로 충신이다."

김성일이 서울을 향해 떠나 적산지금의 단양군에 이르렀을 때, 임금의 화가 풀렸다. 그때 김성일이 경상도 백성들에게 인심을 얻었다는 사실을 알고는 그의 죄를 용서해주셨다. 그리고 그를 경상우도 초유사난리가 났을 때 백성들을 불러모아 타일러 안정시키는 일을 맡은 임시 벼슬로 삼고 경상도의 백성들을 타일러 군사를 일으켜 적을 쳐부수라고 명령하셨다.

일본군이 경상도의 가운데를 꿰뚫고 지나가서 경상좌도와 경상우도는 서로 소식이 끊겼다. 마을 수령들은 모두 자기가 맡은 일을 버리고 도망가고 백성들도 뿔뿔이 흩어졌다. 조정에서는 김늑이 영천 사람으로 경상좌도 백성들의 형편을 자세히 알고 있어서 백성들을 불러모아 마음을 안정시킬 일을 잘할 사람으로 보았다. 그래서 김늑을 경상좌도로 보냈다. 백성들은 아직도 조정에서 내린 명령이 지방에서 지켜지는 것을 보고 차츰 마을로 모여들었다. 영천과 풍기는 다행히 일본군이 오지 않았고, 그래서 의병이 많이 일어났다고 한다.

이일이 상주싸움에서 지다

경상 감사 김수는 경상도의 여러 마을에 연락해 군사들을 한곳에 모아 서울에서 보내오는 장수를 기다리게 해놓고는 도망갔다. 문경 아래쪽 지방의 수령들은 자기 마을의 군사들을 데리고 대구로 가서 냇가에서 먹고 자면서 순변사가 오기를 기다렸다. 그때 순변사 이일은 꾸물거리며 천천히 내려오고 있었다. 며칠이 지나도록 순변사는 오지 않고 적은 점점 가까이 다가오니 군사들은 불안해했다. 대부분 농민인 데다 지휘할 장수도 없으니, 겁을 먹고 무서워 떨며 술렁이기 시작했다. 이때 마침 큰 비가 와서 옷은 다 젖었고, 식량이 떨어졌는데도 새로 양식이 오지 않았다. 밤이 되자 군사들이 하나둘 도망치기 시작하더니, 날이 밝았을 때는 군사들은 물론 수령까지 한 사람도 남지 않게 되었다.

순변사 이일이 문경에 들어왔을 때는 마을이 텅 비어 한 사람도 볼 수 없었다. 이일은 창고에 있는 곡식을 풀어 데리고 온 군사들을 먹였다. 이일이 상주에 이르렀을 때 상주 목사 김해는 순변사를 기다린다는 핑계로 산속으로 도망가버렸고, 판관^{지방 장관인 관찰사를 보좌하는 벼슬} 권길만 혼자 마을을 지키고 있었다.

이일은 어떻게 마을에 군사가 한 사람도 없느냐며 권길을 야단치고는 뜰로 끌어내 목을 베어 죽이려고 했다. 권길이 군사들을 불러모을 테니 살려달라고 애원해 그렇게 해주었다. 권길이 밤새도록 마을을 돌아다니며 수백 명을 데리고 왔는데, 모두 농민들이었다.

이일은 창고에 있는 곡식을 꺼내 흩어져 있는 백성들에게 주면서 살살

달래서 나오도록 했다. 산골짜기에서 한 사람 한 사람 나오기 시작하더니 곧 수백 명이 되었다. 그렇게 해서 겨우 군대를 만들기는 했지만, 적과 싸울 만한 사람은 거의 없었다.

이때 적은 경상도 선산까지 와 있었다. 저녁에 개령 사람이 와서 적이 가까이 왔다고 알려주었다. 이일은 여러 사람의 마음을 어지럽게 만든다고 개령 사람을 잡아서 목을 베어 죽이려고 했다. 그러자 그 사람이 소리지르며 이렇게 말했다.

"내 말을 믿지 못하겠다면 저를 잠시 동안만 잡아두십시오. 내일 아침까지 적이 오지 않는다면 그때 죽여도 늦지 않을 것입니다."

그날 밤에 일본군은 장천에 머물렀는데, 상주에서 20리 정도 떨어진 곳이었다. 그러나 이일의 부대에는 척후병이 없었으므로 일본군이 가까이 온 것을 알지 못했다. 이튿날 아침 이일은 적이 오지 않았다고 개령 사람을 끌어내 목을 베어 죽였다.

이일의 부대는 서울에서 데리고 온 군사들과 상주에서 모은 농민들을 합하여 800~900명이었다. 이일은 이들을 이끌고 산기슭에 진을 쳤다.

조금 있다가 숲 속에서 몇 사람이 나와 서성거리며 이 모습을 보다가 가버렸다. 사람들은 그들이 혹시 우리 부대를 살피러 온 적의 척후병이 아닌지 의심했지만, 괜히 잘못 말했다가 개령 사람처럼 죽을까봐 아무도 이 사실을 말하지 못했다.

이어서 멀리서 연기가 피어나는 것이 보였다. 이일은 그제야 뭔가 이상하다고 느꼈는지 군관 한 사람을 시켜 살펴보고 오게 했다. 그 군관이 말을 타고 느릿느릿 가는데, 일본군이 다리 밑에 숨어 있다가 조총을 쏘아 그를 말에서 떨어뜨리고 목을 베어 가지고 달아났다. 우리 군사들은 이 모습을 보고 모두 힘이 빠져 다리가 후들거렸다.

　좀더 있다가 이번에는 일본군 열댓 명이 와서 조총을 마구 쏘아대니 우리 군사 여러 명이 그 자리에 쓰러졌다. 이일이 군사들에게 소리쳐 활을 쏘라고 했으나, 화살은 수십 발짝도 못 날아가서 떨어졌다. 이것으로는 적을 죽이기에 어림도 없었다. 적은 벌써 우리 부대를 가운데 두고 왼쪽과 오른쪽으로 나뉘어 깃발을 들고 빙 둘러싸고는 달려들었다. 이일은 일이 급하게 된 것을 알고 급히 말머리를 돌려 북쪽으로 달아났다. 그러자 군사들은 크게 어지러워져 제각기 목숨을 건지려고 도망갔다. 그러나 살아서 도망간 사람은 말을 탄 몇 명뿐이고, 말이 없는 군사들은 모두 적에게 죽고 말았다.

　일본군이 이일을 급하게 뒤쫓았으나 이일은 군복을 벗어버리고 머리도 풀어 제치고 알몸으로 문경으로 도망갔다. 이일은 거기서 종이와 붓을 구해 싸움에서 진 것을 급히 적어 조정에 알렸다. 그는 신립이 충주에 있다는 말을 듣고 충주로 달려갔다.

서울을 지킬 것인가 피란할 것인가

우의정 이양원이 수성대장, 이진과 변언수가 각각 경성좌위장과 경성우위장, 상산군 박충간이 경성순검사에 임명됐다. 이들은 도성 방비의 책임을 맡았고 상중이던 김명원은 도원수에 임명되어 한강을 지키게 되었다. 이일이 상주에서 일본군과 싸워서 졌다는 보고가 서울에 올라와 민심이 어지러웠다. 궁궐 안에서는 서울을 옮기자는 말이 나왔으나 궁궐 밖에서는 알지 못했다. 임금이 타는 말을 담당하는 관리가 와서 영의정과 귓속

말을 주고받으니 사람들이 이상하게 생각했다.

대간관료들의 잘못을 조사하는 대관과 임금의 잘못을 비판하는 간관이 "영의정 이산해가 나랏일을 그르쳤다"고 하면서 죄를 물어 물러나게 할 것을 청했으나, 임금께서는 허락하지 않으셨다. 임금의 친척들이 몰려와 임금께서 머무는 궁전 밖에서 크게 울며 소리쳤다.

"도성을 버리지 마십시오."

"서울을 버리자고 주장하는 사람은 마음이 좁고 간사한 사람입니다."

이에 임금께서 "종묘사직이 이곳에 있는데, 내가 앞으로 어디로 간단 말이냐?"라고 말씀하셨다. 그제야 사람들이 물러났다. 그러나 한 번 어지러워진 분위기는 어쩔 수가 없었다. 궁궐에서는 성안의 종들과 낮은 벼슬의 관리들과 의원에서 일하는 사람들을 뽑아 성을 지키게 했는데, 거의 다 성을 빠져나가 도망갈 궁리만 하고 있었다. 병조에서 일하는 군사들은 궁궐에서 일하는 사람들에게 뇌물을 받고 몰래 도망가게 해주었다. 이 군사들은 위급한 일이 생기면 제대로 싸우지 못하는, 거의 쓸모가 없는 병사들이었다.

우리 군사가 상주 싸움에서 패해 물러날 때, 이일의 부대에서 일본말 통역을 하는 경응순이 일본군에게 붙잡혔다. 일본 장수 고니시 유키나가는 도요토미 히데요시의 편지와 예조외교와 문화를 담당하던 관청에 보내는 문서를 경응순에게 주면서 말했다.

"동래에서 울산 군수를 사로잡아 편지를 보냈으나 아직도 대답을 듣지 못했다. 조선이 만약 강화를 할 뜻이 있다면, 4월 28일까지 이덕형을 보내 충주에서 만나게 하도록 하라."

전에 이덕형은 선위사외국 사신을 영접하는 일을 맡아보는 사람가 되어 일본 사신을 접대한 일이 있기 때문에 고니시 유키나가가 그를 만나보려고 한 것이다. 그때 조정에서는 전쟁의 사태가 너무 위급했지만 아무런 대책도 세우지 못하고 있었다. 그래서 경응순이 서울에 올라와 보고하자 혹시 이것으로 싸움을 좀 늦출 수 있지 않을까 생각했다. 이덕형 또한 스스로 고니시 유키나가를 만나러 가기를 청했다. 이덕형은 예조에서 답장을 쓰게 한 다음, 경응순을 데리고 떠났다. 그러나 충주가 벌써 일본군에게 점령당했으므로 들어갈 수가 없었다. 이에 먼저 경응순을 충주로 보내 사정을 알아보게 했는데, 경응순이 그만 일본군에게 잡혀 죽고 말았다. 이덕형은 할 수 없이 중간에 도로 돌아와서 평양으로 피란한 임금께 이 사실을 말씀드렸다.

신립이 충주 싸움에서 크게 패하다

신립이 충주에 오니 충청도 여러 마을에서 온 군사들이 8,000명이 넘었다. 신립은 조령경상도 문경에 있는 고개을 지키려고 했으나 이일이 일본군에게 졌다는 말을 듣고 간담이 서늘해져서 충주로 돌아왔다. 그렇게 공격하기 어렵다는 조령을 버려두고 충주로 온 것을 보고, 사람들은 신립이 이 싸움에서 반드시 질 것이라는 걸 알았다.

4월 27일 저녁에 신립과 친한 군관이 적군이 조령을 넘었다고 몰래 알려주었다. 이 말을 듣자마자 신립은 혼자 성 밖으로 뛰어나갔다. 아무도 신립이 간 곳을 몰랐는데, 밤중에 신립이 슬그머니 돌아왔다.

다음 날 아침 신립은 "한 군관이 나에게 거짓말을 했다"라고 말하면서 그 군관을 끌어내 목을 베어 죽였다. 그리고 임금께 글을 올려 이렇게 말

쓰드렸다.

"일본군들이 아직 상주를 떠나지 않았습니다."

그러나 적군은 이미 10리 밖에 와 있었다. 신립은 탄금대^{남한강과 달천이} ^{합류하는 곳에 위치한 충주의 명승지} 앞의 두 강 사이에 진을 쳤다. 신립이 진을 친 곳은 왼쪽과 오른쪽에 발이 푹푹 빠지고 물풀이 뒤엉킨 습지가 있어서 말이 달릴 수 없었다.

조금 있다가 일본군이 충주 남쪽의 단월역부터 길을 나누어 쳐들어왔 다. 한 패는 산을 따라 동쪽으로 오고, 다른 한 패는 강을 따라 서쪽으로 내려오는데, 조총을 쏘는 소리가 땅과 하늘을 뒤흔들었다.

뒤는 강이요 옆으로는 질척한 습지여서 말을 탄 신립의 군대는 오직 앞 으로 나아갈 수밖에 없었다. 그런데 적이 앞에서 조총을 쏘며 달려오니 신립은 어찌해볼 수가 없었다. 하는 수 없이 말을 채찍질하여 직접 적진 으로 돌격하려고 두 번이나 애를 썼으나 들어갈 수가 없었다. 이렇게 되 자 말머리를 돌려 물러날 수밖에 없었는데, 돌아서자마자 강이 가로막고 있었다. 그래서 신립은 제대로 싸워보지도 못하고 강물에 빠져 죽고 말았 다. 뒤이어 군사들도 다 강으로 뛰어들어 죽어서 강물은 시체로 가득 덮 이게 되었다. 옆으로 도망가려고 했던 군사들은 말과 함께 습지에 빠져 허우적거렸다. 적군은 힘들이지 않고 이들을 조총으로 쏘아 죽였다. 신 립을 따라왔던 김여물도 이 싸움에서 죽고 말았다. 이일은 동쪽의 산골짜 기로 겨우 몸을 빼내 도망했다.

뒤에 들은 이야기에 따르면, 일본군은 상주로 들어왔으나 앞에 험한 지형이 가로막고 있어 그곳을 지나가는 것을 매우 두려워했다고 한다. 문 경에서 남쪽으로 10리가 조금 넘는 곳에 고모성이 있는데, 경상좌도와

경상우도의 경계가 되는 곳이다. 양쪽 산골짝을 묶어놓은 듯하고 가운데 큰 시냇물이 흐르고, 길은 그 아래로 나 있었다. 적군은 틀림없이 여기에 우리 군사들이 지키고 있을 것이라고 생각해 크게 두려워했다. 그래서 두 번 세 번 사람을 보내 살펴보게 했는데, 지키는 군사가 아무도 없어 너무 좋아 춤을 추고 노래를 부르며 이곳을 지나왔다고 한다.

그 뒤에 명나라 장수 이여송이 일본군을 쫓아 조령을 넘어가게 되었는데, 그때 이렇게 탄식했다고 한다.

"이렇게 험한 요새가 있는데도 지킬 줄을 몰랐으니, 신립은 정말 머리가 아주 모자라는 사람이었구나!"

이곳에서 적을 막았다면 아무리 일본군이 강하다 해도 조령을 넘기가 만만치 않았을 텐데, 뒤와 옆이 모두 막힌 탄금대를 싸움터로 정해 스스로 지는 길을 택했으니, 참으로 안타까울 뿐이다. 신립은 날쌔어서 여러 싸움에서 공을 세워 이름을 날리기는 했으나 꾀를 써서 싸움을 승리로 이끄는 일은 잘하지 못했다.

일본군은 부산으로 쳐들어온 지 10일도 안 되어 상주에 이르렀으니, 경상도를 거의 모두 차지한 셈이었다. 그렇게 되기까지 경상도의 육군과 수군은 싸움다운 싸움 한 번 제대로 하지 못했다.

수군을 맡고 있던 경상좌도 수사 박홍은 한 사람의 군사도 싸움터에 내보내지 못하고 도망갔고, 경상우도 수사 원균은 배를 많이 갖고 있었지만, 적이 보이기만 해도 멀리서 피하여 한 번도 적군과 싸워보지 못했다. 육군을 맡고 있던 경상좌도 병사 이각은 도망만 다녔고, 경상우도 병사 조대곤은 김성일로 바뀌어 물러났다. 일본군은 마음껏 북을 치고 행진하면서 수백 리 길을 마치 아무도 없는 벌판을 지나가듯 마음껏 내달렸다.

경상도가 다 일본군에게 넘어갈 때까지 단 한 곳에서도 길을 막고 저항하는 사람이 없었다.

3

거듭되는
패배와
피란

서울을 버리고 피란 가는 임금

4월 29일 저녁, 벙거지를 쓴 세 명의 남자가 말을 타고 달려 남대문으로 들어왔다. 성안에 있던 사람들이 우르르 몰려가 전쟁이 어떻게 되었는지 물었다.

"우리는 순변사 신립 밑에 있는 군관의 종입니다. 어제 신립이 충주 싸움에서 져서 죽고, 우리는 겨우 몸만 빠져나왔습니다. 집안사람들에게 급히 알리고 피란을 시키려고 왔습니다."

이 말을 들은 사람들이 크게 놀라 지나가는 사람마다 알리니 금방 성안에 다 퍼지고 말았다.

그날 저녁 임금께서는 재상들을 불러 피란할 문제를 의논했다. 재상들이 임금께 말씀드렸다.

"일이 이 지경에 이르렀으니 임금께서는 잠시 동안 평양에 가서 머무르시고, 명나라에 구원병을 청하여 서울을 되찾을 길을 찾으소서."

그래서 왕자들을 여러 지방으로 보내 임금을 지킬 군사들을 모집하게 하고, 세자광해군는 임금의 행차를 따르게 하고, 피란을 하기로 결정했다.

좌의정 이양원은 유도대장임금이 서울을 떠나 있을 때 도성 안을 지키던 대장을 맡아 서울을 지키게 하고, 도원수전쟁이 일어났을 때 임시로 군대를 다스리는 정2품 벼슬 김명원에게는 한강을 지키라는 책임을 주었다. 그리고 중요한 관직을 맡은 신하들은 임금을 호위하게 했다.

"서울을 버려서는 안 됩니다."

여기저기서 큰 소리로 부르짖는 소리가 들렸다. 조금 뒤에 이일이 올린 글이 왔는데 이렇게 쓰여 있었다.

"적이 오늘이나 내일 사이에 도성으로 들어올 것 같습니다."

한참 있다가 임금을 태운 수레가 대궐 문 밖으로 나갔다. 대궐에서 일하는 사람들이 달아나 시간을 알리는 종소리도 들리지 않았고, 대궐 안을 호위하는 병사들도 모두 달아나 문을 지키는 사람도 없었다. 행차가 경복궁 앞을 지나가는데 양쪽 길가에서 큰 울음소리가 들려왔다. 숭문원외교 문서를 담당하는 관청에서 일하는 관리 이수겸이 내가 타고 가던 말의 고삐를 붙잡고 물었다.

"숭문원 안의 문서는 어떻게 합니까?"

"그중에서 중요한 것만 거두어서 나를 쫓아오너라."

내가 대답하니 이수겸은 울면서 돌아갔다.

돈의문서대문을 나와서 사현 고개지금의 현저동에서 홍제동으로 넘어가는 고개를 지나니 동쪽 하늘이 밝았다. 뒤를 돌아 도성을 보니 남대문 안 큰 창고에서 불이 나 연기가 하늘로 치솟고 있었다.

임금의 행차가 석교를 지날 때부터 비가 내리기 시작하더니 벽제역지금의 고양시에 있던 역관에 왔을 때는 비가 더 세게 내려 사람들이 모두 비에 젖

거듭되는 패배와 피란

었다. 처음에는 임금의 행차를 따라오는 사람들이 100명 정도 되었으나 차츰 줄어들었다. 따라오던 관리들 중에는 여기서 다시 서울로 돌아가는 이들이 많았으며, 임금을 곁에서 모시던 시종이나 대간들은 뒤떨어져서 따라오다 중간에 슬그머니 없어지기도 했다. 궁녀들은 약한 말을 타고 수건으로 얼굴을 가리고 소리 내어 울면서 따라왔으나 진흙탕에 빠져 따라오지 못하는 이도 있었다. 마산역_{지금의 파주시에 있던 역관}을 지나가는데 밭에서 어떤 사람이 소리쳤다.

"나라님이 우리를 버리고 가시면 우리는 누구를 믿고 삽니까?"

임진강을 건너고 나니 벌써 날이 어두워 길을 찾을 수 없었다. 강 옆에 나루터를 관리하는 건물이 있었는데, 일본군이 이 건물을 뜯어 배를 만들지 모르니 불태우라고 했다. 불빛이 강 북쪽까지 환하게 비춰 간신히 길을 찾아갈 수 있었다.

동파역_{마산역과 동파역 모두 서울과 개성 사이에 있는 중요한 역관이었다}에 도착하니 파주 목사 허진과 장단 부사 구효연이 임금께 올릴 간단한 음식을 준비해 왔다. 그러나 임금을 호위하던 사람들은 하루 종일 굶은 탓에 앞뒤를 생각할 것도 없이 짐승처럼 주방으로 들어가 닥치는 대로 먹어댔다. 먹다 보니 임금께 드릴 음식이 남아 있지 않았다. 이것을 보자 허진과 구효연은 뒷일이 무서워서 도망갔다.

날이 저물 무렵 개성으로 가려고 했으나, 경기도에서 일하는 관리와 군사들이 모두 도망하여 임금의 행차를 호위할 사람이 없었다. 그때 시흥 부사 남의가 수백 명의 군사와 오륙십 필의 말을 이끌고 와서 개성으로 떠날 수 있었다. 황해 감사 조인득도 군사를 이끌고 와서 임금을 기다린다고 했다. 임금을 모시는 사람들이 어제와 오늘 거의 먹지 못했으므로 남의의 군사들이 갖고 있는 쌀과 조로 배고픔을 겨우 잊을 만큼만 밥을 지어 먹었다.

개성에 도착했을 때 대간이 글을 올려 "영의정 이산해가 나라의 일을 그르쳤습니다"라고 하면서 죄를 물어 물러나게 해야 한다고 했으나 임금께서는 허락하지 않으셨다.

5월 2일에도 대간이 계속 글을 올리므로 영의정을 물러나게 하고 그 자리에 나를 앉히고, 좌의정에는 최홍원을, 우의정에는 윤두수를 앉혔다. 그러나 저녁에는 나의 죄를 물어 물러나게 하고 최홍원을 영의정으로, 윤두수를 좌의정으로, 유홍을 우의정으로 삼았다. 그리고 정철을 불러오라고 명령했다.

일본군은 서울로 임금은 평양으로

일본군은 동래에서 세 갈래의 길로 나누어 서울로 올라왔다. 두 개의 부대는 경상도 오른쪽 길과 가운데 길로 나누어 올라오다 충주에서 만나 신립의 군대를 무너뜨리고 다시 갈라져 한 부대는 여주, 양근, 용진을 거쳐 서울 동쪽에 나타났고, 다른 부대는 죽산, 용인을 거쳐 한강 남쪽에 도착했다. 또다른 부대는 경상도 왼쪽 길로 올라와 청주를 무너뜨리고 경기도로 올라오고 있었다.

일본군은 서로 가는 길은 달라도 그들의 깃발과 창칼은 천 리에 뻗쳐 있었고, 총소리는 서로 마주쳐 들렸다. 일본군은 십 리 또는 오륙십 리마다 험한 곳에 나무 울타리를 두르고 군사들에게 머무르면서 지키게 했다. 밤이 되면 횃불을 들어 서로 신호를 주고받았다.

도원수 김명원은 한강에 있다가 적이 조총을 쏘아대며 오는 것을 보고 싸워보지도 못하고 무기를 모두 강물 속에 버렸다. 그러고는 군복 대신 다른 옷으로 갈아입고 도망갔다. 유도대장 이양원은 성안에 있다가 한강을 지키는 군인들이 뿔뿔이 흩어져 도망갔다는 말을 듣고는 서울을 지키기가 어렵다고 생각하고, 도성을 버리고 양주로 달아났다.

이에 앞서 강원도 조방장_{순변사 밑에서 지방의 방어를 돕는 장수} 원호는 적이 강을 넘어오지 못하도록 여주 북쪽 강을 지키고 있었다. 적은 며칠 동안 강을 건너지 못하고 쩔쩔매었다. 그런데 강원도 순찰사 유영길이 원호를 불러 강원도로 돌아오게 했다. 적들은 마을의 관사와 집을 헐어서 뗏목을 만들어 강을 건넜다. 강을 건너다가 중간에 물에 빠져 죽은 일본군들도 많았지만, 적을 지키는 우리 군사들이 없었기 때문에 며칠에 걸쳐 강을 다 건널 수 있었다. 강을 지키기만 했어도 일본군이 서울로 들어오는 것을 많이 늦출 수 있었을 것이다.

세 갈래 길로 나누어 올라온 일본군은 모두 서울로 들어왔다. 일본군이 성안으로 들어왔을 때 백성들은 다 흩어져서 한 사람도 보이지 않았다.

김명원은 한강에서 도망쳐 나와 임진강에 이르러 임금께 글을 올려 상황을 보고했다. 임금께서는 "다시 경기도와 황해도의 군사를 모아 임진강을 지키라"면서 "신할과 함께 임진강을 지켜 일본군이 서쪽으로 올라오는 길을 막으라"고 명령을 내리셨다.

이날 임금께서는 개성을 떠나 금교역에 도착했다. 나는 영의정에서 물러나 아무 벼슬도 없었지만, 감히 행차를 떠날 수가 없어서 임금을 모시고 갔다.

5월 4일에는 황해도 평산군 보산역에 도착했다. 개성을 떠날 때 종묘에서 모셔온 신주를 두고 왔다. 임금의 친척 한 사람이 울면서 말했다.

"신주를 적이 있는 곳에 버려두어서는 안 됩니다."

그래서 밤새도록 개성까지 달려가 신주를 모셔 왔다.

5월 7일에 임금의 행차는 평양으로 들어갔다.

용인 싸움에서 지다

전라도 순찰사 이광이 일본군을 막기 위하여 군사들을 거느리고 서울로 향했다. 그러나 이미 임금은 피란 가고 서울은 적의 손에 들어가 있었다. 이광은 할 수 없이 부대를 데리고 전주로 돌아갔다. 전라도에서는 이광이 싸우지도 않고 돌아왔다고 욕을 하고 불평을 했다. 이광은 이 말을 듣고 마음이 불편하여 참을 수가 없었다. 다시 부대를 이끌고 충청도 순찰사 윤국형의 부대와 합쳐 서울 쪽으로 갔다. 경상도 순찰사 김수도 군관 수십 명을 데리고 왔다. 모두 5만 명이 넘는 대군이었다.

용인에 왔을 때 북두문산 위에 돌로 쌓아 만든 일본군의 작은 부대가 보였다. 이광은 적이 많지 않은 것을 보고 우습게 여겨 군관들 중에서 용감하다는 백광언, 이시례에게 적을 시험해보게 했다. 두 군관은 말을 타고 군사들을 이끌고 산으로 올라가서 수십 발짝 떨어진 곳에서 활을 쏘아 댔으나 적은 나오지 않았다. 날이 저문 뒤에 백광언, 이시례와 그 부하들은 적이 별로 위험하지 않은 것 같아 마음놓고 쉬고 있었다. 이 틈을 타서 적군은 칼을 빼들고 가만히 다가와 갑자기 소리를 지르며 달려들었다. 우리 군사들은 놀라서 급히 말을 타고 달아나려고 했으나 말을 타기도 전에 적의 칼날을 받고 모두 죽고 말았다. 이광과 우리 군사들은 이 소식을 들고 크게 놀라 일본군을 무서워하게 되었다.

이 싸움에 나선 세 명의 순찰사는 싸움을 하는 무인이 아니고 책상에 앉아 글을 쓰는 문인들이라 전쟁을 하는 데는 서툴렀다. 군사의 수는 많았지만 훈련이 잘 되어 있지 않았고, 험한 산에 적을 잘 막을 수 있는 설비도 제대로 갖추지 않았다.

다음 날 일본군 몇 명은 우리 군사들이 잔뜩 겁을 먹고 있다는 것을 알고 자신 있게 칼을 휘두르며 앞으로 달려나왔다. 우리 군사들은 이것을 보고 서로 도망가려다가 크게 무너졌는데, 그 소리가 마치 산이 무너지는 소리와 같았다. 우리 군대는 무기와 전쟁에 쓰는 여러 물건들을 길에 다 버리고 도망갔다. 버린 무기와 물건이 너무 많아 길이 막혀 사람이 다닐 수 없을 정도였다. 일본군은 그것을 모두 불태웠다. 5만 명의 우리 대군을 물리친 일본군 부대는 2,000명도 되지 않았다고 한다.

이렇게 되자 이광은 전라도로, 윤국형은 공주로, 김수는 경상우도로 돌아갔다.

일본군에게 처음으로 이겼으나

신각은 도원수 김명원을 따라가서 부원수가 되었다. 김명원의 군대가 한강 싸움에서 무너졌을 때 신각은 김명원을 따르지 않고 유도대장 이양원을 따라 양주로 갔다. 이때 함경남도 병마절도사 이흔이 도착했기에 신각은 그 부대와 합쳤다. 마침 일본군이 서울에서 나와 백성들의 집을 돌아다니며 마음껏 재물을 빼앗고 있었다. 신각은 이것을 보고 바로 달려가 이들을 쳐부수었다. 이 싸움은 일본군이 쳐들어온 이래 처음으로 우리 군

거듭되는 패배와 피란

사가 일본군에게 이긴 것이어서 사람들은 모두 좋아서 날뛰었다.

그러나 김명원은 임진강에 있으면서 임금께 신각의 잘못을 보고하는 글을 올렸다.

"신각이 제 마음대로 다른 곳으로 가고, 제 명령을 따르지 않았습니다."

우의정 유홍은 임금께 급히 신각을 베어 죽여야 한다고 청하고, 사람을 보내 신각을 처형하라고 했다. 그러나 조금 있다가 신각이 일본군을 쳐부수었다는 보고가 들어왔다. 조정에서는 부랴부랴 사람을 다시 보내 처형을 멈추게 하라고 했다. 그러나 그 사람이 도착하기 전에 신각은 이미 처형을 당해 죽고 말았다.

신각은 장수였으나 선비 못지않게 성품과 행실이 깨끗하고 탐욕을 부리지 않았으며, 모든 일에 조심하는 사람이었다. 신각이 연안 부사가 되었을 때는 성을 튼튼하게 쌓고, 해자를 깊이 파고, 무기를 많이 준비해놓았다. 나중에 이정암이 적의 공격을 막아 성을 지켜냈다. 사람들은 이정암이 성을 지킬 수 있었던 것은 신각이 미리 준비를 잘했기 때문이라고 말했다. 그런 훌륭한 장수가 아무 죄도 없이 죽은 데다가, 그에게는 아흔 살이 된 어머니가 있어서 이 어처구니없는 소식을 전해 들은 사람들은 모두 한숨을 쉬며 가슴을 쳤다.

조정에서는 한응인을 보내 평안도의 용감한 군사 3,000명을 이끌고 임진강으로 달려가 일본군을 치게 했다. 그에게는 특별히 김명원의 지휘를 받지 말고 싸우라고 했다. 한응인은 명나라에 갔다가 막 돌아왔는데, 좌의정 윤두수가 여러 사람에게 한응인은 얼굴에 복의 기운이 가득하니 반드시 일을 잘 처리할 것이라고 칭찬했다.

임진강도 지키지 못하다

김명원은 임진강 북쪽에서 여러 군사들에게 얕은 강바닥에 서서 지키게 했다. 또 강 가운데 있는 배는 모두 끌어다가 북쪽 언덕에 매어두게 했다. 일본군은 강의 남쪽에 진을 쳤으나 배가 없어 건널 수 없었다. 가끔 서로 군사들을 보내 강을 사이에 두고 싸울 뿐이었다. 그렇게 열흘이 넘도록 일본군은 강을 건너지 못했다.

일본군이 꾀를 내었다. 강 언덕에 지은 군사들의 숙소를 불태우고, 천막을 다 헐어내고, 깃발을 걷어내고는 도망가는 척했다. 신할은 적이 정말로 도망가는 것으로 생각하고 강을 건너 쫓아가서 짓밟아버리자고 했다. 경기 감사 권징이 신할과 힘을 합쳐 강을 건넜으나, 김명원은 이들을 막지 못했다.

한응인도 마침 임진강에 도착해 이것을 보고는 강을 건너 일본군을 쫓으려고 했다. 그러나 한응인이 데리고 온 평안도 군사들은 북쪽 오랑캐들과 싸움을 많이 해봐서 전쟁을 잘 알았다. 그들은 한눈에 적이 우리 군대를 꾀어내려 한다는 것을 알아차리고 한응인에게 이렇게 말했다.

"군사들이 먼 곳에서 오느라고 피곤한 데다 아직 밥도 먹지 못했고, 무기도 다 정비하지 못했습니다. 뒤따라오는 군사들도 다 오지 않았습니다. 또 일본군이 물러가는 것이 정말 도망가는 것인지 우리를 꾀어내려고 거짓으로 도망가는 것인지 알 수도 없습니다. 그러니 조금 쉬었다가 적군의 형세를 보아 나가 싸우도록 해주십시오."

한응인은 부하들이 싸움을 피할 생각만 한다고 화를 내면서 몇 사람을 그 자리에서 베어 죽였다. 김명원도 한응인이 강을 건너 적을 추격하는 것이 옳지 않다고 생각해 말리고 싶었으나 그렇게 하지 못했다. 한응인은 조정에서 새로 보내온 장군이고, 김명원의 지휘를 받지 말라는 명령이 따로 있었기 때문이다.

신할의 부대에 있는 별장 유극량은 나이가 많고 싸움에 경험이 많아 전쟁을 잘 아는 사람이었다. 그는 신할에게 적을 가볍게 쫓는 것은 좋은 방법이 아니라고 말했다. 이에 신할이 그를 베어 죽이려 하자 유극량은 "나는 어려서부터 군인이 되어 싸움을 따라다니며 죽을 고비를 여러 번 겪었는데, 죽는 게 뭐가 두렵겠습니까? 이렇게 말씀드리는 것은 나랏일을 그르칠까봐 걱정이 되어서 그런 것입니다"라고 말하고는 화를 내며 나와서 자기 군사들을 데리고 먼저 강을 건너갔다. 우리 군사들이 강을 건너 험한 곳으로 막 들어가려 하니 과연 적군이 산속에 숨어 있다가 한꺼번에 일어나 달려나왔다. 유극량은 말에서 내려 그 자리에 앉으면서 "여기가 내가 죽을 곳이다"라고 말하고는 활을 당겨 적군 몇 사람을 쏘아 죽였다. 그러나 많은 적군을 당해내지 못하고 적의 칼날에 쓰러지고 말았다. 신할도 이곳에서 함께 죽었다. 우리 군사들은 쫓겨서 강 언덕까지 왔으나 강을 건널 수가 없어서 스스로 강에 몸을 던져 빠져 죽었다. 많은 군사들이 강물로 뛰어드는 모습이 마치 가을바람에 낙엽이 어지럽게 날리는 것 같았다. 강물에 뛰어들지 못한 군사들은 적이 뒤에서 쫓아와 긴 칼날로 찍어내리니 모두 엎드려 그 칼날을 받고 죽을 뿐, 어느 누구도 맞서 싸우지 못했다.

김명원과 한응인은 강 북쪽에서 이 모습을 안타깝게 바라봤다. 모두가 기운이 빠져 더이상 싸울 엄두를 내지 못했다. 이때 군사들 사이에 있던 박충간이 말을 타고 먼저 달아났다. 여러 사람들이 그를 김명원으로 잘못 알고 "도원수가 달아났다"라고 소리쳤다. 그러자 군사들이 크게 술렁거리더니 다 뿔뿔이 흩어지고 말았다.

일본군은 그 기세를 몰아 강을 건너 북쪽으로 내달렸으나, 더이상 막아낼 수가 없었다.

❀

일본군이 함경도까지 차지하다

고니시 유키나가가 이끄는 일본군과 가토 기요마사가 이끄는 일본군은 함께 임진강을 건너 황해도 안성역에 이르렀다. 이들은 여기서 갈라지기로 하고, 각각 갈 길을 의논하는데 결정을 내리지 못했다. 그래서 제비를 뽑아 고니시는 평안도로, 가토는 함경도로 가게 되었다.

가토는 일본 장군 중에서도 특히 용감하고 싸움을 잘하기로 유명했다. 그는 안성 사람 두 명을 사로잡아서 함경도로 가는 길을 안내하는 길잡이를 시켰다. 두 사람은 "안성에서 나고 자라 함경북도를 잘 모른다"고 하면서 길잡이를 하지 않으려고 했다. 가토가 즉시 한 사람을 베어 죽였다. 그러자 나머지 한 사람이 얼른 길잡이가 되겠다고 했다. 일본군은 길잡이를 앞세워 황해도 곡산에서 노리현을 지나 강원도 철령 북쪽으로 올라갔다. 일본군은 하루에 수백 리를 가는데, 그 기세가 마치 바람이 비를 몰고 오는 것 같았다.

함경북도를 지키는 장수는 병마절도사 한극함이었다. 그는 육진여진족이 쳐들어오는 것을 막기 위해 김종서가 두만강 변에 설치한 여섯 곳의 요지의 군사들을 거느리고 내려오다가 해정창지금의 함경북도 김책시에서 가토가 이끄는 일본군

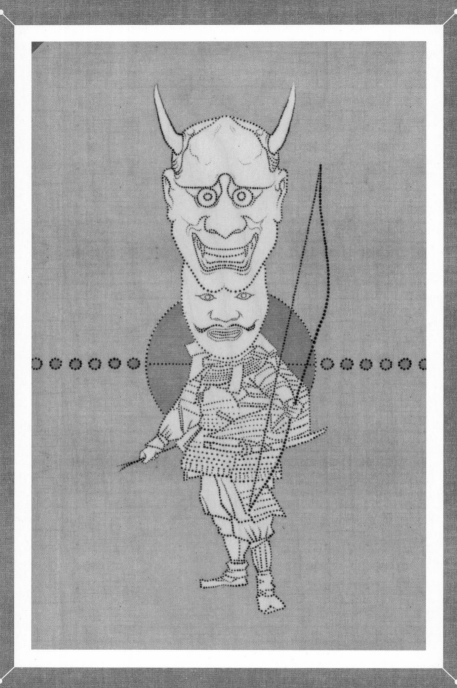

과 만났다. 함경북도 군사들은 말타기와 활쏘기를 잘했다. 게다가 싸움터가 평탄하고 넓었다. 우리 군사들이 양쪽에서 달려나와 말을 달리면서 활을 쏘니 적들은 견디지 못하고 창고 안으로 들어가서 피했다.

이때 날이 저물었다. 부하들은 좀 쉬다가 적들이 나오는 것을 기다려 내일 다시 싸우자고 했다. 그러나 한극함은 적을 무찌를 좋은 기회를 놓치지 않으려고 군사들에게 창고를 둘러싸게 했다. 적들은 창고에 있는 곡식 가마니를 꺼내어 벽을 만들어놓고 그 뒤에 숨어서 조총을 쏘았다. 우리 군사들이 쏘는 화살은 곡식 가마니에 박혔다. 반면 우리 군사들은 빗살처럼 빈틈없이, 또 나뭇단처럼 겹겹이 늘어서 있었기 때문에 적이 어느 곳을 쏘든 다 맞았다. 심지어 총 한 방에 서너 명이 쓰러지기도 했다. 우리 군사는 곧 무너졌다. 한극함은 군사를 거두고 물러서서 날이 밝기를 기다렸다.

밤이 되자 적군은 가만히 창고에서 나와서 몰래 우리 군사를 둘러싸고는 풀숲에 숨었다. 아침이 되자 안개가 짙게 끼었다. 우리 군사들은 적군이 여전히 산 밑에 있는 줄 알고 있었다. 그런데 갑자기 한 방의 총소리가 나더니 사방에서 적군이 큰 소리를 지르며 뛰어나왔다. 우리 군사들은 놀라 적군이 없는 곳을 향해 도망갔다. 그곳에는 진흙 구덩이가 있었다. 적들이 바로 뒤쫓아와서 진흙 구덩이에 빠져 허우적거리는 우리 군사들을 마음껏 칼로 베어 죽이니, 죽은 사람이 셀 수 없이 많았다. 한극함은 경성으로 도망갔다가 일본군에게 사로잡히고 말았다.

한편 임해군과 순화군 두 왕자는 강원도로 갔다가 적들이 쳐들어온다는 말을 듣고 함경북도 회령으로 갔다. 일본군은 왕자들을 끝까지 쫓아왔다. 회령에서 아전관아에서 일하는 하급 관리으로 일하던 국경인이 자기 무리를 거느리고 반란을 일으켜 두 왕자와 신하들을 붙잡아 묶은 뒤 일본군에게 항복했다. 가토는 왕자들의 결박을 풀어주고 잘 대접했다. 가토가 왕자를 포로로 잡은 것은 뜻밖의 수확이었다.

비단옷에 짚신을 신은 장수

임금께서 머무르는 곳에 이일이 왔다. 이일은 충주 싸움에서 크게 패하고 도망한 뒤에 강원도에서 이리저리 숨어 다니다가 임금께서 계시는 평양까지 간신히 온 것이다. 이때는 이름 있는 장수들은 모두 적과 싸우러 남쪽으로 내려가거나 죽거나 도망하여 한 명도 남지 않았다. 머지않아 적이 평양에도 온다고 하는데, 임금을 지킬 장수가 없어 모두 걱정하고 있었다. 이일은 두 번씩이나 싸움에서 지고 온 장수였지만, 그래도 우리나라에서는 용맹한 장수로 이름이 높았으므로 임금 곁으로 오자 모두가 크게 기뻐했다.

이일은 일본군을 피해 숨어 다니느라 천한 사람들이 쓰는 모자인 패랭이를 쓰고 흰 베옷에 짚신을 신고 있었다. 얼굴은 비쩍 말라서 보는 사람들이 모두 탄식했다.

나는 이일에게 비단옷을 주며 말했다.

"평양 사람들은 이일 장군이 와서 이제 마음이 든든하다고 하는데, 이렇게 마르고 입은 옷도 초라해서야 어떻게 사람들을 위로해줄 수 있겠습니까."

그러자 옆에 있던 다른 신하들도 갓이며 갓끈이며 자신들이 갖고 있던 것을 주었다. 그러나 아무도 가죽신을 벗어주는 사람이 없어서 그대로 짚신을 신었다.

"비단옷에 짚신은 어울리지 않는구려."

내가 말하자 주위에 있던 사람들이 모두 웃었다.

이윽고 일본군이 벌써 황해도 봉산까지 왔다는 전갈이 왔다. 내가 좌의정 윤두수에게 말했다.

"일본군의 척후병이 틀림없이 대동강 밖에 와 있을 것입니다. 대동강의 영귀루 밑에는 강물이 두 갈래로 갈라지는 곳이 있는데, 이곳은 물이 얕아서 배를 타지 않고도 건널 수 있습니다. 만일 일본군이 우리 백성을 잡아서 길잡이를 시켜 몰래 이곳을 건너와 갑자기 평양성을 공격한다면 우리는 큰 위험에 처하게 됩니다. 급히 이일을 보내 그 여울목을 지키게 해야 합니다."

윤두수도 그렇게 하는 것이 좋겠다고 해서 나는 바로 이일을 보냈다. 이일이 강원도에서 데리고 온 군사는 수십 명밖에 되지 않았으므로 나는 군사를 더 붙여주고 빨리 가서 지키게 했다. 이일은 성 밖으로 나갔지만 길을 아는 사람이 없어서 강 서쪽으로 갔다. 마침 평양 좌수 김내윤이 들어오다가 이일을 만나 길을 안내해주어 만경대 아래로 달려갔다. 이곳은 평양성에서 10리가 조금 넘는 곳이었다.

이일이 강 남쪽을 바라보니 벌써 일본군 수백 명이 모여 있었다. 대동강 안의 작은 섬에 사는 사람들은 일본군을 보고 놀라 소리를 지르며 도망가고 있었다. 이일은 급히 군사들을 보내 섬 안으로 들어가 적에게 활을 쏘게 했다. 그러나 군사들은 겁을 먹고 가려 하지 않았다. 이일이 칼을 빼어 들고 가지 않는 군사 하나를 베어 죽이려 하자, 그제야 앞으로 나아갔다. 그 사이에 일본군은 강으로 뛰어들어 벌써 섬 가까이 오고 있었다.

우리 군사들이 활을 당겨 적군 예닐곱 명을 연달아 쓰러뜨리자 일본군이 드디어 물러갔다. 이일은 그 자리에 머무르며 강가를 지켰다.

4

명나라의
구원병

평양도 위험한데 명나라 구원병은 오지 않고

우리나라는 명나라에 급히 사람을 보내 구원병을 요청했다. 명나라 요동압록강 북서쪽, 황해 북쪽 지역에서는 일본군이 조선으로 쳐들어왔다는 말은 들었지만, 혹시 조선이 일본과 짜고 명나라로 쳐들어오려는 것은 아닌지 의심하고 있었다. 일본이 쳐들어온 지 얼마 되지 않아 서울을 빼앗기고 임금은 피란했다고 하더니, 이번에는 일본군이 평양까지 왔다는 말이 들리니, 아무리 일본군이 강하더라도 이렇게 빨리 올라오는 건 이해할 수 없다고 생각했다. 심지어 명나라에서는 "조선이 일본군의 앞잡이가 되었다"고 말하는 사람도 있었다. 그래서 조선이 아무리 위험하다고는 해도 먼저 전쟁이 어떻게 돌아가는지 알아보기 위해 임세록을 사자로 보냈다.

　나는 5월에 영의정에서 물러났다가 6월 1일에 다시 관직에 올라 명나라 사자를 접대하라는 명령을 받았다. 나는 임세록과 함께 연광정평양 대동강에 있는 누각에 올라가 형세를 살펴보았다. 한 일본군이 대동강 동쪽 숲에서 나타났다가 숨더니, 이번에는 두세 명의 일본군이 다시 나타났다. 그들은 천천히 걷거나 앉아서 쉬기도 했는데, 너무 태연하고 한가로워 보여서 마치 나그네가 길을 가다가 쉬는 것처럼 보였다.

"저들은 일본군의 척후병입니다."

"일본군이라면 왜 저렇게 수가 적습니까?"

"일본군은 약삭빠르고 간사합니다. 아무리 많은 군사들이 뒤에 있어도 먼저 나와서 살펴보는 군사들은 몇 놈밖에 안 됩니다. 만약 그 수가 적다고 얕보고 함부로 덤비면 반드시 일본군의 꾀에 빠지게 됩니다."

"예, 그렇겠군요."

임세록은 급히 우리 측 형편을 적은 외교문서를 써달라고 하여 받아들고 돌아갔다.

한편 평양성 안에서는 임금이 다시 평양을 버리고 피란할 것이라는 소문이 돌았다. 그래서 사람들이 거의 다 도망가거나 흩어져 성에 사람이 별로 없었다. 임금께서는 세자에게 명령하여 성안의 나이 많은 어른들을 모아놓고 평양성을 굳게 지킬 테니 걱정하지 말라고 잘 타이르라고 하셨다. 세자의 말을 듣고 성안 노인들은 이렇게 말했다.

"저희는 세자의 말만 듣고서는 믿을 수가 없습니다. 임금님께서 직접 나오셔서 말씀해주십시오."

할 수 없이 임금께서 직접 나가서 승지로 하여금 세자가 했던 말을 다시 하게 하니, 노인들은 엎드려 절하고 울면서 명령을 받들고 물러났다. 그들이 여러 명씩 짝을 지어 나가서 산골짜기에 숨어 있는 사람들을 찾아 불러내 성안으로 들어오게 하니, 곧 예전처럼 성이 가득 찼다.

그런데 일본군이 다시 대동강에 나타나자, 신하 몇 명이 신주를 받들고 궁녀들과 함께 먼저 성을 나왔다. 그러자 성안의 백성들은 화가 나서 길을 막고, 칼을 함부로 휘둘러 신주가 땅에 떨어지게 하고, 큰 소리를 지르며 꾸짖었다.

"너희들은 나라의 밥을 훔쳐 먹으면서, 왜 이제 와서 나랏일을 망치고 백성들을 속이느냐?"

여자들과 어린아이들까지 길에 뛰어나와 모두 성난 얼굴로 머리털을 곤두세우며 소리를 질렀다.

"성을 버리고 가려면, 왜 우리들을 다시 성안으로 불러들여 적의 손에 고깃덩어리가 되게 하는가?"

궁궐 밖에는 성난 백성들이 거리를 꽉 막았는데, 모두 팔소매를 걷어올리고 손에 몽둥이와 무기를 들고 있었다. 사람들을 만나면 마구 쳐서 거리는 난장판이 되었지만 아무도 막을 수가 없었다. 조정의 뜰 앞에 나와 있던 신하들은 모두 얼굴이 하얗게 질려 있었다.

나는 성난 백성들이 궁궐 문 안으로 들어올까봐 걱정이 되어 문 밖의 계단에 나와 서 있다가 나이가 많고 수염이 허옇게 난 사람 하나를 손짓하여 불렀는데, 그 사람은 지방 관리였다.

"너희들이 임금께서 성을 나가지 못하게 해서 끝까지 성을 지키려고 애를 쓰니 충성이 참으로 지극하구나. 그렇다고 이렇게 난리를 일으켜서 온 궁궐을 다 놀라게 하고 어지럽게 해서야 되겠느냐? 조정에서는 모든 신하들이 평양성을 굳게 지킬 것을 청하여 임금께서 이를 허락하셨는데, 너희들이 무슨 일로 이렇게 소란을 떠느냐? 여러 사람들을 잘 타일러서 물러가게 하라. 그렇지 않으면 너희들은 앞으로 모두 무거운 죄를 짓게 되는 것이니, 그때는 용서하지 않을 것이다."

내가 이렇게 말하자 그 사람은 바로 몽둥이를 버리고 나에게 빌며 말했다.

"소인은 임금께서 성을 버리려 한다는 말을 듣고 너무 분하여 제정신이 아니어서 이런 짓을 하게 되었습니다. 그런데 지금 그 말씀을 들으니 제가 비록 둔하고 속이 좁으나 가슴에 맺힌 것이 시원하게 씻기는 것 같습니다."

그 사람은 바로 사람들을 타일러서 흩어지게 했다.

그러나 조정에서는 적군이 가까이 온다는 말을 듣고 임금께 피란하기를 청했다. 특히 정철이 앞장서서 피란해야 한다고 주장했다. 내가 그들에게 말했다.

"오늘의 사정은 서울에 있을 때와는 다릅니다. 서울에서는 군대와 백성이 함께 무너져서 지키려고 해도 지킬 수가 없었습니다. 그러나 평양성은 강물이 앞을 가로막고 있고, 백성들은 성을 지키려는 마음이 굳건합니다. 또 이곳은 명나라와 가까우니 우리가 며칠만 더 버티면 명나라 구원병이 와서 일본군을 물리칠 수 있을 것입니다. 만일 우리가 피란을 간다면 의주까지는 임금께서 믿고 머무를 만한 크고 튼튼한 성이 없습니다. 그렇게 되면 끝내 나라가 망하고 말 것입니다."

또 정철에게도 말했다.

"평소에 나는 대감이 나라를 위하는 일이라면 장하고 굳센 마음으로 어려운 일이든 쉬운 일이든 피하지 않는다고 생각했는데, 오늘 이렇게 말할 줄은 몰랐습니다."

좌의정 윤두수도 내 말에 찬성하여 "내가 칼을 들어 아첨하는 신하를 베어버린다면"이라는 송나라 시인 문천상의 시 한 구절을 읊었다. 그러자 정철이 크게 화를 내며 나가버렸다.

저녁에 평양 감사 송언신을 불러 백성들이 일으킨 난리를 막지 못한 것을 꾸짖었더니, 송언신은 난리에 앞장선 사람 셋을 묶어 와서 목을 베어 죽였다. 그러자 나머지 사람들이 다 흩어져 가버렸다.

그때 이미 임금께서는 평양성을 나가기로 결정을 하셨다. 그러나 마땅히 갈 곳이 없었다. 여러 신하들이 "함경북도는 길이 험하고 깊어 적을 피하기가 좋습니다"라고 말하므로, 대신 몇 명과 왕비, 궁녀 들을 먼저 함경북도로 가게 했다. 이때 일본군이 함경도로 들어와서 거의 모든 길이 막혔다. 싸움이 어떻게 돌아가는지 보고할 수가 없어서 조정에서는 알지 못해 위험했다. 나는 함경북도로 가는 것은 평양성에 있는 것보다 더 위험하니 피란하지 말 것을 간곡하게 청했으나, 임금께서는 여러 대신들의 말을 따랐다.

이때 일본군은 대동강에 이른 지 벌써 사흘이나 되었다. 우리가 연광정에서 적군을 바라보니, 한 일본 병사가 나무 끝에 작은 종이를 매달아 강가의 모래 끝에 꽂고 갔다. 우리 병사가 가지러 갔더니, 일본 병사는 친절하게 등을 두드려주며 편지를 갖고 가게 했다. 편지에는 "조선국 예조판서 이공 각하에게 올립니다"라고 쓰여 있었는데, 이것은 겐소와 야나가와 시게노부가 이덕형에게 보낸 것으로 내용은 강화를 의논하자는 것이었다.

이덕형은 나룻배를 타고 강 한가운데로 나가 겐소와 야나가와 시게노부를 만났는데, 서로 인사하고 안부를 묻는 것이 전쟁이 일어나기 전과 똑같았다.

"일본이 조선의 길을 빌려 명나라에 가서 조공을 바치려고 하는데, 조선이 이를 허락하지 않아서 이렇게 전쟁까지 하게 된 것입니다. 지금이라도 길 하나를 빌려주어서 일본이 명나라로 가게만 해준다면, 조선에는 아

무 일도 없을 것입니다."

겐소가 이와 같이 말하자 이덕형은 일본이 전에 했던 약속을 어긴 것을 나무라고, 먼저 군사를 물러나게 한 뒤에 강화를 이야기하자고 했다. 그런데 야나가와의 말이 매우 불손하여 일찍 회담을 마치고 헤어졌다. 전쟁 후에 우리나라와 일본이 처음으로 연 회담이었는데, 아무런 성과가 없었다.

이날 저녁 일본군 수천 명이 대동강 동쪽 언덕 위에 진을 쳤다.

평양성에서도 쫓겨 가는 임금

6월 11일에 임금께서 평안북도 영변으로 떠났다. 좌의정 윤두수, 도원수 김명원, 순찰사 이원익은 평양성을 지키기 위해 남았고, 나도 명나라 장수를 맞이하기 위해 남았다. 성안에는 군사와 백성들을 합해 3,000~4,000명이 있었다.

대동강을 바라보니 적이 많지는 않았다. 붉고 흰 깃발을 들고 한 줄로 진을 치고 있었다. 일본군이 말 탄 군사 10명을 강으로 보냈다. 물이 말의 배에 찼는데, 그들은 말고삐를 잡고 강을 건너오려 했다. 또 강가에서 둘씩 또는 서너 명씩 왔다 갔다 하는 군사들은 큰 칼을 메었는데, 칼날에 햇빛이 비쳐서 번개처럼 번쩍였다.

또 예닐곱 명의 일본군이 강가에서 평양성을 향해 조총을 쏘았는데 그 소리가 굉장히 컸고, 총알은 강을 지나서 성안까지 들어왔다. 어떤 총알은 거의 1,000발짝이나 날아와 기와 위에 떨어졌으며 기둥에 깊이 박혔다. 한 일본군은 연광정에 앉아 있는 대신들을 장수들인 줄 알고 조총을 들고 모래벌판까지 나와 쏘았다. 정자 위에 있던 두 사람을 맞히기는 했으나 거리가 멀어서 부상이 심하지는 않았다.

군관 강사익이 화살을 쏘니 화살이 모래벌판 위로 나아갔다. 일본군은 이리저리 피하다가 물러났다. 이를 보고 김명원이 활을 잘 쏘는 군사들을 뽑아 배를 타고 나가서 적에게 쏘게 했다. 배가 점점 적진에 가까워지자 적들도 피하면서 물러났다. 우리 군사들이 배 위에서 현자총통을 쏘자 서까래 같은 커다란 화살이 날아갔다. 일본군들은 비명을 지르며 흩어졌다가 화살이 떨어진 곳으로 몰려가 구경했다.

이때는 오랫동안 비가 오지 않아 강물이 점점 줄어들고 있었다. 전에 이미 대신들을 나누어 단군묘와 기자묘, 동명왕묘에 보내어 빌게 했으나, 그래도 비는 오지 않았다.

내가 좌의정 윤두수에게 말했다.

"이곳은 강물이 깊고 배도 없으니 일본군이 건너오기 어렵습니다. 그러나 상류로 가면 물이 얕은 곳이 많으니 머지않아 일본군이 그곳으로 건너올 것입니다. 일본군이 건너온다면 평양성을 지킬 수 없으니 상류를 급히 지켜야 합니다."

그러자 김명원이 느긋하게 대답했다.

"벌써 이윤덕에게 명령하여 지키게 했습니다."

"이윤덕 같은 사람을 어떻게 믿는단 말이오."

나는 이렇게 말하고 순찰사 이원익에게 상류로 가서 지킬 수 있느냐고 물었다. 이원익이 힘써 지키겠다고 하니, 윤두수가 이원익에게 가서 지키라고 했다.

나는 그때 임금께 명나라 장수 접대만 하라는 명령을 받았으므로 군사 일에는 참여할 수 없었다. 평양성을 지키는 것이 급하기는 했지만 명나라 장수를 만나 하루라도 빨리 구원병을 보내게 하는 것이 더 중요하다고 생각했다. 날이 저물 때 성을 빠져나와 평안도 순안으로 갔다. 가는 길에 적병이 벌써 강원도 철령까지 왔다는 말을 들었다. 그다음 날 평안도 안주에 가니 명나라 요동의 사자 임세록이 와 있어서 외교문서를 받아 임금께서 계신 곳에 보냈다.

다음 날 임금께서 영변을 떠나 박천에 갔다는 말을 듣고 박천으로 달려갔다. 임금께서 나와서 나를 보시고 물었다.

"평양성은 지킬 수 있겠던가?"

"사람들의 마음이 굳건하여 지킬 수 있을 것 같습니다. 그러나 평양성에 빨리 구원병을 보내야 하겠습니다. 저는 이 일을 위해 명나라 장수를 만나려고 하는데, 아직까지 구원병이 오는 것이 보이지 않아 걱정입니다."

임금께서는 윤두수가 보내온 글을 보여주면서 말씀하셨다.

"어제 노인과 어린이는 먼저 성을 나가게 했다고 하니, 성을 지키기 어려운가보네."

"저도 임금님의 생각과 같습니다. 제가 있을 때까지는 적이 강을 건너지 못했습니다. 그곳의 형세를 보니 적은 반드시 얕은 물로 건너올 것 같습니다. 급히 강바닥에 마름쇠끝에 송곳처럼 뾰족한 발이 서너 개 달린 쇠못를 뿌려 적이 건너오지 못하게 해야 합니다."

임금께서 이 마을에 마름쇠가 있는지 물어보게 하시어 알아보니 수천 개가 있었다. 임금께서 급히 사람을 보내 마름쇠를 평양성에 갖다주라고 하셨다.

또 내가 말씀드렸다.

"평양 서쪽의 여러 마을에는 창고에 곡식도 많고 백성들도 많습니다. 그러나 적군이 가까이 온다고 하면 그 백성들이 놀라서 도망갈 것이니 사람을 보내 백성들을 달래 안심시키고, 또 군사들을 모아 평양성을 돕도록 하는 것이 좋겠습니다."

임금께서 갈 만한 사람이 누구인지 물어 병조정랑 이유정을 보내는 게 좋겠다고 대답했다. 나는 명나라 장수를 만나기 위해 물러나왔다가 이유정을 만나 임금께 말씀드린 대로 전하니, 이유정이 깜짝 놀라며 말했다.

"그곳은 적의 소굴인데, 어떻게 저보고 가라고 하십니까?"

내가 꾸짖으며 말했다.

"나라의 밥을 먹고 있으면 위험이 있어도 피하지 않는 것이 신하의 도리다. 지금 나랏일이 크게 위험하니 끓는 물이나 불 속에 뛰어들라고 해도 피해서는 안 되거늘, 어찌 한 번 다녀오는 것을 가지고 그리 어렵게 생각한단 말이냐?"

이유정은 아무 말도 없이 나갔으나, 나를 원망하는 표정이 얼굴에 가득했다.

박천에서 나와 가산군 대정강에 이르니 해는 서산으로 기우는데, 멀리 들판에 흩어진 군사들이 오는 게 보였다. 혹시 평양성이 적에게 무너진 게 아닌가 걱정되어 군관을 시켜 사람들을 데리고 오게 했더니, 열아홉 명을 데리고 왔다. 이들은 평안북도 의주와 용천에서 온 군사들인데, 대동강에서 물이 얕은 상류 쪽을 지키던 사람들이었다.

"어제 일본군이 강이 얕은 왕성탄을 건너와서 강을 지키던 군사들이 다 무너지고 이윤덕은 도망갔습니다."

나는 그들의 말을 듣고 깜짝 놀라 급히 글을 써서 군관에게 시켜 임금께 알리라고 했다.

　이날 밤에 왕비께서 평안도 박천으로 오셨다. 함경북도로 가려다가 이미 적군이 들어와 있다는 말을 듣고 더 나아가지 못하고 돌아오신 것이다.

평양성을 빼앗기다

일본군이 대동강을 건너지 못해 모래 위에 진을 치고 지낸 지 여러 날이 지났다. 일본군의 경비가 점점 태만해졌다. 김명원은 성 위에서 이것을 바라보고 있다가 밤에 기습할 생각을 했다. 용감하고 날쌘 군사들을 시켜 밤에 몰래 강을 건너게 한 것이다. 처음엔 자정쯤 기습하기로 했으나 시간이 늦어져 새벽이 되었다. 그때까지도 적은 자고 있었다. 갑자기 우리 군사들이 달려 들어가니 적들이 크게 놀랐다. 이 싸움에서 많은 적을 죽이고 말도 300필이나 빼앗았다. 그러나 갑자기 여러 곳에 있던 일본군이 한꺼번에 달려들자 우리 군사들은 달아나 배로 달려왔다. 적이 너무 가까이 쫓아왔으므로 강 가운데 있던 배들이 강가에 와서 댈 수가 없었다. 많은 군사들이 강을 건너지 못하고 빠져 죽었다. 몇몇 군사들은 도망가서 물이 얕은 왕성탄으로 건너왔다. 이것을 본 일본군은 비로소 왕성탄이 얕은 곳임을 알게 되었다.

　그날 저녁에 많은 일본군이 왕성탄을 건너왔다. 이곳을 지키던 우리 군사들은 화살 한 번 쏘지 못하고 다 흩어져 달아났다. 일본군은 강을 건너와서도 성안에 군사들이 있을 것을 의심해 머뭇거리며 들어오지 못했다.

　윤두수와 김명원은 성문을 열어 백성들을 다 나가게 하고 무기는 연못에 다 빠뜨렸다. 일본군은 그다음 날에 성안에 사람이 없다는 것을 확인하고 평양성으로 들어왔다. 이때 평양성에는 창고마다 곡식이 가득했다. 임금께서 오래 머물 수 있도록 여러 마을에서 곡식을 가져다 쌓아두었기 때문이다. 이것도 적에게 고스란히 빼앗기고 말았다.

임금께서는 평양성을 빼앗겼다는 말을 듣고 왕비와 함께 길을 떠나 가산으로 가셨고, 세자에게는 신주를 모시고 다른 길로 가서 군사들을 모으게 했다.

임금은 떠돌고 민심은 어지럽고

임금께서 평양을 떠난 뒤로 민심이 어지러워졌다. 내가 지나가는 곳마다 백성들이 떼로 몰려다니며 창고로 들어가 곡식을 제멋대로 가져갔다. 이렇게 해서 평안도의 순안, 숙천, 안주, 영변, 박천에 있는 창고가 모두 텅텅 비게 되었다.

이날 임금께서 가산을 떠나 정주로 가셨다. 가산 군수 심신겸이 나에게 와서 말했다.

"이 마을은 곡식이 넉넉하고 관청에도 쌀 1,000가마가 있습니다. 명나라 군사들을 먹이려고 준비했는데 이제 곧 백성들에게 털릴 처지가 되었습니다. 대감께서 이 마을에 조금만 더 머무르시면서 날뛰는 백성들의 마음을 가라앉혀주십시오. 그렇지 않으면 폭동이 일어나 창고도 다 털리고, 저도 여기에 더 머무를 수가 없게 되어 바닷가로 피해야 할 것입니다."

이미 심신겸의 부하들은 군수의 말을 듣지 않았다. 군관 6명과 싸움에서 지고 흩어져 다니는 것을 거둬 모은 병사 19명은 나를 따라오기로 약속하고, 활과 화살을 들고 내 곁에 있었다. 심신겸은 이것을 믿고 자신을 지키려고 나에게 그렇게 말한 것이다. 그런 심신겸을 두고 차마 떠날 수가 없어서 나는 얼마 동안 대문에 앉아 있었는데, 그러다 벌써 한낮이 되었다. 생각해보니 임금의 명령도 없는데 마음대로 머물러 있으면서 떠나지 않는 것이 도리가 아니어서 심신겸과 헤어졌다. 언덕에 올라 가산 쪽을 바라보니 마을은 몹시 어지러워져 있었다. 심신겸은 창고의 곡식을 다 잃고 도망했다.

다음 날 임금께서 정주를 떠나 선천으로 가시며 나에게 정주에 머물러 있으라고 했다. 정주성 안에는 백성들이 다 흩어져 피란 가고 노인들 몇 명만 남아 있었다. 저녁이 되니 몽둥이를 든 사람들이 연달아 남문으로 들어와서 왼쪽으로 가고 있었다. 군관을 시켜 이 사람들이 뭘 하는지 살펴보게 했더니, 창고 밑에 벌써 수백 명이 모여 있다고 했다. 내 곁에 있는 군사들은 수도 적고 약한데, 만약 난동을 부리는 백성들이 더 몰려와서 이들과 싸우게 된다면 도저히 다스릴 수 없게 될 것이다. 그래서 약한 자들을 잡아 벌을 주어서 창고 밑에 모인 사람들을 흩어지게 해야겠다고 생각했다.

이때 성문을 바라보니 또 10명이 넘는 사람들이 오고 있었다. 나는 급히 군관을 불러 군사들을 데리고 나가 그 사람들을 붙잡아오게 했다. 군사들을 보고 도망가는 사람들을 쫓아가서 9명을 잡아왔다. 나는 그 사람들의 상투 머리를 풀어 늘어뜨리게 하고 손을 뒤로 묶고 벌거벗긴 다음 창고 옆 길가로 가게 했다. 우리 군사들이 그 뒤를 따라가면서 크게 소리쳤다.

"창고를 터는 도둑은 잡아서 사형시키고, 그 목을 높은 곳에 매달아 여러 사람들이 보게 할 것이다."

성안에 있는 사람들과 창고 밑에 모여 있던 사람들이 모두 놀라서 흩어져 달아나버렸다. 이렇게 해서 정주성의 창고에 있는 곡식은 겨우 지킬 수 있었고, 용천, 선천, 철산 등 여러 마을에서 창고를 덮치려고 하는 사람도 없어졌다.

정주 판관 김영일은 평양에서 도망하여 돌아와서 부인과 아이들을 바닷가로 보내고 창고의 곡식을 훔쳐 식구들에게 보내려 했다. 나는 이 말을 듣고 그를 잡아들여 죄를 들추어내고, 곤장 60대를 쳤다.

"너는 장수로서 싸움터에 나가 지고도 죽지 않고 왔으니 그 죄만 해도 죽일 만한데, 감히 나라의 곡식을 훔쳐내느냐? 이 곡식은 앞으로 명나라의 구원병이 먹을 것이지, 네가 먹을 것이 아니다."

윤두수, 김명원 등이 평양에서 정주로 왔다. 임금께서 정주를 떠나실 때 좌의정이 오면 정주에 머무르게 하라고 했으므로, 윤두수에게 그 명령을 전했으나 윤두수는 대답도 하지 않고 임금이 머무는 곳으로 갔다. 나는 김명원에게 정주를 지키게 하고, 임금의 행차를 쫓아 용천으로 갔다.

이때 마을에는 사람들이 모두 숨어서 길에 사람이 보이지 않았다. 백성들은 평양성이 적에게 무너졌다는 말을 듣고 일본군이 곧 쳐들어올 것이라고 생각하여 산골짜기에 숨은 것이다.

곽산산성 밑으로 가니 두 갈래 길이 있었다. 그중 한 길을 가리켜 병사에게 어디로 가는 길인지 물으니, 구성으로 가는 길이라고 했다. 나는 종사관 군대와 포도청에서 우두머리 장수를 보좌하던 관직 홍종록에게 지시했다.

"큰길가에 있는 창고는 하나도 남김없이 텅텅 비었다. 이제 명나라 구원병이 온다 하더라도 식량이 없으니 큰일이 아니냐? 이 근방에서는 오

명나라의 구원병

직 구성 한 마을만 창고에 쌓아둔 곡식이 넉넉한 편이다. 그러나 이 마을도 아전과 백성들이 다 흩어졌다고 하니, 그 곡식을 옮겨낼 방법이 없구나. 너는 오랫동안 구성에 있었으니, 그 마을 사람들이 네가 왔다는 말을 들으면 산골짜기에 숨었다가도 나와서 일본군이 어디에서 어디로 가고 있는지 물을 것이다. 그러니 너는 지금 바로 구성으로 달려가서 그 사람들을 타일러 곡식을 실어 나르게 하라. 일본군이 평양성에 들어갔으나 아직 나오지 않았고, 이제 곧 명나라 구원병이 올 것이니 평양과 서울을 되찾을 날이 멀지 않았다고 해라. 한 가지 걱정되는 것은 명나라 구원병이 먹을 식량인데, 마을 사람들이 모두 힘을 합해 이 식량을 옮겨다가 군사들이 먹게 한다면 뒷날에 큰 상을 내릴 것이라고 해라. 그러면 그 사람들이 곡식을 정주와 가산까지 날라줄 것이다.”

홍종록은 내 말에 감동을 받아 얼른 그렇게 하겠다고 하고는 구성으로 떠났다. 홍종록은 전에 정여립 사건으로 붙잡혀 구성으로 귀양을 간 적이 있다. 그런데 지난번 임금께서 평양에 왔을 때 죄를 용서하고 벼슬을 내렸던 것이다. 그는 충직하고 성실해 나라의 일을 할 때는 자신을 잊고 일이 쉽거나 위험하거나 따지지 않았다.

구원병을 보내달라고 눈물로 호소하다

명나라 요동에서는 우리나라에 일본군이 쳐들어왔다는 말을 듣고 조정에 보고했다. 그러나 명나라 조정에서는 구원병을 보내는 문제를 놓고 의견이 크게 엇갈렸다. 우리나라가 일본의 앞잡이가 되었다고 의심하기도 했다. 오직 병부상서 석성만은 우리나라에 구원병을 보내야 한다고 열심히 주장했다.

이때 명나라 북경에 가 있던 우리나라 사신 신점이 석성의 연락을 받고 그의 집으로 달려갔다. 그 집 마당에 들어갔을 때 석성은 요동에서 보내온 일본군의 침략에 대한 보고서를 신점에게 보여주었다. 신점은 문서를 보자마자 통곡했다. 국상을 당해 아침저녁으로 통곡하는 것처럼 울면서 먼저 구원병을 보내달라고 부탁했다. 석성은 이 사실을 임금명나라 신종에게 알려 요동의 두 부대를 조선에 보내게 했다. 구원병에게 우리 임금을 지키도록 하고, 거기에 드 비용으로 은화 2만 냥을 내렸다.

신점이 귀국길에 올라 명나라 통주까지 왔을 때, 전쟁의 위급한 상황을 알리는 우리나라 사신 정곤수가 북경에 도착했다. 석성은 그를 안방으로 들어오게 하여 직접 조선의 상황에 대해 물으면서 눈물을 흘렸다고 한다.

이때 우리나라는 사신을 요동에도 보내 나라가 크게 위태로워졌음을 알리고 구원병을 청했다. 또 명나라에 복종하겠다는 뜻을 밝히면서 빌기도 했다. 이렇게까지 한 이유는 이미 평양성마저 무너뜨린 일본군의 형세가 지붕에서 쏟아지는 물처럼 세찼기 때문이며, 당장 오늘 아침이나 저녁이라도 일본군이 압록강까지 밀고올 것만 같았기 때문이다.

다행히도 일본군은 평양성에 들어와서 그 안에만 틀어박혀 있어서 성 밖에서는 전혀 보이지 않았다. 바로 옆에 있는 순안이나 영유도 쳐들어가지 않아서 백성들이 차츰 안정되어갔다.

임금께서 의주에 도착했다. 명나라의 두 장수, 대모와 사유는 각각 한 부대씩 이끌고 평양으로 가는 길에 평양성이 일본군에게 무너졌다는 말을 듣고 의주로 돌아와 머물렀다. 우리나라도 남은 군사를 거두어 모으는 한편 명나라 구원병을 맞아들여 나라를 회복할 수 있는 기회를 갖게 되었다. 이것은 참으로 하늘이 도와서 된 것이지 사람의 힘으로 될 수 있는 일이 아니다.

드디어 명나라 구원병이 오다

7월에 요동에서는 부총병 조승훈이 군사 5,000명을 데리고 도우러 온다고 알려왔다. 7월 7일에 나는 치질이 심했으나 명나라 군사를 맞이하라는 명령을 받고 임금께 떠나는 인사를 올리러 갔다. 그 자리에서 임금께 이렇게 말씀드렸다.

"정주와 가산에는 5,000명의 명나라 군사가 지나갈 동안에 하루 이틀 먹을 식량은 준비가 되었습니다. 그러나 안주, 숙천, 순안 세 마을에는 식량이 없습니다. 그래서 명나라 군사들이 이 마을을 지나갈 때는 3일 동안 먹을 식량을 준비해야 합니다. 만약 구원병이 평양을 되찾는다면 성안에는 좁쌀이 많으므로 식량을 얻을 수가 있습니다. 그리고 여러 날 동안 평양성을 포위한다면 평양 서쪽 세 마을에서 곡식을 옮길 수 있으므로 식량이 모자라지는 않을 것입니다. 이러한 사정을 여러 신하들로 하여금 명나라 장수들과 의논하게 하고 시행하옵소서."

저녁에 소곶역에 도착하니 관청의 아전과 군사들이 다 도망쳐서 사람이라고는 그림자도 보이지 않았다. 군관을 시켜 마을을 뒤지게 하여 몇 사람을 데리고 왔다. 나는 그들을 타이르며 말했다.

"나라에서 평소에 너희들을 뽑아 훈련시킨 것은 오늘 같은 날에 쓰려고 한 것인데 어찌 이렇게 도망을 갈 수가 있단 말이냐? 명나라 구원병이 와서 나랏일이 정말로 급하게 되었다. 지금이야말로 너희들이 힘을 써서 공을 세울 때다."

그러고는 공책을 꺼내 거기에 있는 사람들의 이름을 적어 보여주었다.

"여기에 이름이 적힌 사람은 임금님께 알려 뒷날에 상을 줄 것을 의논할 것이다. 그러나 이 공책에 없는 사람은 하나하나 조사해 벌을 줄 것이니 한 사람도 죄를 벗을 수 없을 것이다."

그러자 조금 있다가 사람들이 줄지어 와서 말했다.

"저희들은 볼일이 있어서 잠깐 나갔었습니다. 저희가 어떻게 이 중요한 일을 피할 수 있겠습니까? 저희도 공책에 이름을 써 넣어주십시오."

나는 이것을 보고 사람들의 흔들리는 마음을 바로잡을 수 있는 방법을 알아냈다. 그래서 곧 여러 곳으로 공문을 보내 공로를 적어놓은 책을 늘 갖다놓고 공로가 많고 적음을 써놓았다가 보고하는 데 쓰도록 했다.

내 명령을 들은 사람들은 서로 하겠다고 나서서 땔나무와 말먹이 풀을 나르고 집을 짓고 가마솥을 걸어서 며칠 동안에 모든 일이 예전처럼 되어갔다. 이때 나는 난리를 만난 백성을 대할 때는 다급하게 부려서는 안 될 것이라고 생각해 정성을 다해 타이르고 매질은 전혀 하지 않았다. 정주로 가니 홍종록이 구성 사람들을 다 데리고 나와 말 먹일 콩과 좁쌀을 정주와 가산까지 날라놓았는데 모두 2,000가마나 되었다. 나는 구원병이 안주에 오면 식량이 부족할 것을 크게 걱정했는데, 충청도 아산 창고에 있는 쌀 1,200가마가 배로 정주의 입암에 와 있어서 매우 기뻤다. 이 쌀 중에서 200가마는 정주로, 200가마는 가산으로 보내고, 800가마는 안주로 보냈다. 안주는 일본군이 있는 곳과 가까워서 쌀을 배에 그대로 둔 채 내리지 않았다. 명나라 군사들이 강을 건널 수 있도록 대정강과 청천강에 부교를 만들게 했다.

명나라군도 일본군에 지다

요동 부총병 조승훈이 의주에 도착해 사유를 부대의 선봉으로 삼았다. 조승훈은 요동에서 여러 번 북쪽 오랑캐와 싸워 공을 세운 용맹스러운 장수였다. 그래서 이번 싸움에서도 반드시 일본군을 물리칠 수 있다고 자신만만하게 말하면서 우리에게 물었다.

"평양성에 있는 일본군은 아직 달아나지 않았는가?"

"아직 물러가지 않았습니다."

"적군이 아직 그대로 있다 하니, 이것은 하늘이 나에게 큰 공을 세우라고 도와주는 것이다."

그러나 그때는 장마철이라 많은 비가 내렸다. 비 때문에 평양성 위에는 지키는 군사도 없었고 성문도 열려 있었다. 조승훈이 이끄는 군사들은 열려 있는 칠성문을 통해 성안으로 들어가려 했다. 그러나 그 길은 좁고 꼬불꼬불한 골목길인 데다 몹시 질척거려서 말을 타고 달릴 수가 없어 말과 군사들이 서로 뒤엉켰다. 일본군은 민가 울타리와 담 뒤에 숨어 있다가 갑자기 조총을 쏘아댔다. 사유는 조총에 맞아 그 자리에서 쓰러져 죽고, 이어서 여러 장수들이 죽었다. 조승훈은 할 수 없이 군사들을 후퇴시켰는데 길이 질척거려서 빨리 달아날 수가 없었다. 일본군은 서두르지 않고 진창에 빠진 군사들을 긴 칼을 휘둘러 죽였다.

조승훈은 안주까지 200리 길을 후퇴했다.

"우리 군사는 오늘 많은 일본군을 죽였으나, 불행하게도 사유가 죽고 날씨도 좋지 않아 일본군을 다 무찌를 수 없었다. 그러나 군사를 더 보태서 다시 쳐들어갈 것이다. 흔들리지 말고 부교 또한 걷어내지 말아라."

조승훈은 우리나라에 이렇게 말하고는 두 강을 건너 공강정에 군사들을 머무르게 했다. 조승훈은 싸움에 져서 마음속으로는 일본군이 뒤쫓아올까봐 겁을 내고 있었다. 그래서 서둘러 두 강이 막고 있는 곳까지 간 것이다. 그러나 계속해서 큰 비가 오고, 군사들은 들판에서 지내느라 옷과 갑옷이 다 젖어서 조승훈을 원망했다. 그는 얼마 머무르지 못하고 요동으로 돌아가버리고 말았다. 나는 백성들이 또 불안해 해서 민심이 흔들릴까봐 두려워 임금께 말씀드리고는 그대로 안주에 머무르면서 명나라 구원병이 다시 오기를 기다리기로 했다.

5

이순신과
의병의
활약

이순신이 거북선으로 일본군을 무찌르다

일본군이 바다를 건너 부산 땅으로 쳐들어왔을 때, 원균은 끝이 보이지 않는 일본의 배와 군사들, 조총을 쏘며 달려드는 맹렬한 기세를 보고는 간이 오그라들고 다리가 후들거려 감히 나가 싸울 생각을 하지 못했다. 그는 배 100여 척과 대포, 무기 등을 몽땅 바다에 버리고 수군 1만 명을 해산시켰다. 그리고 부하 장수 이영남, 이운룡 등과 함께 4척의 배를 타고 달아났다가 일본 배가 다가오자 육지로 피했다.

이영남이 도망가기만 하는 원균에게 말했다.

"장군께서는 임금의 명령을 받아 수군절도사가 되었는데, 지금 군사를 버리고 육지로 피한다면 나중에 조정에서 죄를 조사할 때 뭐라고 변명하겠습니까? 지금이라도 전라도에 구원병을 청해 일본군과 한 번이라도 싸워보고, 이기지 못한다면 그때 도망가도 늦지 않을 것입니다."

원균도 생각해보니 그 말이 옳았다. 그래서 이순신에게 구원병을 요청하게 했다.

"각각 맡은 구역이 있는데, 조정의 명령도 없이 어찌 함부로 남의 구역으로 넘어가 싸우겠습니까?"

그러나 이순신은 이렇게 말하며 이영남을 돌려보냈다. 이영남은 원균의 명령을 받고 대여섯 번이나 이순신을 찾아갔다가 헛되이 돌아왔으며, 그때마다 원균은 뱃머리에 앉아 통곡했다.

다행스럽게도 조정에서 허락해 이순신은 싸움터에 나서기로 했다. 이순신은 배 40여 척을 거느리고 전라우도 수사 이억기와 함께 거제도에 나타났다. 여기에 원균의 군사와 합친 다음 견내량지금의 신거제대교 밑의 좁은 해협에서 일본군의 배와 만났다.

이순신이 주변 바다를 둘러보고 말했다.

"이곳은 해협이라 바다가 좁고 물이 얕아서 마음대로 돌아다니기가 어렵습니다. 그러니까 거짓으로 도망가는 척하고 적을 넓은 바다로 꾀어내어 거기서 싸우는 것이 좋겠습니다."

원균은 일본 배를 보자 화가 나서 바로 앞으로 나아가 싸우려고 했다. 이순신이 말렸다.

"장군께서는 병법을 모르시나 봅니다. 그렇게 하다가는 틀림없이 지고 말 것입니다."

이순신이 깃발로 배들을 지휘해 도망가자 일본 배들은 좋아하며 서로 앞을 다투어 쫓아갔다. 배가 좁은 바다를 막 벗어났을 때 이순신의 배에서 커다란 북소리가 들렸다. 그러자 모든 배들이 일제히 돌아서서 넓은 바다 가운데에 나란히 줄을 지어 적진을 마주 보았다. 우리 배와 일본 배의 거리는 몇 십 발짝밖에 되지 않았다.

이때 우리 배는 거의 다 판옥선아래층에서는 노를 젓고 위층에서는 군사들이 싸우도록 되어 있는 2층 구조의 전투함이었지만, 이순신이 처음으로 발명한 거북선도 있었다. 이 배는 널빤지로 배 위를 둥글게 덮어서 그 모양이 마치 거북이 같았다. 싸우는 군사들과 노 젓는 사람들이 다 그 안에 들어가 있어서 보이지 않았고, 왼쪽과 오른쪽, 앞과 뒤에는 대포가 있어서 적이 어느 쪽에 있든 자유자재로 쏠 수 있었다.

이순신은 대포를 쏘며 적의 배에 가까이 다가갔다. 여러 배들도 힘을 합쳐 공격하니 불꽃과 연기가 사방에 가득했다. 불에 타서 무너지는 적의 배가 셀 수 없이 많았다. 일본군 장수는 누선2층으로 집을 지은 큰 배에 타고 있었다. 높이는 두어 길5~6미터이나 되고 그 위에는 멀리서도 적을 살필 수 있는 전망대가 있는데, 붉은 비단과 담요로 밖을 둘러쌌다. 이 배도 우리 대포에 맞아 다 부서지고 안에 있던 일본군은 모두 물에 빠져 죽었다.

그 뒤에도 여러 차례 싸움이 벌어졌으나, 일본군은 싸울 때마다 져서 마침내 부산과 거제도로 도망가서는 나오지 않았다.

한번은 이순신이 싸움을 지휘하다가 적의 총알을 왼쪽 어깨에 맞아 피가 발꿈치까지 흘러내린 적이 있었다. 그러나 이순신은 싸움이 끝날 때까지 아무 말도 하지 않았다. 싸움이 다 끝난 다음에야 칼로 살을 베어내고 총알을 꺼냈는데, 총알이 두어 치약6센티미터나 깊이 박혀 있어 보는 사람들의 얼굴빛이 모두 새카맣게 질려버렸다. 그러나 이순신은 찌푸리기는커녕 말하고 웃는 것이 너무나 태연해 보통 때와 조금도 다르지 않았다.

이순신이 바다에서 이겼다는 보고가 올라오자 조정에서는 크게 기뻐했다. 임금께서는 이순신의 벼슬을 한 품계 더 올려주려고 했다. 그러나 대신들이 너무 지나친 일이라고 하므로 이순신을 정헌대부정2품, 이억기와 원균을 가선대부종2품로 높여주었다.

일본군이 평양성을 빼앗았을 때, 제1부대 장수 고니시 유키나가는 다음과 같은 글을 보내 우리나라를 위협한 적이 있었다.

"일본 수군 10만여 명이 또 서해를 통해 올 것입니다. 그러면 조선의 대왕께서는 어디로 가시겠습니까?"

일본은 새로 육군과 수군을 보내 서쪽으로 쳐들어올 계획이었다. 그런데 바다에서 이순신이 크게 이겨 일본군의 한쪽 팔이 끊어져버린 것이다. 그래서 고니시 유키나가는 평양성을 차지했지만, 다른 일본군 부대와 멀리 떨어져 있어서 감히 더 올라오지 못하고 평양성 안에만 틀어박혀 밖으로 나오지 못했던 것이다.

이순신의 승리로 일본군이 평양에서 발이 묶여 우리나라는 전라도와 충청도를 지킬 수 있었다. 아울러 황해도와 평안도의 바다와 가까운 모든 마을도 보호할 수 있었고, 식량을 나르거나 명령을 전달하기도 훨씬 쉬워졌고, 그래서 나라를 다시 일으킬 수 있게 되었다. 명나라의 요동과 천진도 일본군의 침략 때문에 놀라지 않아도 되었고, 명나라 군사들이 육지로 들어와서 우리나라를 도와 일본군을 물리칠 수도 있게 되었다. 이 모든 것이 이순신이 바다에서 이긴 덕분이다.

아아, 이것이 어찌 하늘의 도움이 아니겠는가?

이순신은 큰 공을 세웠기 때문에 삼도_{경상도 · 전라도 · 충청도}의 수군을 거느리고 한산도에 머물게 되었고, 일본군이 서쪽으로 쳐들어오는 길을 막았다.

이순신과 의병의 활약

붓 대신 칼과 활을 든 선비들

전 의금부도사 조호익은 글 쓰는 선비여서 말을 타고 칼을 쓰는 싸움에는 서툴렀다. 그러나 그는 평안남도 강동에서 수백 명의 군사들을 모아 상원으로 가서 일본군을 공격해 많이 베어 죽였다. 비록 싸울 줄은 몰랐지만 나라에 대한 충성과 군사들에 대한 의리가 너무 컸기 때문에 이것이 군사들의 마음을 움직인 것이다.

조호익은 창원 사람인데 억울하게 죄를 뒤집어쓰고 평안남도 강동으로 이사했다. 거기서 20년 동안 학생들을 가르치며 가난하게 살았다. 임금께서 평양으로 피란 갔을 때, 그의 죄를 용서해주고 의금부도사로 임명했다. 평양성이 일본군에게 포위당하자 조호익은 강동으로 가서 군사를 모아 평양을 구하려고 했다. 그러나 평양성이 일본군에게 무너지자 조호익은 급히 임금께서 계시는 곳으로 갔다. 그래서 내가 말했다

"여기는 명나라 구원병이 곧 올 테니 그대는 강동으로 가서 군사를 모으게. 나중에 명나라 군사들이 오면 그들과 힘을 합해 평양성을 되찾도록 돕는 게 좋겠네."

나는 군사를 모으는 공문을 써서 조호익에게 주고, 또 무기도 보내주었다. 그는 강동으로 가서 수백 명의 군사를 모아 일본군과 싸웠다. 조호익은 군사들 앞에서 멀리 임금이 계신 곳을 향해 네 번 절하고 밤새도록 통곡했는데, 그것을 보고 울지 않는 사람이 없었다.

글 쓰는 선비 심대는 일본군이 쳐들어온 뒤로 항상 억울하고 원통한 마음을 누르지 못했다. 전쟁이 일어나던 해 가을에 그는 권징을 대신해 경

기 감사에 임명되었다. 임금께서 계신 곳에서 부임지인 경기도로 가다가 안주를 지나는 길에 나를 찾아왔다. 그는 일본이 전쟁을 일으켜 우리나라가 큰 어려움에 처했다며 화를 참지 못했는데, 그가 말하는 것을 살펴보니 직접 활과 칼을 들고 일본군과 맞서 싸우겠다는 뜻을 갖고 있었다. 뜻은 좋지만 너무 감정이 앞서는 것 같아서 내가 말했다.

"옛 사람들이 말하기를 밭을 가는 일은 농부에게 물어보라고 했네. 그대는 글 쓰는 선비로서 싸움터에서 하는 일에는 서투를 것이네. 경기도 양주 목사 고언백이 아주 용감하고 싸움을 잘하니, 그대는 군사들을 모으고 돕는 일을 하고 고언백에게는 군사를 이끌고 나가 싸우게 한다면 공을 세울 수 있을 것이네. 그러니 함부로 군사를 이끌고 나가 싸우지는 말게."

심대는 마지못해 "예, 예" 하고 대답하기는 했지만 마음속으로는 매우 못마땅한 눈치였다. 나는 그가 많은 군사들의 도움 없이 일본군이 득실거리는 곳으로 들어가는 것을 보고서, 활을 잘 쏘는 군관 하나를 보내 같이 가게 했다.

심대는 경기도로 간 후에도 임금을 뵈러 북쪽으로 올라오는 사람이 있으면 꼭 나에게 보내는 편지를 들려 보내며 안부를 물었다. 그러면 나도 편지를 들고 온 사람에게 일본군의 형세는 어떠한지, 감사는 잘 지내고 있는지를 물었다. 편지를 들고 온 사람은 이렇게 말했다.

"경기도는 다른 도와 달리 일본군에게 당한 피해가 더 크고 잔인합니다. 날마다 와서 불을 지르고 재물을 빼앗아서 피해를 입지 않은 집이 한 집도 없습니다. 전에는 감사와 수령과 그 밑의 관리들이 다 깊은 산골로 몸을 피하고, 백성들이 입는 흰옷을 입고 몰래 다니고, 사는 곳이 들킬까봐 여기저기로 자주 옮겨다녀서 목숨을 건졌습니다. 그런데 지금의 감사께서는 일본군을 두려워하지 않고 마을을 돌아다니실 때마다 늘 전쟁 전에 그랬던 것처럼 미리 공문을 보낸 다음 깃발을 세우고 나팔을 불며 다니십니다."

　나는 이 말을 듣고 몹시 걱정이 되었다. 그래서 글을 써 보내며 조심하라고 거듭 당부를 했다. 그러나 그 후에도 심대의 태도는 조금도 바뀌지 않았다. 그는 의병을 모으고는 그들 앞에서 "서울을 되찾겠다"고 소리쳐서 소문을 퍼뜨렸다. 또한 날마다 사람을 성안으로 보내 의병이 밖에서 성을 공격하면 성안에 있는 사람들이 도와주겠다는 약속을 하라고 했다. 사람들은 전쟁이 끝나면 일본군을 도와주었다는 죄로 벌을 받을까봐 두려워 밖에서 우리 군사들이 공격하면 성안에서 돕겠다는 글을 써 가지고 감사에게 가져왔는데, 그 수가 수백, 수천 명이었다. 그중에는 일본군의 앞잡이도 여러 명 끼어 있어서, 사람들이 심대에게 하는 일을 다 살펴보고 갔다. 그러나 심대는 누가 와도 믿고 의심하지 않았다.

　어느 날 심대가 삭녕군지금의 연천군에 가 있었는데, 일본군이 그가 가는 길을 알아낸 다음 밤에 몰래 습격했다. 심대는 놀라 허겁지겁 옷을 입고 달아났지만 멀리 가지 못하고 일본군에게 잡혀 죽었다. 내가 함께 보냈던 군관도 이때 같이 죽었다.

　일본군이 물러간 후에 경기도 사람들은 그 시체를 거두어 삭녕군 안에 임시로 장사지내주었다. 며칠 있다가 일본군이 와서 그 머리를 베어 가져다가 서울 거리에 매달아놓았는데, 50~60일이 지나도 그 얼굴빛이 산 사람과 같았다고 한다. 경기도 사람들은 심대의 충성심을 안타까워해 서로 돈을 모아 일본군에게 몰래 주고 머리를 찾아왔다. 그들은 이 머리를

이순신과 의병의 활약

상자에 넣고 강화도로 보냈다가, 전쟁이 끝난 다음 그의 시체와 함께 고향 산에다 묻어주었다.

관군도 용감하게 싸우다

순찰사 이원익과 순변사 이빈은 수천 명의 군사를 이끌고 순안으로 갔다가 8월 1일에 평양성 북쪽으로 쳐들어갔다. 처음에는 일본군 20여 명이 나타나 모두 활로 쏘아 죽였으나, 조금 뒤에 수많은 일본군이 들이닥쳤다. 우리 군사들은 조총을 쏘며 달려드는 일본군에게 놀라 무너졌고 많은 용감한 군사들이 죽거나 다쳤다. 이원익과 이빈은 남은 군사들을 이끌고 순안으로 되돌아갔다. 명나라 구원병도 빼앗지 못한 평양성을 우리 힘으로 싸워보겠다는 뜻은 장했으나 안타깝게도 그것을 이루지는 못했다.

이일은 대동강을 지키다가 평양성을 일본군에게 빼앗기자 황해도 해주를 거쳐 강원도 이천으로 갔다. 그는 거기서 세자 광해군을 모시고 군사 수천 명을 모았다. 그는 일본군이 평양성에서 나오지 않는 데다, 곧 명나라 구원병이 온다는 소식을 듣고 평양으로 돌아왔다. 그는 평양성에서 동북쪽으로 10여 리 떨어진 임원역에 진을 치고 의병장 고충경과 함께 힘을 합쳐 많은 일본군을 베어 죽였다. 조정에서는 순안에서 순변사로 있는 이빈이 싸울 때마다 지는 것을 보고 임금 곁으로 불러들이고, 이일을 순변사로 임명해 계속 싸우게 했다.

강원도 조방장 원호는 여주 구미포에서 일본군을 무찔렀다. 남쪽 지방에 있는 일본군은 충주와 원주 두 길을 통해 서울로 올라갔다. 여주는 원주에서 서울로 가는 길에 있었는데, 원호는 구미포에서 서울로 가는 일본군을 모조리 무찔러 죽였다. 이천 부사 변응성은 활 쏘는 군사들을 배에 싣고 안개가 낀 틈을 타서 여주 마탄에서 적을 공격해 많은 적군을 죽였다.

여주에서 두 번의 공격을 받은 일본군은 그다음부터는 원주를 통해 서울로 가는 길을 끊고, 오직 충주를 통해서만 갔다. 그래서 원주와 서울 사이에 있는 여주, 이천, 양근, 지평 등의 백성들은 일본군의 칼날에서 벗어나게 되어 크게 기뻐했는데, 사람마다 다 원호의 공이라고 생각했다.

강원도 순찰사 유영길은 원호에게 춘천을 치라고 재촉했다. 그러나 일본군은 원호가 쳐들어올 것을 알고 군사들을 미리 길목에 숨겨두었다. 원호는 적을 쳐서 이긴 적이 있으므로 자신감이 생겨 조심하지 않고 가다가 숨어 있던 일본군의 공격을 받아 죽었다. 원호가 죽자 강원도에서는 더이상 일본군을 막아낼 사람이 없었다.

한편 경상도에 있던 일본군은 전라도 전주로 쳐들어갔다. 김제 군수 정담과 해남 현감 변응정은 웅치 고개에서 일본군을 막았다. 그들은 나무 울타리를 만들어 산길을 막은 다음 활을 쏘아 많은 적군을 쓰러뜨렸다. 날이 저물어 일본군이 물러나려 할 무렵에 화살이 다 떨어지고 말았다. 그러자 일본군이 나무 울타리를 넘어 들어왔다. 두 사람은 끝까지 이들을 막다가 죽고 군사들은 다 무너졌다.

다음 날 일본군이 전주로 들어왔다. 전에 해남 현감을 지냈던 이정란이 얼른 전주성으로 들어가 백성들과 관청의 아전들을 데리고 성을 굳게 지켰다. 일본군은 웅치 싸움에서 너무나 많은 군사를 잃었으므로 힘이 많이 떨어져 있었다. 게다가 밖에서는 이광이 가짜 군사를 만들어 일본군을 속였다. 그는 낮에는 산에 깃발을 가득 세우고 밤에는 온 산에 횃불을 켜놓았는데, 지쳐 있던 일본군은 성 밑에 와서 몇 번 살펴보다가 성을 더 공격하지 못하고 달아나버렸다.

일본군은 돌아갈 때 웅치 고개를 넘어갔는데, 거기에는 우리나라 군사들의 시체로 가득했다. 일본군은 그 시체를 모두 모아 길가에 묻어 몇 개의 큰 무덤을 만들어주고 나무를 세워 "조선국 군사들의 충성스럽고 의로운 죽음을 애도하노라"라고 썼다. 비록 적이기는 해도 나라를 위해 목숨을 아끼지 않은 군사들의 용맹을 크게 칭찬한 것이다.

정담과 변응정은 싸우다 죽었으나 그들의 죽음 때문에 전라도를 지킬 수 있었다. 그래서 우리나라에서 전라도만은 전쟁의 피해를 입지 않았다.

영천과 경주를 되찾다

권응수와 정대임은 시골 사람 1,000여 명을 의병으로 모아 군대를 만들어 영천성을 포위했다. 그러나 싸움을 해보지 못한 군사들은 성을 둘러싸고도 일본군이 무서워 앞으로 나아가지 못했다. 권응수는 군사들 몇 명을 베어 죽이며 나가 싸우라고 소리쳤다. 그제야 앞다투어 달려가 성을 넘어 들어갔다. 군사들은 성안의 좁은 골목에서 일본군과 싸웠는데, 일본군이 당해내지 못하고 달아나다 창고 속으로 들어갔다. 우리 군사들이 창고에 불을 질러 일본군을 태워 죽이자 시체 타는 냄새가 몇 리 밖까지 풍겼다. 일본군은 겨우 몇 십 명만 살아서 경주로 도망갔다. 그래서 경상좌도의 여러 마을은 일본군의 괴롭힘을 받지 않았는데, 그 모두가 이 싸움에서 이긴 덕분이었다.

경상좌도 병사 박진도 경주를 되찾았다. 전쟁이 일어났을 때 박진은 밀양 부사였는데, 동래에서 밀양으로 오는 일본군을 막으려다 져서 밀양성을 불태우고 산속으로 들어갔다. 그때 경상좌도 병사는 이각으로 싸워 보지도 않고 성을 버리고 도망갔다. 조정에서는 죄를 물어 이각을 베어 죽이고 박진을 그 자리에 앉혔다.

남쪽 지방은 일본군이 다 차지해서 임금께서 명령을 내려도 전달되지 않았다. 그래서 많은 백성들은 큰 혼란 속에서 어찌할 바를 모르고 흩어져 숨어 있었는데, 박진이 경상좌도 병사가 되었다는 말을 듣고 차츰 마을로 모여들었다. 마을의 수령들도 산골짜기에서 나와 일을 하게 되니, 백성들이 아직도 조정이 있다는 사실을 알게 되었다.

박진은 1만여 명의 군사를 이끌고 나가 경주성 바로 아래까지 왔다. 일본군은 몰래 성을 빠져나와 우리 군사들을 뒤에서 공격했다. 박진은 일단 군사들을 데리고 물러나와 안강으로 달아났다. 박진은 밤에 몰래 군사들을 경주성 밑에 숨겨놓았다가 '비격진천뢰飛擊震天雷' 여러 개를 성안으로 쏘았다. 폭탄은 일본군들이 사는 건물 마당으로 떨어졌는데 터지지 않았다. 일본군은 처음 보는 그 폭탄이 어떤 것인지도 모르고 우르르 모여들어 구경했다. 어떤 이는 굴려보기도 하고, 어떤 이는 두드려보거나 자세히 살펴보기도 했다. 그런데 갑자기 폭탄이 일본군들이 있는 한가운데서 터졌다. 그 소리에 땅과 하늘이 흔들리고 쇳조각이 별처럼 부서지며 흩어져서 죽은 자만 30명이 넘었고, 맞지 않은 자도 정신을 잃었다가 한참이 지나서야 깨어났다. 이어서 여기저기서 다른 폭탄들이 터지니 일본군들은 크게 놀라고 혼이 달아나 사방으로 흩어져서 더이상 싸울 생각을 하지 못했다. 그들은 그 폭탄이 어떻게 만들어졌는지 알 수 없었으므로 폭탄이 참으로 신통한 재주를 부린다고 생각했다.

다음 날 밤 일본군은 경주성을 버리고 몰래 서생포로 도망갔다. 박진이 경주성으로 들어가니 사방에 일본군 시체가 널려 있었고, 1만 가마가 넘는 곡식이 창고에 쌓여 있었다.

우리가 일본군을 무찌르고 영천과 경주를 되찾았다는 보고가 올라가자 임금께서 박진, 권응수, 정대임의 벼슬을 올려주었다.

'비격진천뢰'는 '날아가 하늘을 울리는 천둥'이라는 뜻이다. 이 폭탄은 군기시의 화포장총, 대포, 화약 따위를 만드는 일을 맡은 장인 이장손이 발명해 만들었고, 박진이 여러 번 실험해본 다음에 처음으로 일본군과의 싸움에서 사용했다. 이 무기는 '대완구'라고 부르는 대포에 진천뢰를 넣어서 쏘는데, 600발짝 정도를 날아가다 땅에 떨어져 한참 지나야 불이 그 안에서 일어나면서 터진다. 일본군은 이 무기를 가장 두려워했다.

전국에서 의병이 일어나 일본군을 무찌르다

이때는 전국에서 많은 의병들이 일어나 일본군을 무찌르고 괴롭혔다. 의병은 나라에서 뽑은 군사가 아니라 스스로 군사가 되어 적과 싸우는 백성을 말한다.

전라도에서 의병을 일으켜 큰 공을 세운 사람은 김천일, 고경명, 최경회 등이다. 김천일은 전라도 나주에서 의병을 일으켜 경기도로 올라왔다. 나라에서는 그의 부대를 칭찬해 '창의군倡義軍'이라는 이름을 지어주었는데, 이는 '앞장서서 정의를 부르짖는 군대'라는 뜻이다.

고경명도 전라도에서 시골 사람들을 데리고 의병을 만들어 임실, 금산 등 여러 마을에서 일본군을 쳐서 이겼지만, 금산 싸움에서 아들 고인후와 함께 죽었다. 그의 아들 고종후는 아버지를 대신해 의병부대를 이끌고 아버지의 죽음을 복수한다는 뜻으로 부대 이름을 '복수군'이라 했다. 최경회는 나중에 경상우도 병사가 되어 의병을 이끌고 진주에서 일본군과 싸웠으나 전사했다.

경상도에서 의병을 이끌고 활약한 장수는 곽재우, 김면, 정인홍, 김해, 유종개, 이대조, 장사진 등이다.

곽재우는 경상도 의령에서 의병을 일으켰는데 일본군이 가장 두려워했다. 붉은 비단옷을 입고 삿갓을 쓰고 다녀서 사람들은 그를 '홍의장군'이라 불렀으며, "홍의장군 가는 곳에 일본군들 죽어 나자빠진다"는 소문이 퍼졌다. 정진의령과 함안 사이를 흐르는 남강의 나루터. 정암진을 굳게 지켜서 일본군이 의령으로 들어오지 못하게 했다.

김면은 거창을 공격해 일본군을 물리쳤다. 이 사실이 임금에게 알려져 경상우도 병사가 되었으나 싸움터에서 병으로 죽었다. 유종개는 안동에서 의병을 일으켰는데, 봉화에서 의병들을 숨기고 일본군을 습격하려다가 이것을 먼저 알아차린 일본군에게 습격당해 큰 피해를 입고 자신도 죽었다. 조정에서는 그 뜻을 귀하게 여겨 죽은 뒤에 예조참의라는 벼슬을 주었다.

장사진은 많은 일본군을 죽여 일본군 사이에 '장장군'이라고 불렸으며 그가 지키는 군위에는 감히 들어오지 못했다. 그러나 하루는 일본군이 군사들을 숨겨두고 도망가는 척하며 장사진을 꾀어냈다. 장사진은 일본군을 쫓다가 일본군이 숨어 있는 곳으로 점점 깊이 들어갔다. 그는 큰 소리를 지르며 힘껏 싸웠으나 화살이 다 떨어졌다. 일본군이 그의 한쪽 팔을 잘랐으나 장사진은 한쪽 팔만으로도 힘껏 싸우다가 마침내 죽고 말았다. 이 사실이 임금에게 알려져 죽은 뒤에 수군절도사라는 벼슬을 받았다.

충청도에서 의병을 일으켜 활약한 사람은 승려 영규, 조헌, 김홍민, 이상겸, 박춘무, 조덕공, 조웅, 이봉 등이다.

영규는 휴정의 제자이며 용감하고 힘이 있는 스님으로, 처음으로 승려들을 이끌고 의병을 일으켰으며 조헌과 함께 청주성을 되찾았다. 그러나 조헌과 함께 금산을 무리하게 공격하다가 700명의 의병과 함께 모두 죽고 말았다. 조웅은 말 위에 서서 달릴 만큼 용감하고 싸움을 잘해 많은 일본군을 죽였으나 역시 싸우다가 죽었다.

경기도에서 활약한 사람은 우성전, 정숙하, 최흘, 이노, 이산휘, 남언경, 김탁, 유대진, 이질, 홍계남, 왕옥 등이다. 이중에서 홍계남이 가장 날쌔고 용감했다. 이 외에도 고향 마을에서 수백 명, 수십 명의 시골 사람들을 모아 의병이라고 부른 사람들은 셀 수 없이 많았다.

또 금강산 표훈사의 승려로 유명한 유정이라는 사람이 있었다. 일본군이 산속으로 들어오자 절에 있던 중들은 다 도망갔는데, 유정만은 조금도 움직이지 않아 일본군이 가까이 오지 못했다. 오히려 두 손을 모아 절하며 공경하는 뜻을 나타내는 일본군도 있었다.

내가 안주에서 사방으로 공문을 보내 의병을 일으켜 이 나라를 어려움에서 구하자고 했는데, 그 공문이 금강산 안에까지 갔다. 유정은 여러 중들을 불러놓고 그 공문을 읽으며 눈물을 흘렸다고 한다. 유정은 승려들로 의병을 만들어 서쪽으로 달려와 나라를 구하려고 애를 썼는데, 평양에 올 무렵에는 의병이 1,000명이 넘었다. 유정은 평양 동쪽에 머물면서 관군과 힘을 합쳐 군건한 형세를 이루었다.

호성감은 임금의 친척으로 100여 명의 의병을 이끌고 임금께서 계시는 곳으로 달려갔다. 조정에서는 그의 벼슬을 올려주고 순안에서 명나라군과 힘을 합쳐 싸우게 했다.

함경도에서는 정문부와 고경민이 가장 많은 활약을 했다.

50일 동안 전쟁을 쉬자

평양성에서 조승훈이 이끄는 명나라군을 물리친 일본군은 한껏 교만해지고 의기양양해져서 '감히 염소 떼가 한 마리 호랑이를 친다'고 비웃었다. 염소는 명나라군을, 호랑이는 일본군을 빗대어 한 말이다. 일본군이 이제 곧 의주 방면으로 쳐들어간다고 하자 의주 사람들은 일본군이 바로 쳐들어오는 줄 알고 모두 피란 가려고 짐을 싸놓고 있었다.

조승훈이 요동으로 돌아가고 난 뒤, 9월에 명나라에서 심유경이 왔다. 심유경은 순안에 도착해서 명나라 황제가 내리는 글을 일본군에게 보내 이렇게 꾸짖었다.

"조선이 일본에 무슨 잘못을 저질렀단 말이냐? 일본은 어찌하여 이렇게 마음대로 전쟁을 일으키느냐?"

일본군이 너무 잔인하고 무서워서 사람들은 모두 일본군 근처에도 얼씬거리지 않았지만, 심유경은 그런 것을 전혀 신경 쓰지 않고 노란 보자기에 편지를 싸서 부하 한 사람을 시켜 평양성 보통문으로 들어가게 했다. 일본군 장수 고니시 유키나가는 편지를 보고 즉시 답장을 써서 직접 만나 이야기하자고 했다.

심유경이 바로 가려고 하자 사람들은 위험하다고 말렸다.

"저들이 어찌 감히 나를 해치겠습니까?"

심유경은 웃으며 부하 서너 명을 데리고 평양으로 갔다. 고니시 유키나가, 소 요시토시, 겐소 등은 많은 군사를 거느리고 평양성 북쪽 10리 밖의 강북산까지 왔다.

우리 군사들은 대흥산 꼭대기로 올라가 그 모습을 바라보았다. 일본군 군사들은 아주 많았고 창칼은 불빛처럼 반짝거렸다. 심유경이 말에서 내려 일본군 쪽으로 들어가니 일본군이 떼를 지어 둘러쌌다. 우리 군사들은 혹시 심유경이 붙잡히는 것이 아닌지 마음이 조마조마했다. 날이 저물어 심유경이 돌아왔는데 일본군이 그를 보내는 예의가 아주 깍듯했다.

다음 날 고니시 유키나가는 심유경에게 글을 보내 이같이 말했다.

"대감께서는 시퍼런 칼날 속에서도 얼굴빛이 조금도 변하지 않으시니, 우리 일본군 장수라도 이렇게 하지는 못할 것입니다."

그러자 심유경이 이렇게 써서 보냈다.

"너희는 당나라 때 곽영공_{곽자의, 안녹산의 난을 눌러 진정시키고, 위구르족의 도움을 받아 티베트를 무찔러 당나라를 구한 유명한 장수}이 있다는 말을 듣지 못했느냐? 그는 위구르족의 수만 군사들 속으로 혼자 걸어 들어가서도 조금도 두려워하지 않았는데, 내가 어찌 너희를 두려워하겠느냐?"

그리고 심유경은 일본군에게 전쟁을 쉬자고 제안했다.

"내가 명나라로 돌아가서 보고하면 우리 황제께서 다 알아서 해주실 것이다. 그러니 50일 동안 서로 싸우지 말자. 일본군은 평양성 북쪽 10리 밖으로 나와서 백성들의 재물을 빼앗는 일이 없도록 하고, 조선의 군사는 평양성에서 10리 안으로 들어가는 일이 없도록 해야 한다."

그리고 평양성에서 10리가 되는 곳에 나무를 세워 드나들지 말라는 표시를 해두었는데, 우리나라 사람은 아무도 그 나무가 무슨 뜻인지 알지 못했다.

간첩을 잡아 죽이다

나는 안주에서 군관 성남을 수군 장수 김억추에게 보내 전령명령서을 전달하고 일본군을 공격하겠다는 약속을 하라고 했다. 그리고 성남에게는 "6일 이내로 전령을 돌려보내도록 하라"고 일러두었다. 그런데 6일이 지나도 전령이 돌아오지 않았다. 나는 성남을 불러 왜 전령이 돌아오지 않느냐고 물었다. 그러자 성남이 말했다.

"벌써 강서 군사 김순량을 시켜 전령을 돌려보내드렸습니다."

나는 김순량을 잡아오게 하여 그 전령이 어디 있는지 물었다. 김순량은 전혀 모른다고 딱 잡아떼었는데, 말하는 모양을 보니 뭔가 속이는 것 같았다. 이에 성남이 말했다.

"김순량이 전령을 가지고 나간 지 며칠 뒤에 부대로 돌아왔는데, 소 한 마리를 끌고 와서 친구들과 함께 잡아먹었습니다. 친구들이 소를 어디서 가지고 왔느냐고 물었더니 자기 소인데 친척집에 맡겨 기르다가 도로 찾아온 것이라 했습니다. 그런데 지금 김순량이 하는 말을 들으니 좀 의심스럽습니다."

그래서 김순량을 고문하고 엄하게 따져 물었더니 곧 사실대로 이야기했다.

"제가 일본군의 간첩이 되어 그날 전령과 비밀 공문을 받아서 바로 평양성에 들어가 일본군에게 보여주었습니다. 일본군 장수는 전령은 책상 위에 놓고 비밀 공문은 보고 나서 찢어 없애버리고 저에게 소 한 마리를 상으로 주었습니다. 같이 간첩이 된 서한룡에게는 명주 다섯 필을 상으로 주었습니다. 그리고 다른 비밀을 찾아내 15일 안에 와서 보고하라고 하기에 그렇게 약속하고 나왔습니다."

"간첩이 너 하나뿐이겠느냐? 또 몇 사람이나 더 있느냐?" 하고 내가 물었더니, 김순량이 대답했다.

"모두 40여 명이 있습니다. 이들은 순안과 강서의 여러 부대에 흩어져 나와 있으며, 또 숙천, 안주, 의주 등에 뚫고 들어가서 돌아다니지 않는 데가 없습니다."

나는 크게 놀라 바로 임금께 글을 올리고, 또 간첩들의 이름을 조사해 여러 부대에 급히 알려 잡아들이게 했는데, 어떤 이는 잡히고 어떤 이는 도망갔다. 김순량은 성 밖에서 목을 베어 죽였다.

이 일이 생긴 지 얼마 되지 않아 명나라 구원병이 우리나라에 왔지만 일본군은 알지 못했다. 간첩들이 모두 도망갔기 때문이다. 이 중요한 일을 우연히 알게 되었으니, 이 또한 하늘의 도움이라 하지 않을 수 없다.

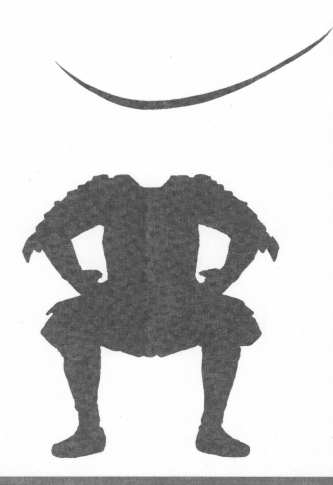

6

강화 협상의
결렬

평양성을 되찾다

심유경이 명나라로 돌아간 뒤, 일본군은 약속대로 50일 동안 군사들을 움직이지 않았다. 그런데 약속한 50일이 지나도 심유경은 돌아오지 않았다. 일본군은 심유경이 거짓말을 했다고 의심하고는 의주로 쳐들어가겠다는 소문을 퍼뜨렸다.

"설날에는 말을 몰고 의주까지 쳐들어가 우리 말에게 압록강 물을 먹이겠다."

일본군에게 잡혔다가 도망 나온 우리 군사들은 일본군이 성을 공격할 때 쓰는 무기를 수리하고 있다고 전했다. 사람들은 더욱 두려워했다.

12월 초에 심유경이 다시 와서 평양성으로 들어가 며칠을 머물렀다. 그러나 일본군과 무슨 약속을 하고 나왔는지는 알 수 없었다.

이때 도독군사 전체를 다스리고 감독하는 장수 이여송이 이끄는 명나라 구원병 4만 명이 압록강을 건너 우리나라에 왔다. 이들은 안주에 와서 평양성 남쪽에 군대가 머무를 막사를 만들었는데, 잘 정돈된 깃발과 무기가 위엄이 있었다.

내가 도독 이여송을 만나 할 말이 있다고 청했더니 들어오라고 했다. 그는 키가 크고 품위가 있는 대장부였다. 내가 평양성 지도를 꺼내 성의 형세를 설명하고 군사들이 어디로 공격하는 것이 좋은지 가리키니, 도독은 주의 깊게 듣고는 붉은 붓을 가지고 가리키는 곳마다 점을 찍어 표시를 한 다음, 이렇게 말했다.

"일본군은 조총을 믿고 있을 뿐입니다. 그러나 우리에게는 대포가 있습니다. 5~6리를 날아가서 맞히는데, 일본군이 어떻게 당해낼 수 있겠습니까?"

내가 물러나온 다음 도독은 내게 시를 지어 보내왔다.

군사를 거느리고 압록강을 건너온 것은
삼한^{한반도}의 나라 안이 안정되지 못했기 때문이네.
명나라 황제께서는 날마다 소식을 기다리고
이 몸은 밤에 술 마시는 즐거움도 끊었네.
살기를 띠고 왔건만 마음은 오히려 굳세어지니
이제 일본군들은 벌써 뼈가 저리겠네.
우리가 이긴다고 어찌 감히 말하지 않으리오.
꿈속에서도 늘 말 달리는 싸움터를 생각하오.

1593년 새해 첫날, 이여송은 부총병 사대수를 보내 일본군을 속여 이렇게 말하게 했다.

"명나라에서 강화를 허락하여 심유경을 다시 보내왔다."

일본군은 크게 기뻐했고, 겐소는 시를 지어 바쳤다.

일본이 싸움을 멈추고 중국을 굴복시키니
온 세계가 한 가족이 되었구나.
기쁜 기운이 갑자기 눈을 녹이니
봄은 아직 오지 않았건만, 큰 평화의 꽃이 피었네.

일본군 장수가 부하 20여 명 정도를 데리고 심유경을 맞으러 순안으로 왔다. 사대수는 군사들을 숨겨놓고는 일본군들을 꾀어 함께 술을 마셨다. 술이 몇 잔 돌아갔을 때, 갑자기 숨은 명나라군이 나와 일본군들을 닥치는 대로 죽였다. 일본군 장수는 사로잡고 나머지는 거의 베어 죽였다. 그중에서 일본 병사 셋이 평양성으로 도망쳐 이 사실을 전했다. 그제서야 일본군은 명나라군이 쳐들어온 것을 알고 크게 소란스러워졌다.

다음 날 아침, 명나라군은 평양성을 포위하고 보통문과 칠성문을 공격했다. 일본군은 성 위로 올라가 붉은 기, 흰 기를 세우고 맞서 싸웠다. 명나라 군사는 대포와 불화살을 쏘며 공격했는데, 대포 소리에 땅이 흔들리고 몇 십 리 안의 산까지 다 들썩거렸으며, 불화살이 하늘에 베를 짜는 실오라기처럼 퍼지고, 연기가 하늘을 덮고, 성안에 불화살이 떨어져 곳곳에서 건물과 나무들이 타올랐다.

명나라군은 성벽에 개미처럼 붙어 기어올라갔다. 앞사람이 떨어지면 뒷사람이 올라갔으며 아래로 물러서는 사람이 없었다. 일본군은 성 위에 창칼을 고슴도치 털처럼 세워놓았으나 명나라군은 두려워하지 않고 더욱 세차게 덤벼들었다. 일본군은 견디지 못하고 물러나 내성^{이중으로 쌓은 성}

^{의 안쪽} 성으로 들어갔다. 많은 일본군이 칼에 베여 죽거나 불타 죽었다.

일본군은 성 위에 흙벽을 만들고 여기에 많은 구멍을 뚫어 벌집처럼 만들어놓았다. 명나라군이 내성을 공격하자 일본군은 이 흙벽의 구멍으로 조총을 어지럽게 쏘아대 여기서 많은 명나라군이 죽었다. 이여송은 도망갈 곳이 없는 도적들은 죽기를 다해 싸울 것이니 적들에게 도망갈 길을 터주라고 명령하고 군사들을 성 밖으로 거두었다. 그날 밤에 일본군은 꽝꽝 언 대동강을 건너 도망갔다.

명나라 구원병이 오기 전에, 나는 일본군이 평양성에서 쫓겨갈 것을 예상했다. 그래서 몰래 황해도 방어사 이시언과 김경로에게 일본군이 가는 길목에서 지키고 있다가 공격하라고 말해주었다.

"길가에 군사들을 숨겨두고 있다가 일본군들이 지나갈 때 그 뒤를 짓밟아라. 일본군들은 굶주리고 지쳐서 도망갈 생각만 할 뿐 싸울 마음은 없을 것이니, 이때 다 잡아서 묶을 수도 있을 것이다."

이시언은 즉시 중화로 떠났지만 김경로는 다른 일을 핑계로 듣지 않았다. 내가 군관을 시켜 김경로에게 빨리 가서 길목을 지키라고 재촉했더니 마지못해 중화로 갔다. 그러나 김경로는 일본군이 도망가기 하루 전에 황해도 순찰사 유영경의 공문을 받고 재령으로 돌아가버렸다. 유영경은 황해도 해주에 있었는데, 자신을 지키기 위해 김경로를 오라고 했던 것이고, 김경로는 일본군과 싸우는 것이 두려워서 피했던 것이다.

일본군 장수 고니시 유키나가, 소 요시토시, 겐소, 야나가와 시게노부 등은 남은 군사들을 데리고 밤을 새워 도망갔다. 힘이 다 빠지고 발은 부르터서 절룩거리면서 걸어갔으며 밭고랑을 기어가기도 했고 밥을 빌어먹기도 했으나, 우리나라에서는 한 사람도 나와서 그들을 치지 않았다.

이시언이 혼자 군사들을 데리고 그 뒤를 따라갔으나 감히 가까이 다가가지 못하고 굶주리고 뒤떨어진 일본군 60여 명의 목만 베었을 뿐이다.

이때 서울에 머물고 있던 일본군 장수는 도요토미 히데요시의 조카인 우키타 히데이에였다. 그는 나이가 어렸기 때문에 모든 군사 일은 고니시 유키나가가 맡고 있었다. 가토 기요마사는 함경도에서 돌아오지 않았으므로 만일 고니시 유키나가, 소 요시토시, 겐소 등을 사로잡았다면 서울의 일본군은 저절로 무너졌을 것이다. 그렇게 되면 가토는 돌아갈 길이 끊어져 일본군들이 크게 흔들리고 두려워했을 것이며, 바다로 도망간다 하더라도 스스로 빠져나갈 수 없었을 것이다. 그러면 한강 남쪽에 있는 일본군은 저절로 무너져서 명나라군이 북을 울리며 천천히 따라가기만 해도 바로 부산까지 이르렀을 것이고, 잠깐 동안에 우리나라에 있는 모든 일본군을 다 처형시켰을 것이니, 어찌 몇 년 동안 어렵게 싸울 필요가 있었겠는가? 김경로 한 사람의 잘못이 온 세상과 관계가 되었으니 실로 마음 아픈 일이다.

나는 임금께 글을 올려 김경로의 목을 베자고 청했다. 그때 나는 평안도 체찰사가 되어 있어서 김경로는 나의 담당이 아니었다. 그래서 임금께 처형을 하자고 청한 것이다. 조정에서는 사람을 보내 김경로를 처형하려고 했다. 먼저 이여송에게 알렸더니 이여송이 죽이는 것을 반대했다.

"그의 죄는 죽어 마땅하나 일본군이 아직 다 무너지지 않았으므로 한 사람의 장수라도 죽이기는 아깝습니다. 우선 백의종군하여 공을 세워서 자신의 죄를 씻도록 하는 것이 좋겠습니다."

명나라군이 벽제 싸움에서 지고 후퇴하다

일본군이 평양성 싸움에서 진 후 대동강 남쪽에 있던 일본군은 모두 도망 갔다. 이여송은 일본군을 추격하겠다면서 나에게 말했다.

"우리 명나라 대군이 적을 쫓으려고 하는데, 군사들이 먹을 식량과 말들이 먹을 풀이 없다고 합니다. 유성룡 대감께서는 대신으로서 마땅히 나랏일을 먼저 생각해야 할 것입니다. 빨리 가서 식량을 준비하여 일을 그르치는 일이 없도록 하십시오."

나는 물러나와서 마음이 급해 빨리 가려고 했지만 명나라 군사들이 길에 가득해 막혀 갈 수가 없었다. 그래서 옆길로 돌아 빨리 달려 밤중에 명나라 군대보다 먼저 중화에 들어갔다가 다시 황해도 황주로 가니 시간이 벌써 자정이 다 되었다.

일본군이 지나간 지 얼마 되지 않아서 길은 황폐하고 텅 비어 사람들이 다니지 않았으므로 어떻게 해야 좋을지 아무것도 생각나지 않았다. 나는 급히 공문을 써서 황해 감사 유영경에게 식량을 보내올 것을 재촉했다. 또 평안 감사 이원익에게 공문을 보내 싸움터에서 제대로 싸우기 힘든 군사들을 골라 보내 평양에 있는 곡식을 황주까지 보내라고 하고, 평안도의 세 마을에 있는 곡식을 배로 날라 황해도까지 옮기도록 했다. 그러나 이 모든 일이 미리 준비했던 것이 아니어서 아무리 서둘러도 식량은 빨리 오지 않았다. 뒤에서는 명나라 대군이 오고 있는데 이러다 식량이 떨어지지나 않을까 애를 쓰느라 속이 까맣게 탔다.

그때 유영경은 곡식을 많이 저장해두고 있었으나 혹시 일본군이 쳐들어오지 않을까 걱정해 여러 산골에다가 나누어 숨겨두었다. 백성들을 시켜 그 곡식들을 급히 가지고 와서 다행히 식량이 모자라지는 않았다. 조금 뒤에 명나라 군사들이 개성에 도착했다.

1월 24일에 평양성에 있던 일본군이 서울로 왔다. 이들은 평양성 싸움에서 진 것을 분하게 생각했고, 우리 백성들이 성안에서 명나라군과 서로 연락해 싸우지 않을까 의심하기도 했다. 그래서 서울 안에 있는 백성들을 거의 다 죽이고, 관청이나 집을 가리지 않고 불태워버렸다. 황해도와 평안도에 있던 일본군도 서울에 모두 모여서 우리 군사들에게 복수할 방법을 궁리했다.

나는 이여송에게 빨리 쳐들어갈 것을 여러 번 청했다. 그러나 이여송은 머뭇거리면서 느릿느릿 나아가 여러 날이 지나서야 파주에 이르렀다.

다음 날 명나라 부총병 사대수는 우리 장수 고언백과 군사 수백 명을 이끌고 먼저 가서 일본군의 움직임을 살피다가, 벽제역 남쪽에 있는 여석령 고개에서 일본군을 만나 수백 명을 베어 죽였다.

이여송은 이 소식을 듣고 대군은 그대로 둔 채 부하 중에서 말을 잘 타는 군사 1,000여 명만 이끌고 달려오다가 말이 넘어지는 바람에 땅에 떨어져 부하들이 일으켜주었다. 일본군은 여석령 뒤에 많은 군사들을 숨겨두고 수백 명만 언덕 위로 내보냈다. 이여송은 이것을 보고 군사들을 둘로 나누어 공격했다. 일본군과 명나라군이 점점 가까워지고 있을 때, 갑자기 숨어 있던 수많은 일본군들이 언덕 위로 올라왔는데 그 수가 몇 만 명이나 되었다. 명나라군은 엄청난 일본군을 보고 겁이 났지만 벌써 칼날을 맞대고 싸우고 있었으므로 돌아갈 수도 없었다.

이여송이 거느린 군사들은 북쪽 지방의 군사들이어서 총이나 대포는 없고 다 짧고 무딘 칼만 갖고 있었다. 그러나 일본군이 들고 있는 칼은 길이가 3~4척약 2미터이나 되는 데다가 아주 날카로웠다. 두 군사들이 서로 맞부딪쳐 싸우는데 일본군이 긴 칼을 휘두르니 명나라군과 말이 다 쓰러져서 도저히 당해낼 수가 없었다. 이여송은 싸움이 크게 불리한 것을 보고 뒤늦게 뒤에 있는 군사들을 불렀으나 멀리 있어서 갑자기 올 수가 없었다. 할 수 없이 말을 돌려 도망갔지만 이미 많은 군사들이 죽은 다음이었다. 일본군도 지쳐 있었기 때문에 급하게 쫓아오지는 않았다.

날이 저물어 이여송은 파주로 돌아왔지만 싸움에서 진 것은 말하지 않았다. 그러나 기분은 썩 좋지 않았고 밤에는 믿고 아끼는 부하들이 죽은 것을 슬퍼하며 소리 내어 울었다.

다음 날 이여송은 군사들을 파주에서 동파로 후퇴시키려 했다. 내가 유홍, 김명원, 이빈 등과 함께 이여송의 막사로 가니, 그는 떠나려 하고 있고 여러 장수들이 길 양 옆에 늘어서 있었다. 나는 얼른 이여송 앞으로 가서 말했다.

"이기고 지는 일은 싸움터에서 늘 있는 일입니다. 형세를 보아 다시 공격해야지 어찌 이렇게 쉽게 군사들을 물러나게 하십니까?"

"우리는 어제 많은 적을 죽였으니 진 것은 아닙니다. 다만 비가 너무 많이 와서 길이 질척거려 군사들을 머물게 하는 것이 불편하기 때문에 동파로 가서 군사들을 쉬게 했다가 다시 공격하려는 것입니다."

나와 여러 장수들이 그래서는 안 된다고 거듭 말하니, 이여송은 명나라 황제에게 보고할 글을 보여주었다. 거기에는 이런 내용이 포함되어 있었다.

"서울에 있는 일본군은 20만 명이나 됩니다. 적이 너무 많아 우리 군사로는 이길 수가 없습니다. 저는 병이 심하오니 다른 사람에게 제 일을 맡겨주십시오."

그 글을 읽고 나는 깜짝 놀라 물었다.

"일본군의 수는 그다지 많지 않은데, 왜 20만 명이라고 하셨습니까?"

"내가 어떻게 그걸 알겠습니까? 당신네 나라 사람들이 말한 대로 쓴 것입니다."

나는 이여송이 싸움을 하고 싶지 않아 핑계를 대고 있다는 걸 알았다. 여러 명나라 장수 가운데 특히 장세작은 이여송에게 돌아가자고 강력하게 권했다. 그는 또 우리들이 나가지 않고 이여송에게 자꾸 말을 건다고 화를 냈다. 순변사 이빈을 발로 차며 나가라고 호통을 치기까지 했다.

그 무렵에는 비가 거의 매일 왔다. 일본군이 길가의 모든 산을 다 불태웠기 때문에 산에는 풀 한 포기 없었다. 게다가 말 전염병까지 돌아 며칠 동안에 쓰러져 죽은 말이 1만 필이 넘었다.

그날 명나라군은 모두 임진강을 건너 파주 동파역으로 올라가서 머물렀다. 그다음 날에는 황해도 개성으로 돌아가려 했다. 나는 다시 이여송에게 가서 명나라군이 돌아가면 일본군의 기세가 더욱 올라가 임진강 북쪽도 위험해지니 제발 더 머물러달라고 애원했다. 이여송은 거짓으로 더 머물겠다고 대답했다.

그러나 내가 물러나자 이여송은 말을 돌려 개성으로 가버렸다. 그러자 그의 모든 군대가 그를 따라 함께 개성으로 물러났다. 부총병 사대수와 관승선만 수백 명의 군사를 데리고 임진강을 지켰다. 나는 계속 동파에 머물면서 날마다 사람을 이여송에게 보내 군사들을 진격시켜달라고 요청했다.

"날이 개고 길이 마르면 그때 진격할 것입니다."

그때마다 이여송은 이렇게 대답했지만 속으로는 전혀 진격할 생각이 없었다.

명나라군이 개성에서 여러 날을 머무르자 식량이 떨어졌다. 우리는 오직 강화도에서 뱃길로 군사들이 먹을 조와 말들이 먹을 풀을 가져왔다. 또 충청도와 전라도에서 배에다 쌀을 실어왔는데, 도착하자마자 바로 다 먹어서 식량이 다급해졌다.

하루는 여러 명나라 장수들이 식량이 다 떨어졌다는 핑계를 대고 이여송에게 명나라로 돌아가자고 말했다. 이여송은 화가 나서 나와 호조판서 이성중, 경기좌도 감사 이정형을 불러 뜰 아래에 무릎을 꿇게 하고는 큰 소리로 꾸짖으며 군법에 따라 벌을 내리려고 했다. 나는 여러 번 잘못했다고 말했다. 나라가 이 모양이 되어 명나라군 앞에 무릎 꿇고 빌어야 하는 신세를 생각하니 나도 모르게 눈물이 주르르 흘러나왔다. 그제야 이여송은 우리에게 미안했던지 명나라 장수들에게 화를 내며 말했다.

"옛날에 너희가 나를 따라 서하^{중국 북서부에 있는 티베트계 탕구트족이 세웠던 나라}를 칠 때는 군사들이 여러 날 굶주려도 돌아가겠다고 말하지 않고 끝까지 싸워 마침내 큰 공을 세웠는데, 지금 조선이 며칠 식량을 대지 못했다고 갑자기 군사를 돌리겠다고 말하느냐? 갈 사람은 가라. 나는 적이 다 물러날 때까지 돌아가지 않겠다."

그러자 여러 장수들이 머리를 조아리며 잘못했다고 말했다.

나는 명나라 부대에서 나와 식량을 제때에 대지 못한 죄를 물어 개성 경력^{사무직 벼슬} 심예겸에게 곤장을 쳤다. 그 후에 바로 강화도에서 식량을 실은 배 수십 척이 와서 다시 식량을 댈 수 있었다.

이여송은 하루라도 빨리 북쪽으로 돌아가고 싶어 했으나 마땅한 핑계가 없어 그냥 동파에 머무르고 있었다. 이때 함경도에 있던 일본군 장수 가토 기요마사가 곧 평양성을 습격하려 한다는 소문이 떠돌았다.

"평양성은 조선의 근본이 되는 곳이다. 만일 이곳을 지키지 않으면 우리 명나라군이 돌아갈 길이 없어지니, 이곳을 구하지 않을 수 없다."

이여송은 잘 되었다 싶어 이렇게 말하고는 군사들을 이끌고 평양으로 가려고 했다. 접반사임금을 모시고 외국 사신의 접대를 맡는 임시직 벼슬 이덕형에게는 이렇게 말했다.

"조선의 군사는 강하지 못하고 우리 구원병도 오지 않으니, 우리는 임진강 북쪽으로 돌아가는 게 좋습니다."

임진강 남쪽에는 나도 있고 권율, 이빈, 고언백, 이시언, 김명원 등도 지키고 있는데, 이여송은 일본군이 쳐들어올까봐 두려워서 그렇게 말한 것이다. 나는 다시 사람을 보내 명나라군이 돌아가서는 안 될 다섯 가지 이유를 설명했다.

"첫째로 우리나라 왕들의 무덤이 다 경기도 안에 있고, 그곳은 지금 일본군이 차지하고 있기 때문에 모든 사람들이 이곳을 되찾고 싶은 마음이 간절하니, 이곳을 차마 버리고 갈 수가 없습니다. 둘째로 경기도의 남쪽에 있는 모든 백성들은 날마다 구원병이 오기를 기다리고 있는데, 갑자기 물러갔다는 말을 들으면 더이상 굳세게 지킬 마음이 없어져 일본군에게 돌아설 것입니다. 셋째로 우리나라의 금수강산은 한 뼘도 쉽게 버릴 수 없습니다. 넷째로 우리 군사들은 비록 힘은 약하지만 명나라 구원병이 오면 힘을 합쳐 공격하려고 준비하고 있는데, 명나라 군사에게 물러가라고 명령하면 다 원망하고 화가 나서 사방으로 흩어져버릴 것입니다. 다섯째로 구원병이 물러가면 일본군이 그 틈을 타서 다시 쳐들어올 것이니, 그러면 임진강 북쪽도 지키기 어려울 것입니다."

그러나 이여송은 이 글을 보고도 아무 말 안 하고 평양으로 가버렸다.

권율이 행주에서 크게 이기다

권율은 전라도 광주 목사로 있다가 이광을 대신해 순찰사가 되어 근왕병
임금을 지키는 병사을 거느렸다. 이광 등이 들판에서 일본군과 싸우다가 크게
진 것을 보고 권율은 수원 남쪽에 있는 독성산성에 들어가 일본군들을 막
아냈다. 권율은 명나라 구원병이 서울로 쳐들어올 것이라는 말을 듣고 한
강을 건너 행주산성으로 들어갔다.

일본군은 서울에서 많은 군사들을 이끌고 나와 행주산성을 공격했다.
행주산성의 백성들은 두려움에 떨고 민심이 크게 술렁거려 도망가려 했
으나 뒤에는 강물이 가로막고 있어서 달아날 수가 없었다. 할 수 없이 성
으로 도로 들어와 힘껏 싸웠는데 적이 쏜 화살이 비 오듯 쏟아졌다. 일본
군은 부대를 셋으로 나누어 번갈아 공격했으나 세 번 다 지고 말았다. 날
이 저물어 일본군은 서울로 돌아갔다. 권율은 군사들에게 일본군 시체를
가져와 찢어 나무에 걸어놓게 했다. 그렇게 일본군에게 맺힌 한을 풀었던
것이다.

그러나 얼마 뒤에 권율은 일본군이 다시 나와 복수를 하려 한다는 말을
듣고 몹시 걱정을 했다. 그래서 군사들을 이끌고 임진강으로 가서 도원수
김명원을 따랐다.

나는 이 말을 듣고 혼자 말을 달려 파주산성으로 올라갔다. 산성의 형
세를 보니 큰길로 통하는 좋은 자리인 데다가 지형이 아주 험해 적이 공

격하기가 어려워 보였다. 그래서 바로 권율과 순변사 이빈에게 군사를 모아 와서 굳게 지켜 일본군이 서쪽으로 가는 것을 막도록 했다.

그 뒤에 일본군은 권율이 파주산성에 있다는 사실을 알아내 복수를 하려고 많은 군사를 이끌고 나와 파주산성에서 몇 리 떨어진 광탄까지 왔으나, 성을 공격하지는 못했다. 일본군은 한참 살펴보다가 물러나 다시는 치려고 올라가지 않았다. 일본군이 지형을 잘 살필 줄 알아서 권율이 있는 곳이 매우 험해 공격해봐야 이로울 게 없다는 것을 알았기 때문이다.

굶주려 쓰러지는 백성들

일본군이 서울을 빼앗은 지 1년이 되자, 많은 백성들은 칼날에 죽고 집은 불타버려 어디를 가나 메마르고 쓸쓸했다. 백성들은 농사를 지을 수 없어 거의 다 굶어 죽거나 죽어가고 있었다. 서울 도성 안에 살아남은 백성들은 내가 파주군 동파에 있다는 말을 듣고 서로 붙들고 이끌고 이고 지고 오는데 셀 수 없이 많았다. 그래서 임금께 군인들이 먹을 식량은 빼고 나머지를 백성들을 살리는 데 쓰자고 말씀드렸더니 이를 허락하셨다.

명나라 부총병 사대수는 마산으로 가는 길에 어린아이가 기어가 죽은 어미의 젖을 빠는 것을 보고 가엾게 여겨 데려다가 부대 안에서 길렀다.

"일본군이 아직 물러가지도 않았는데 백성들이 이토록 비참하니 앞으로 어떻게 하겠습니까?"

사대수가 나에게 이렇게 말하면서 탄식했다.

"하늘도 울고 땅도 슬퍼할 일입니다."

이 말을 듣는데 나도 모르게 눈물이 쏟아졌다.

남쪽에서 군인들이 먹을 식량이 많이 올라왔지만, 명나라에서 또 많은 군사들이 온다고 하므로 달리 사용할 수가 없었다. 다만 강가에 줄을 지어 서 있게 할 뿐이었다.

이때 전라도 소모관전쟁이 일어날 때 군사·말·식량 등을 모으는 일을 맡은 벼슬 안민학이 껍질을 까지 않은 곡식 1,000가마를 모아 배에 싣고 왔다. 나는 너무 기뻐서 이것을 굶주린 백성들에게 주자고 임금께 청하는 글을 올렸다.

또 군수를 지냈던 남궁제를 시켜 솔잎을 따다가 가루로 만들어 쌀 한 홉한 되의 10분의 1, 약 180밀리리터에 솔잎 가루 10분의 1을 섞어 물에 타서 백성들에게 마시게 했다. 그래도 사람은 많고 곡식은 적어서 살아남은 사람이 얼마 되지 않았다. 명나라 군사들은 이것을 보고 저희들이 먹을 식량에서 30가마를 떼어 백성들을 구하는 데 쓰라고 주었다. 그러나 이것은 백성들을 살리는 데 필요한 식량의 100분의 1도 되지 않았다.

하루는 큰 비가 왔다. 굶주린 백성들이 내가 있는 곳의 옆으로 와서 슬프게 신음하는데 차마 들을 수가 없어 거의 잠을 자지 못했다. 아침에 일어나 보니 수많은 사람들이 여기저기에 어지럽게 쓰러져 죽어 있었다.

경상우도 감사 김성일이 나에게 전적책을 관리하는 일을 맡은 벼슬을 맡았던 이노를 보내 급한 사정을 보고했다.

"전라좌도에서 곡식을 빌려 굶주린 백성을 먹이고 봄에 밭에 뿌릴 씨앗으로 사용하려고 하는데, 전라도사벼슬아치를 감독하고 잘못을 가려내는 일을 맡는 벼슬 최철견이 꾸어주려고 하지 않습니다."

나는 충청도에 체찰부사체찰사 아래의 벼슬로 있는 김찬을 시켜 전라도로 내려가 여러 마을의 창고를 열어 곡식 1만 가마를 경상도로 보내 백성들을 살리게 했다.

이때는 서울에서 남쪽 바닷가까지 일본군이 가로질러서 꿰뚫고 있었다. 백성들은 4월 농사철인데도 일본군을 피해 산골짜기에 들어가 있었으므로 보리 한 포기라도 심은 곳이 없었다. 일본군이 물러가지 않고 몇 달만 더 있었더라면 우리나라 백성들은 다 굶어 죽었을 것이다.

명나라와 일본이 강화를 서두르다

의병장 김천일의 부대에 이진충이란 사람이 있었다. 그가 서울로 들어가 일본군을 몰래 살펴보고, 일본군에 잡혀 있는 임해군과 순화군 두 왕자와 신하 황정욱을 만나보고 돌아와서 이렇게 보고했다.

"일본군이 강화를 할 뜻을 가지고 있습니다."

며칠 지나지 않아 일본군이 용산에 있는 우리 군대에 편지를 보내 서로 싸우지 말고 사이좋게 지내자고 청했다. 김천일이 그 편지를 나에게 가지고 왔다. 나는 '이여송이 이미 싸울 생각이 없으니 일본과 강화하는 척하면서 그들을 물리치려 한다면, 이여송도 다시 개성으로 내려오려 할 것이고, 그러면 이 전쟁을 끝낼 수 있을 것이다'라고 생각했다. 그래서 그 편지를 사대수에게 보여주었더니, 그는 부하 이경을 시켜 빨리 평양으로 달려가 이여송에게 알리게 했다. 이여송은 심유경을 우리나라로 들어오게 했다.

일본군에게 가려는 심유경을 보고 김명원이 물었다.

"일본군은 평양에서 속은 적이 있어서 화를 내며 좋지 않은 생각을 품고 있을 텐데, 어떻게 다시 일본군에게 갈 수 있습니까?"

"일본군이 우리에게 진 것은 평양성에서 빨리 물러나지 않았기 때문인데, 그게 왜 내 탓이란 말이오?"

심유경이 일본군 부대에 들어가 한 말은 알려지지 않아 알 수 없지만, 아마도 왕자와 신하를 우리에게 돌려보내고 군사들을 부산으로 내려보내면 강화하는 것을 허락하겠다는 내용이었을 것이다. 일본군은 약속을 하면 지킬 테니 서로 의논하자고 명나라군에 요청했다. 그래서 이여송이 개성으로 내려왔다.

나는 이여송에게 글을 올려 "서로 화친하는 것이 좋은 방법이 아니고 일본군을 치는 것이 더 좋을 것"이라고 말했다. 이여송도 나와 생각이 같다고 대답은 했지만 내 의견을 받아들일 생각은 없는 것 같았다.

이여송이 명나라 장수 주홍모를 일본군 부대로 보냈다. 나는 김명원과 함께 일본군에게 가는 주홍모를 파주에서 만났는데, 그는 우리에게 명나라 황제의 글을 적은 깃발에 절을 하라고 했다. 거기에는 앞으로 조선군은 일본군을 죽이지 말라는 명나라 장수 송응창의 글도 있었다.

"이것은 일본군 부대로 들어갈 깃발인데 왜 내가 여기에 절을 한단 말이오? 일본군을 죽이지 말라는 글도 있으니 절을 할 수 없습니다."

주홍모는 우리에게 억지로 절을 시키려 하다가 우리가 끝까지 대답하지 않자 이여송에게 보고했다. 이여송은 크게 화를 냈다.

"그 깃발은 황제의 명령이라 오랑캐들도 다 절을 하는데 어찌 절하지 않는단 말인가? 내가 그들을 군법으로 처리하고 명나라로 돌아가리라."

우리가 개성으로 가서 이여송을 만나려 하니 이여송이 만나주지 않아 비를 맞으며 문 밖에서 기다렸다. 조금 있다가 이여송이 들어오라고 했다. 우리는 이여송 앞에 가서 예를 표하고 사과하면서 말했다.

"우리가 어리석고 부족하다고 해도 어찌 명나라 황제의 깃발을 보고 공경할 줄을 모르겠습니까? 다만 그 옆에 송응창의 글이 있었는데 우리나라 사람에게 일본군을 죽이지 말라고 하니 너무 억울하여 절을 하지 않은 것입니다. 그러나 죄는 달게 받겠습니다."

그러자 이여송은 부끄러워하는 표정을 지으며 말했다.

"아주 옳은 말씀입니다. 송응창의 글은 나와 아무 관계가 없습니다. 신하가 황제의 깃발에 절을 하지 않았는데 내가 이것을 용서하고 벌을 주지 않으면 나까지도 벌을 받게 됩니다. 그러니 절을 하지 않은 사정을 글로 써서 나에게 올리십시오. 만일 송응창이 체찰사_{전쟁이 일어났을 때 임금 대신 군}_{사 일을 보던 임시 벼슬}에게 벌을 주려고 하면 나는 그 글로 이유를 밝힐 것이고, 묻지 않으면 없었던 일로 할 것입니다."

우리는 물러나와서 이여송에게 글을 보냈다.

그 후로 이여송과 일본군 사이에는 강화에 대해 의논하느라 사람이 자주 오갔다. 하루는 내가 이여송의 동정을 엿보고 동파로 돌아가는데, 사대수의 부하 이경을 만났다. 우리는 서로 말 위에서 인사하고 지나쳤다. 그런데 조금 있다가 명나라 군사 세 명이 말을 타고 달려왔는데, 그중 한 사람이 우리에게 큰 소리로 물었다.

"체찰사 유성룡이 누구요?"

"내가 체찰사다."

내가 대답했더니, 그는 내게 "말을 돌려라"라고 호통을 쳤다. 그러자 옆에 있던 다른 사람이 쇠사슬을 들고 채찍으로 내 말을 후려갈기며 "달려라, 달려라" 하며 달리게 했다. 나는 무슨 일인지도 모르고 세 사람에게 끌려 개성까지 달려갔다. 그런데 한 사람의 기병이 우리에게 오더니 세 사람과 뭐라고 쑤군거렸다. 그리고 세 사람의 기병은 나에게 와서 돌아가도 좋다고 했다. 나는 그다음 날이 되어서야 이덕형으로부터 그 까닭을 들어 알게 되었다.

이여송이 믿는 부하 하나가 밖에 나갔다가 들어와 이여송에게 말했다.

"체찰사 유성룡이 강화를 못하게 하려고 임진강의 배를 모두 없애버렸습니다. 강화를 하려는 우리 사자가 일본군 부대로 드나들지 못하게 하고 있습니다."

그 말을 들은 이여송은 불같이 화를 내며 당장 나를 잡아다가 곤장 40대를 치라고 했다. 이여송이 눈을 부릅뜨고 얼굴이 붉으락푸르락하고 일어섰다 앉았다 하니 옆에 있던 장수들이 모두 두려워 떨었다. 그런데 조금 있다가 이경이 와서 이여송은 그에게 임진강에 배가 있는지 없는지 물었다. 그러자 이경이 대답했다.

"배가 있어서 오가는 데 아무 어려움이 없습니다."

이여송은 사람을 시켜 나를 돌아가게 하고, 거짓말을 한 부하는 곤장을 수백 대나 쳐서 숨이 끊어진 뒤에야 끌어냈다고 한다.

이여송은 내가 강화를 반대한다고 해서 평소에도 나에게 불만을 갖고 있었다. 그래서 나를 헐뜯는 말을 듣자마자 그게 맞는지 살펴보지도 않고 화부터 냈던 것이다. 그때 사람들은 다 나를 위험하다고 생각했다.

며칠 후에 이여송이 척금과 전세정 두 사람을 보냈다. 그들은 나와 김명원, 이덕형에게 이렇게 말했다.

"일본군이 포로로 잡혀 있는 두 분 왕자와 신하를 돌려보내고 서울에서 물러날 테니 우리도 명나라로 돌아가라고 요청했습니다. 일본군을 속여서 먼저 서울 도성에서 나오게 한 다음, 꾀를 써서 그들을 추격합시다."

이여송은 그들을 시켜 내가 그 말에 찬성하는지 반대하는지 살펴보게 한 것이었다. 그래서 나는 전에 말했던 대로 강화하는 것보다 일본군을 쳐부숴야 한다고 고집했다. 그들은 나와 말싸움을 하다가 돌아갔다.

4월 19일에 이여송이 개성에서 동파로 왔다. 일본군이 서울에서 물러나겠다고 약속해 서울로 들어가기 위해 온 것이다. 나는 이여송을 찾아가 인사를 하려고 했으나 만나주지 않고 다만 이렇게 말했다.

"체찰사는 나에게 불만이 많을 텐데 왜 찾아와서 인사를 합니까?"

1년 만에 서울을 되찾았으나

일본이 우리나라를 쳐들어온 지 1년이 지난 1593년 4월 19일에 일본군은 서울에서 물러나고, 우리 군사들은 명나라군과 함께 4월 20일 서울로 들어갔다. 나도 명나라 군사들을 따라 서울 도성에 들어왔는데, 성안에서 살아남은 백성들은 100명에 1명꼴도 되지 않았다. 살아 있는 사람도 다 굶주려서 비쩍 마르고 병들고 지쳐 귀신처럼 보였다. 이때는 날씨가 몹시 더웠는데, 곳곳에 사람과 말의 시체가 나뒹굴고 있어서 썩는 냄새가 성안에 가득 찼다. 코를 막지 않고는 길을 지나갈 수 없을 정도였다.

관청이나 집이나 가리지 않고 모두 불타 없어졌고, 오직 남대문과 동쪽 남산 아래 일본군이 머무르던 건물만 남아 있었다. 종묘와 경복궁, 창덕궁, 창경궁 등 세 궁궐 그리고 종각, 모든 관청, 성균관과 중학, 동학, 서학, 남학의 네 학교 등 큰 거리에 있는 건물은 다 타서 없어지고 오직 재만 남아 있었다. 소공주댁왕이나 왕세자의 혼례 때 비를 맞아들이던 궁전이었으나, 태종 때 경정공주의 남편에게 주면서 '소공주댁'으로 바뀜은 일본군 장수 우키타 히데이에가 머물던 곳이라 유일하게 남아 있었다. 이곳을 이여송이 머무는 곳으로 정했다.

나는 먼저 종묘를 찾아가 통곡했다. 그리고 이여송이 머무는 곳으로 가서 이여송에게 인사하러 온 사람들 앞에서 또 큰 소리로 통곡했다.

다음 날 나는 이여송에게 인사를 하면서 말했다.

"일본군이 떠난 지 얼마 되지 않았으니 멀리 가지는 못했을 것입니다. 군사를 보내 빨리 추격하게 해주십시오."

"나도 그렇게 해야 한다고 생각합니다. 그런데 한강에 배가 없기 때문에 빨리 추격할 수 없습니다."

"만약 어른께서 일본군을 추격하려고 한다면 내가 먼저 한강으로 가서 배를 모으겠습니다."

"그렇게 해주면 정말 좋겠습니다."

나는 바로 한강으로 달려갔다. 이렇게 될 것을 미리 생각해서 나는 경기우도 감사 성영과 수군절도사 이빈에게 공문을 보내 일본군이 물러가면 급히 크고 작은 배를 모아놓으라고 명령을 내려두었다. 한강에 가 보니 벌써 모아둔 배가 80척이나 되었다. 나는 바로 이여송에게 사람을 보내 배가 모두 준비되었다고 알렸다. 조금 뒤에 이여송의 동생인 이여백이 1만 명의 군사를 이끌고 강으로 나왔다. 군사들이 반쯤 강을 건넜을 때 갑자기 이여백이 발병이 났다고 핑계를 댔다.

"성으로 돌아가서 발병을 고친 뒤에 추격하겠다."

이여백은 이렇게 말하고는 가마를 타고 들어가버렸다. 그러자 강을 건넜던 군사들도 도로 건너와 성으로 가버리고 말았다. 내 마음속은 찢어져 피가 나는 듯했으나 어쩔 수가 없었다. 이여송은 일본군을 추격할 생각이 전혀 없으면서도 거짓말로 내 말을 들어주는 척했던 것이다. 나는 그만

병이 나서 자리에 눕고 말았다.

5월에 송응창은 이여송에게 공문을 보내 일본군을 추격하게 했다. 일본군을 추격하지 않고 그대로 놓아주었다고 욕을 먹을까봐 그랬던 것이다. 그러나 일본군이 떠난 지 벌써 수십 일이 지났는데 이제 쫓아간들 무슨 소용이 있겠는가. 이 공문을 받고 이여송은 일본군을 추격한다고 하면서 문경까지 갔다가 돌아왔다. 이여송은 일본군을 두려워하고 있었기 때문에 마지못해 추격하는 척하다가 그냥 돌아온 것이다.

일본군은 서울을 나와 천천히 가다 쉬다 했는데, 일본군이 가는 길을 지키던 우리 군사들은 오히려 다 피하고 공격하는 군사가 하나도 없었다.

진주성 싸움의 패배를 잔인하게 복수한 일본군

서울에서 내려온 일본군은 모두 남쪽 바닷가에 진을 쳤다. 마치 바다를 빙 둘러싼 것처럼 울산의 서생포에서 동래, 김해, 웅천, 거제도로 일본군 부대가 이어져 있었다. 일본군은 산과 바다를 끼고 성을 쌓고, 몸을 숨기면서 싸울 구덩이를 파는 등 마치 오래 머무를 것처럼 준비했다.

명나라군도 경상도에 많은 군사들을 내려보내 일본군 주변에 진을 치고 머물렀다. 우리나라의 많은 백성들은 명나라군의 식량을 대느라 충청도와 전라도에서 산길을 넘어 경상도까지 무거운 곡식을 지고 와야 했기에 더욱 힘이 들었다. 그러나 명나라군도 일본군도 서로 버티고만 있을 뿐 군사를 내보내 싸우지는 않았다.

우리나라 조정에서도 일본군이 남쪽으로 내려갔다는 말을 듣고 여러 장수들을 보내 일본군을 추격하게 했다. 김명원과 권율을 비롯해 여러 장수들과 관군, 의병들이 다 의령에 모였다. 권율은 행주 싸움에서 일본군에게 크게 이겨 자신감이 넘쳐 있었다. 직접 군사를 이끌고 강을 건너 일본군을 치겠다고 하니, 곽재우와 고언백이 말렸다.

"일본군은 강한데 우리 군사는 쓸모없는 오합지졸이 대부분이니 도저히 이길 수 없습니다. 앞으로 나아간다고 해도 식량을 구할 데가 없어 어려움에 처하게 될 것입니다."

모든 장수들이 공격하기를 꺼렸으나, 이빈의 부하 장수 성호선은 어리석은 사람이라 앞뒤를 재지도 않고 팔을 마구 휘두르면서 여러 장수들을 꾸짖었다. 성호선은 권율과 서로 뜻이 맞아 군사들을 이끌고 강을 건너 함안으로 갔다. 함안성은 텅 비어 먹을 것이 아무것도 없었다. 배가 고파서 할 수 없이 익지도 않은 시퍼런 감을 먹으니 저절로 싸우고 싶은 마음도 없어졌다.

다음 날, 적을 살피러 간 병사가 일본군이 김해를 지나 올라오고 있다고 보고했다. 어떤 이는 함안을 지켜야 한다고 하고, 어떤 이는 정진으로 물러나야 한다고 하는 등 의견이 엇갈려 결정을 내리지 못하고 있었다. 그때 일본군의 대포 소리가 들려오자 군사들은 모두 두려워 떨며 앞다투어 성 밖으로 도망갔다. 너무 많은 군사들이 한꺼번에 좁은 다리로 몰려가는 바람에 많은 군사들이 다리 밑으로 떨어졌다. 어쩔 수 없이 정암진으로 물러났는데 쫓아오는 일본군이 들판에 가득했다. 일본군은 강이 가로막히자 강물을 메워 건너왔다. 관군 장수 권율, 김명원, 이빈 등은 전라도로 가고, 의병장 김천일, 최경회와 관군 장수 황진 등은 진주성으로 들어갔다.

일본군은 바로 진주로 쳐들어갔다. 일본군은 지난 해 진주 목사 김시민이 지휘한 진주성 싸움에서 치욕적인 패배를 당해 수많은 군사를 잃은 적이 있었다. 그들은 그때의 원수를 갚겠다면서 진주성을 빙 둘러쌌는데 그 군사의 수가 엄청났다.

진주 목사 서예원과 진주 판관 성수경은 상주에 가 있다가 일본군이 쳐들어온다는 말을 듣고 이틀 전에 급히 돌아와서 적을 막을 준비를 충분히 하지 못했다.

원래 진주성은 험한 산자락에 자리 잡고 있었는데, 임진왜란이 일어나기 얼마 전에 성이 작다는 이유로 동쪽 들판에다 옮겨 크게 지었다. 그래서 적이 공격할 때 막기가 어려웠다. 일본군은 비루성을 공격할 때 성에 기대놓고 올라갈 수 있도록 누각 모양으로 만든 도구 여덟 개를 성에 기대놓고 올라가서 성안을 내려다보며 공격했다. 또 성 밖의 대나무를 베어다가 큰 다발을 만들어서 앞을 막아 우리가 쏘는 화살과 던지는 돌을 막고, 그 사이로 조총을 빗발치듯 쏘아대니 우리 군사들은 밖으로 머리를 내놓을 수가 없었다.

의병장 김천일이 모아온 군사들은 모두 농사를 짓거나 장사하는 사람들인 데다가, 김천일도 전쟁에 대해서는 알지 못한 채 정의감만 앞세워 의병을 일으킨 사람이어서 자기 고집이 너무 강했다. 엎친 데 덮친 격으로 그는 진주 목사 서예원과 너무 사이가 좋지 않았다. 두 사람의 명령이 서로 어긋나니 군사들은 누구의 말을 들어야 할지 몰라 우왕좌왕해 싸움을 그르쳤다.

오직 황진만이 동쪽 성을 꿋꿋하게 지키다가 일본군이 쏜 총에 맞아 죽었다. 우리 군사들은 지친 데다가 밖에서 도우러 오는 군사들도 없어 어렵게 성을 지키고 있었다. 이때 큰 비가 와서 성 한쪽이 무너지니 일본군이 개미떼처럼 새카맣게 기어올라왔다. 그래도 성안의 군사들이 가시나

강화 협상의 결렬

무를 묶어 세우고 돌을 던지며 끝까지 막아낸 적이 주춤했는데, 북쪽 문을 막고 있던 김천일의 군사들이 이미 싸움에서 진 것으로 지레짐작하고 먼저 흩어지기 시작했다. 일본군은 언덕 위에서 내려다보다가 우리 군사들이 곳곳에서 흩어지는 것을 보고 일제히 성벽을 타고 기어오르니 우리 군사들이 큰 혼란에 빠졌다.

김천일은 촉석루진주성 안에 남강을 끼고 있는 누각에 있다가 최경회와 함께 손을 잡고 통곡하면서 강물로 뛰어들어 죽었다. 서예원, 성수경과 고경명의 아들 고종후 등도 이 싸움에서 죽었다. 우리 군사들과 백성들은 성 밖으로 도망가려 했으나 살아서 도망친 사람은 얼마 되지 않았다. 성안에 있는 것은 사람은 물론이고 개나 닭 같은 짐승까지 살아 있는 것은 씨도 남기지 않고 모조리 죽었다. 죽은 우리 군사와 백성만 6만 명이 넘었다고 한다. 일본군은 거기서 그치지 않고 성을 다 무너뜨리고, 참호와 우물을 메우고, 나무까지 싹 베어냈다. 일본군이 이렇게 마구잡이로 성을 짓뭉갠 이유는 지난 해 진주성 싸움에서 진 것을 분풀이하기 위해서였다. 이때가 1953년 6월 28일이었다.

조정에서는 김천일이 정의를 위해 죽었다고 해서 벼슬을 의정부 우찬성으로 높여주었다. 또 권율이 용감하게 싸우며 일본군을 두려워하지 않는다고 해서 김명원을 대신해 도원수로 임명했다.

일본군은 진주성을 쑥밭으로 만들어놓은 뒤 다시 부산으로 돌아갔다. 그들은 명나라 조정이 강화를 허락하면 일본으로 돌아가겠다고 소문을 퍼뜨렸다.

진주성 싸움이 끝난 지 얼마 되지 않아 일본군은 임해군, 순화군 두 왕자와 황정욱, 황혁 등의 신하를 우리나라로 돌려보냈다.

명나라군은 돌아가고 일본군은 남고

심유경은 일본군 장수 소서비와 함께 일본 왕 도요토미 히데요시의 항복문서를 들고 명나라로 갔다. 그러나 명나라 조정에서는 이 항복문서가 진짜가 아니라 고니시 유키나가 등이 가짜로 꾸민 것이라고 의심했다. 게다가 심유경이 돌아오자마자 일본군이 진주성을 쳐부쉈다는 소식이 들려왔다. 명나라는 강화하겠다는 일본의 뜻이 진실이 아니라고 생각하고 소서비를 요동에 머무르게 하면서 오랫동안 답장을 주지 않았다.

1593년 8월에 이여송은 명나라 군사 3만 명을 데리고 명나라로 돌아갔고, 우리나라에는 유정, 오유충, 왕필적 등의 장수들이 이끄는 1만여 명의 군사들만 남아 팔거지금의 칠곡에 머물렀다.

전쟁이 일어난 지 1년 반이 지난 이때에 이르러서는 서울이고 지방이고 할 것 없이 백성들은 몹시 심한 굶주림에 시달렸고, 군사들이 먹을 식량을 옮기느라 지쳤으며, 노인이나 어린이는 개울과 골짜기에 쓰러졌으며, 힘 있는 젊은이들은 도적이 되었으며, 그나마 살아 있는 사람들도 전염병으로 죽어가고 있었다. 심지어는 아버지와 아들, 남편과 자식이 서로 잡아먹는 일까지 생겨났고, 들판에는 죽은 사람들의 뼈가 잡초처럼 드러나 있었다.

얼마 남지 않은 명나라군도 군대를 팔거에서 남원으로 옮기더니, 이번에는 다시 서울로 올라가 열흘 정도 머무르다 천천히 북쪽 지방으로 올라갔다. 이젠 명나라군도 없는데 일본군이 여전히 바닷가에 있었으므로 백성들은 더욱 두려워했다.

이때 명나라는 요동의 경략지방의 국방장관을 송응창에서 고양겸으로 바꾸었다. 고양겸은 일본과 강화해 전쟁을 끝내려고 우리 임금께 올리는 글을 써서 호택에게 들려보내 우리나라를 타이르려 했다. 그 내용은 다음과 같다.

"일본은 아무 이유도 없이 조선을 침략해 대나무를 쪼개는 기세로 쳐올라와 서울과 평양, 개성을 점령하고, 조선의 10분의 8이나 9를 빼앗고 왕자와 그 신하를 사로잡았습니다. 저희 황제께서는 크게 노하시어 한 번 싸움에 평양을 쳐부수고 두 번 싸움에 개성을 되찾았습니다. 그러자 일본군이 서울에서 도망가고 왕자와 신하를 돌려보내서 조선은 2,000여 리나되는 땅을 다시 찾았습니다. 여기에 든 황제의 돈도 적지 않았으며 우리 군사와 말도 많이 잃었습니다. 우리 조정에서 조선에 베푸는 은혜가 이와 같으니 황제의 망극한 은덕은 지나칠 정도입니다.

그러나 이제는 군사들이 먹을 식량도 나를 수 없고 군사도 다시 쓰기 어렵게 되었습니다. 일본군도 우리가 두려워 항복하기를 청하고, 황제로부터 일본 국왕의 책봉중국 황제가 외국 군주에게 왕의 작호를 주는 것을 받고 조공을 바치기를 빌고 있습니다. 이제 명나라 조정에서는 그 청을 받아들여 일본이 신하의 나라가 되는 것을 허락하고, 일본군이 한 놈도 빠짐 없이 다 바다를 건너가게 하고, 다시는 조선을 치지 않게 하며, 전쟁을 끝내려 합니다. 이것은 조선을 구하기 위한 것입니다. 조선은 먹을 것이 다 떨어져 백성들이 서로 잡아먹는 형편인데, 또 무엇을 믿고 군사를 보내달라고 하십니까? 만일 명나라에서 군사들이 먹을 식량을 조선에 주지 않고, 국왕을 책봉해달라는 일본의 요청도 끊어버린다면, 일본은 화가 나서 다시 조선을 쳐들어와 멸망시키려 할 터인데 어째서 더 좋은 방법을 마련하지 않으십니까?

옛날에 중국 월나라의 왕 구천이 오나라의 왕 부차에게 패해 회계산에서 굴욕적인 강화를 맺었을 때 어찌 원수인 부차의 살점을 씹어먹고 싶지 않았겠습니까? 그러나 구천이 얼마 동안 그 부끄러움을 꾹 참고 견딘 까닭은 뒷날을 기다렸기 때문입니다. 그래서 자신은 부차의 신하가 되고, 부인은 빼앗겨 부차의 첩이 되었던 것입니다.

하물며 지금 일본은 명나라의 신하가 되고 첩이 되겠다고 하지 않습니까? 그러므로 조선은 그 뜻을 너그럽게 받아들이고 뒷날에 천천히 뜻을 이룬다면, 그것은 구천이 신하가 되어 뒷날을 기다렸다가 복수한 것보다 더 나은 것입니다. 이것을 참지 못한다면 발끈 화부터 내는 졸장부가 될 뿐이며, 원수를 갚고 부끄러움을 씻을 수 있는 영웅의 모습은 아닙니다. 조선이 오늘의 치욕을 뒷날에 갚기 위해 일본이 국왕 책봉과 조공을 청하게 하고 그 뜻을 이루게 해준다면, 일본은 명나라에 감동해 충성할 것이며 조선에도 고맙게 여겨 전쟁을 그치고 물러갈 것입니다.

일본군이 간 뒤에 조선의 임금과 신하가 서로 뜻을 굳게 세우고 와신상담하기를 구천과 같이 한다면, 일본에게 원수를 갚을 날이 오지 않겠습니까?"

실제로 고양겸의 글은 온갖 좋은 말을 써서 훨씬 길었으나 그 줄거리는 이와 같았다. 호택이 우리나라에 머무르며 석 달을 기다렸지만 조정은 어떻게 해야 할지 결정을 내리지 못했다. 이때 나는 병으로 휴가를 얻어 누워 있었는데 이 사정을 듣고 임금께 글을 써서 올렸다.

"일본에게 국왕의 책봉과 조공을 명나라에 청하게 하는 것은 이치에 맞지 않으니 허락하시면 안 됩니다. 우리의 형편을 명나라에 잘 알리고 의견을 들어야 할 것입니다."

그리고 몇 차례 더 말씀을 드리니 임금께서도 마침내 허락해 허욱이 명나라로 갔다.

그때 명나라 병부에서는 황제에게 청해 소서비를 명나라의 서울로 데려와 세 가지를 따졌다.

"첫째, 국왕 책봉만 요청하고, 조공을 바치는 것은 요청하지 말 것.

둘째, 일본군은 한 사람도 부산에 머물지 말 것.

셋째, 영원히 조선을 침략하지 말 것.

이 세 가지를 약속대로 지키면 왕위를 내릴 것이지만, 약속을 지키지 않으면 왕위를 내리지 않겠다."

소서비는 하늘을 가리켜 맹세하고 약속을 지키겠다고 했다.

명나라 조정은 심유경에게 일본 사신 소서비를 데리고 일본 군대로 들어가 황제의 명령을 알리게 했다. 또 이종성, 양방형을 사신으로 일본에 보내 도요토미 히데요시를 국왕으로 봉하게 하되, 우리나라 서울에 머물면서 일본군이 다 떠나는 것을 확인한 다음 일본으로 건너가게 했다.

1594년 4월에 이종성 등은 우리나라 서울에 와서 일본에 사자를 보내 일본군이 바다를 건너 돌아갈 것을 재촉했다. 일본군은 여러 부대 중에서 몇몇 부대를 일본으로 보내 명나라를 믿게 하면서 이렇게 말했다.

"전에 평양에서 우리가 속은 것과 같은 일이 되풀이될까 걱정되오니 명나라 사신께서 우리 부대로 오시면 약속대로 하겠습니다."

그래서 부사 양방형이 명나라의 공문을 가지고 먼저 부산에 갔다. 그러자 일본군은 물러나는 날짜를 늦추면서 상사 이종성도 올 것을 청하므로 명나라에서는 일본군을 의심했다. 그러나 명나라 병부상서 석성이 책임을 지겠다면서 이종성도 가게 했다.

9월에 이종성이 내려갔는데, 일본군 장수 고니시 유키나가는 만나보지도 않고 왕에게 명령을 받아 결정을 얻은 뒤에 명나라 사신을 만나겠다고 핑계를 댔다.

두 사신을 부산에 둔 채 고니시 유키나가는 일본에 갔다가 이듬해 1월에 돌아왔으나 일본군을 철수시키겠다는 말은 하지 않았다. 심유경도 일본에서 명나라 사신을 맞이할 예절을 의논한다며 일본으로 가서는 연락이 없었다.

이종성은 귀한 집안의 아들로서 벼슬을 이어받았으나 겁이 많은 사람이었다. 그는 어떤 사람에게 이런 말을 들었다.

"일본 왕은 명나라 황제로부터 국왕 책봉을 받을 생각이 없고, 사신을 가둬놓고 심한 모욕을 주려는 것이다."

이종성은 몹시 겁이 나서 밤중에 평상복을 입고 일본군 부대를 빠져나와 하인과 수행원과 모든 물건들을 다 내버려두고 도망했다. 아침에 일본군이 이 사실을 알고 뒤를 쫓았으나 찾아내지 못했다. 이종성은 여러 날동안 밥을 굶어가면서 산골로 숨어다니다가 경주에서 서쪽으로 떠나갔다. 그러나 양방형은 혼자 일본군 부대에 있으면서 우리나라에도 공문을 보내 놀라지 말라고 했다.

얼마 있다가 고니시 유키나가와 심유경이 부산으로 돌아왔다. 일본군은 서생포, 죽도 등에 있는 군대를 일본으로 보냈다. 그래서 전체 16개 부대 중 4개만 남았다.

심유경은 양방형을 데리고 일본으로 갔는데, 이때 우리나라 사신도 함께 갈 것을 요구해 황신이 따라갔다.

심유경과 양방형이 일본에 도착하니 도요토미 히데요시는 사신이 묵을 숙소를 으리으리하게 지어놓고 사신을 영접하려고 했다. 그러나 전날 밤에 지진이 일어나 거의 다 허물어졌으므로 다른 숙소에서 맞이했다. 도요토미는 두 사신을 한두 차례 만났는데, 처음에는 국왕 책봉을 받을 것처럼 하다가 갑자기 크게 화를 내며 말했다.

"우리가 조선의 두 왕자를 돌려보냈으니 조선에서도 마땅히 왕자로 하여금 와서 감사 인사를 해야 할 것인데, 그렇기는커녕 사신도 벼슬이 낮은 사람을 보냈으니 이것은 우리를 업신여기는 것이다."

그래서 황신 등은 임금이 보낸 글도 올리지 못했다. 또한 양방형, 심유경에게도 그냥 돌아가라고 재촉했는데, 명나라 조정에 감사의 뜻을 전하는 예절도 없었다.

고니시 유키나가와 가토 기요마사는 계속 군사들을 데리고 부산포와 서생포에 머무르면서 '반드시 왕자가 와서 감사 인사를 해야만 전쟁을 멈출 것'이라는 소문을 퍼뜨렸다. 도요토미가 요구하는 것은 국왕 책봉만이 아니라 아주 큰 것들도 있었는데, 명나라에서는 국왕 책봉만 허락하고 조공은 허락하지 않았다. 심유경과 고니시 유키나가는 서로 친해서 저희끼리 얼렁뚱땅 일을 꾸며 해결하려 하고 명나라 조정과 우리나라에는 알리지 않았으므로 전쟁을 끝내려는 협상이 잘 풀리지 않았다.

우리나라는 바로 명나라에 사신을 보내 그 사실을 보고했다. 그래서 석성과 심유경의 죄가 드러났고, 명나라 군사도 다시 나오게 되었다.

7

일본의
두 번째
침략

일본군의 꾀에 속아 이순신을 가두다

원균은 처음에는 이순신이 와서 구원해준 것을 은혜로 생각했다. 그래서 이순신과 사이좋게 지냈다. 그러나 얼마 가지 않아 누가 더 많은 공을 세웠는지 다투다가 점점 어울리지 않게 되었다. 원균은 성품이 악하고 간사해 서울과 지방의 많은 사람들과 연락하면서 이순신을 헐뜯는 데 많은 힘을 들였는데, 늘 하는 말은 이랬다.

"이순신은 처음에는 우리를 구하러 오지 않으려 했는데, 내가 자꾸 구해달라고 요청해서 왔다. 그러니까 적을 이기는 데 으뜸가는 공은 내가 세운 것이다."

조정에서도 의논이 두 가지로 나뉘어 저마다 주장하는 것이 달랐다. 처음에 이순신을 추천한 사람은 나였기 때문에 나를 좋아하지 않는 사람은 원균과 어울려서 이순신을 몹시 심하게 공격했다. 우의정 이원익만이 그렇지 않다고 밝히면서 이렇게 말했다.

"이순신과 원균은 제각기 나누어 지키는 곳이 달라서 처음에 바로 나가 구원하지 않았다고 해도 크게 잘못된 것은 아닙니다."

그런데 이렇게 사람들이 이순신을 공격하는 데는 이유가 있었다. 일본 군 장수 고니시 유키나가는 경상우도 병사 김응서와 자주 오가며 가깝게 지내다가 자기의 부하 요시라를 보내 몰래 비밀을 알려주게 했다.

"우리 장수 고니시 유키나가가 하는 말이 '이번에 강화가 이루어지지 않은 까닭은 가토 기요마사가 잘못해서 그런 것이라 나는 그를 몹시 싫어 한다'고 했습니다. 그런데 며칠 뒤에 가토 기요마사가 바다를 건너올 것 입니다. 조선은 바다에서 싸움을 잘하니 만약 바다 가운데서 기다리고 있 다가 친다면 틀림없이 쳐부수고 잡아죽일 수 있을 것입니다."

그래서 김응서가 그 일을 조정에 보고했는데, 조정에서는 그 말이 사 실이라고 믿었다. 윤근수는 크게 기뻐하면서 이런 기회를 놓쳐서는 안 된 다고 생각해 임금께 여러 번 말씀드리고, 이순신에게 나가 싸우라고 재촉 했다. 그런데 이순신은 일본군의 간사한 속임수가 있을 것으로 의심했 다. 그래서 여러 날 동안 싸우러 나가지 않고 머뭇거렸다. 그러자 요시라 가 다시 김응서에게 와서 말했다.

"가토 기요마사가 지금 육지에 내렸는데 왜 조선에서는 막지 않으셨습 니까?"

그러고는 거짓으로 한숨을 쉬며 아쉽다는 표정을 지어 보였다.

이 사실이 알려지자 조정에서는 다 이순신이 잘못했다고 나무랐고, 대 간들은 그를 잡아다 죄를 묻기를 청했고, 현풍 사람 박성이라는 자는 글 을 올려 이순신의 목을 베어야 한다고 말했다. 조정에서는 드디어 의금부 **도사**왕의 특명에 따라 죄인을 다스리던 사법기관인 의금부에서 벼슬아치의 잘못을 조사하는 벼슬를 보내 이순신을 잡아오게 하고, 원균을 삼도수군통제사로 삼았다.

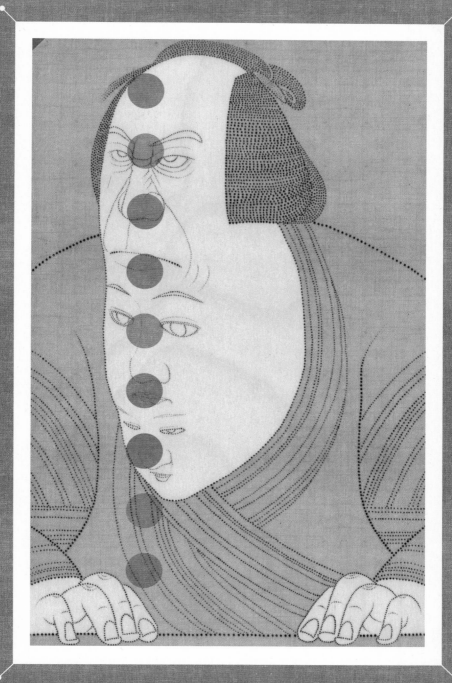

일본의 두 번째 침략

임금은 이 말이 사실인지 확인하기 위해 남이신을 한산도로 내려보내 조사하게 했다. 남이신이 전라도에 이르자 가는 곳마다 수많은 사람들이 길을 막고 이순신이 억울하게 잡혀갔다고 호소했다. 그러나 남이신은 사실대로 보고하지 않았다.

"가토 기요마사가 7일 동안 바다로 왔는데, 우리 군사들이 나갔다면 잡을 수 있었을 것입니다. 그러나 이순신이 머뭇거리고 나가지 않아서 기회를 놓쳤습니다."

임금께서는 이순신을 감옥에 가두고 신하들에게 그의 죄를 말하게 했다. 오직 판중추부사 정탁만 홀로 이렇게 말했다.

"이순신은 명장이오니 죽여서는 안 됩니다. 군사의 일이란 멀리서 듣는 것으로는 잘 이해할 수 없습니다. 이순신이 싸우러 나가지 않은 것은 반드시 그럴 만한 생각이 있었을 것입니다. 너그럽게 용서하시어 뒷날에 공을 세우게 하시옵소서."

조정에서는 사형을 시키려 했으나 한 차례 고문을 한 다음 형을 낮추어 벼슬을 빼앗고 군대에서 백의종군하게 했다.

이순신의 늙은 어머니는 아산에 있었는데, 이순신이 감옥에 갇혔다는 말을 듣고 애태우며 걱정하다가 죽었다. 이순신은 감옥에서 나와 아산을 지나가는 길에 상복을 입고는 권율의 부대에 들어가 백의종군했는데, 사람들은 그 소식을 듣고 모두 슬퍼했다.

다시 온 명나라 구원병

명나라 조정에서는 병부시랑 형개를 총독군문왕의 대리인으로 군사들을 다스리는 책임자으로 하고, 양호를 경리조선군무로, 마귀를 대장으로 삼아 보냈다. 또한 양원, 유정, 동일원 등을 구원병 장수로 우리나라에 차례대로 보냈다.

1597년 5월에 양원이 군사 3,000명을 이끌고 먼저 우리나라에 왔다. 그는 서울에서 며칠 머무르다가 전라도로 내려가 남원에서 군대를 머무르게 했다. 남원은 호남, 영남에서 군사적으로 매우 중요한 자리가 되는 곳이며, 성도 튼튼하고 완전했다. 지난날 이여송의 부하 장수 낙상지가 성을 더 쌓아 지킬 만하게 만들었기 때문이다.

남원성 밖에는 교룡산성이 있었다. 여러 사람들은 산이 험해 적이 공격하기 어려운 이 성을 지키려 했으나, 양원은 평지에 지은 큰 남원성을 지켜야 한다면서 성 위에 담을 더 쌓고 성 밑에는 구덩이를 파고, 또 성 밖에는 양마장성 밖에 있는 작은 성을 만들었다. 밤낮으로 일을 해서 한 달이 넘어 겨우 완성했다.

원균이 이끄는 수군이 전멸하다

원균은 삼도수군통제사가 되어 한산도에 와서 이순신이 정해놓은 제도를 다 바꾸었으며, 이순신이 믿는 부하와 장수들도 다 내쫓았다. 이영남은 옛날에 원균이 싸움에 져서 도망갔던 사실을 자세하게 알고 있었는데, 원균은 이것 때문에 그를 아주 싫어했다. 그래서 군사들은 원균을 원망하고 분하게 여겼다.

이순신이 한산도에 있을 때는 운주당을 짓고 여기에서 밤낮으로 지내면서 여러 장수들과 전쟁에 대해 의논했다. 아무리 졸병이라 해도 전쟁에 관한 일이라면 누구든지 와서 말하게 했기 때문에 이순신은 싸움에 관해서는 아주 잘 알게 되었다. 싸우러 나가기 전에는 늘 장수들을 불러 좋은 꾀가 없는지 묻고, 전략이 결정된 뒤에야 나가서 싸웠기 때문에 지는 일이 없었다.

그런데 원균은 좋아하는 첩을 데리고 운주당에 살면서 울타리를 두 겹으로 막아놓아서 여러 장수들도 그의 얼굴을 보기가 힘들었다. 그는 또 술을 좋아해 날마다 술주정을 하고 화를 냈으며, 형벌을 내리는 데도 일정한 법도가 없었다. 그래서 군사들은 몰래 이렇게 수군거렸다.

"이제 일본군이 쳐들어온다면 도망가는 것밖에는 다른 길이 없다."

여러 장수들도 몰래 원균을 비웃었으며, 높은 장수에게 여쭙거나 의논하지도 않았고 두려워하지도 않았으므로 명령을 내려도 통하지 않았다.

이때 일본군이 우리나라에 다시 쳐들어왔다. 적군 장수 고니시 유키나가는 또 요시라를 김응서에게 보내 이렇게 말하게 했다.

"일본 수군이 며칠 뒤에 더 쳐들어올 것인데, 조선 수군이 중간에 나가서 쳐부순다면 반드시 이길 것입니다."

도원수 권율도 그 말을 믿었다. 이순신이 머뭇거리다가 죄를 받았기 때문에 빨리 나아가 싸우지 않으면 이순신처럼 죄를 받을 것이 두려워 원균에게 빨리 나가 싸우라고 재촉했다. 원균도 싸우러 나간다면 형세가 어려울 것으로 생각했다. 그러나 그는 이순신이 적을 보고도 나가 싸우지 않는다고 늘 헐뜯어서 마침내 이순신을 내쫓고 그 자리를 차지한 사람이다. 만일 머뭇거리고 다른 이유를 대서 싸우지 않겠다고 거절한다면 창피해서 견딜 수 없었을 것이고, 벌을 피할 수도 없었을 것이다. 그래서 어쩔 수 없이 모든 배를 이끌고 바다로 나갔다.

일본군은 높은 언덕에서 아래를 내려다보고 우리 배가 가는 것을 살펴보면서 서로 알렸다. 원균이 절영도지금의 부산 영도에 이르니 바람이 세게 불고 물결이 거칠게 일어나고 날은 저무는데 배가 머무를 곳이 없었다. 그런데 일본군의 배가 보이자 원균은 여러 군사들에게 앞으로 나아가 공격하라고 소리쳤다. 배 안의 군사들은 하루 종일 쉬지도 못하고 굶주림과 갈증에 시달려 제대로 싸울 기운도 없었다. 게다가 풍랑에 밀려 배를 저어 가기가 어려웠고, 잠깐 앞으로 갔다가는 도로 밀려나곤 했다. 일본군은 우리 군사들을 지치게 만들려고 우리 배와 가까워졌다가 다시 피해 달아나면서 맞부딪쳐 싸우지는 않았다. 밤이 깊어지고 바람이 세차게 불자 우리 배들은 사방으로 흩어져서 어느 방향으로 가는지도 몰랐다. 원균은 간신히 남은 배를 모아 가덕도에 이르렀다. 군사들은 너무 목이 말라 한꺼번에 우르르 배에서 내려 물을 마셨다. 그때 일본군의 배가 섬에서 튀어 나와 덮치니, 우리 군사 400명은 싸워보지도 못하고 목숨을 잃었다. 원균은 물러나 칠천도로 갔다. 배설은 원균에게 "칠천량이 해협이어서 물이 얕고 좁아 배를 움직이기가 나쁘니 빨리 다른 곳으로 부대를 옮겨야 합니다"라고 말하고, 또 "이대로 있다가는 반드시 집니다"라고 거듭 말했지만, 원균은 그 말을 듣지 않았다.

권율은 원균이 싸움에서 아무것도 얻지 못하자 불러서 곤장을 치고 다시 나가 싸우라고 재촉했다. 원균은 돌아와서 분하고 화가 나서 술을 마시고 취해 누워버렸다. 여러 장수들이 원균을 만나보고 군사에 관한 일을 말하려 했으나 만날 수가 없었다.

이날 밤에 일본군 배가 칠천량을 습격해 우리 군사들은 크게 무너졌다. 원균은 도망해 바닷가에 이르러 배를 버리고 언덕으로 기어올라 달아나려 했다. 그러나 뚱뚱하고 둔해서 소나무 밑에 주저앉았는데, 옆에 있던 사람들은 다 흩어져 도망갔다. 어떤 사람은 그가 죽었다고 하고 어떤 사람은 도망가서 목숨은 건졌다고 하는데, 사실을 확인할 수가 없다. 이억기는 배 위에서 바닷물로 뛰어들어 죽었다.

그러나 배설은 이런 상황을 미리 내다보고 가만히 자기가 거느리는 군사들과 약속해 미리 배를 준비하고 있다가 일본군이 쳐들어오자 먼저 달아났다. 그래서 그의 배와 군사들은 온전했다. 배설은 한산도로 돌아와 군사들의 건물과 무기와 식량을 다 태운 다음 섬 안에 있는 백성들이 일본군을 피해 떠나게 했다.

우리 수군을 다 무너뜨린 일본군은 그 기세를 타고 남해안 서쪽으로 쳐들어가서 남해와 순천을 점령했다. 일본군의 배들이 두치진으로 와서 육지로 내려가 남원을 포위하니 충청도와 전라도가 크게 놀랐다.

임진왜란 때 일본군은 오직 우리 수군에게만 졌기 때문에 도요토미는 이를 분하게 여겨 고니시 유키나가에게 조선 수군을 쳐부수라고 특별히 명령을 내렸다. 그래서 고니시 유키나가는 일부러 김응서와 친하게 지낸 뒤에 이순신이 죄를 짓도록 만들었다. 그다음에는 원균을 꾀어 바다 한가운데로 나오게 하여 지치게 만든 다음 갑자기 습격했다. 그의 꾀는 아주 교묘해서 모두가 계획한 대로 되었다.

황석산성을 잃다

일본군이 다시 쳐들어올 것에 대비해 체찰사 이원익, 도원수 권율이 산성을 수리하는 일을 의논하고, 공산, 금오, 용기, 부산 등에 산성을 쌓았다.

특히 공산산성과 금오산성을 쌓는 데 백성들의 힘이 많이 들어갔다. 이웃 마을의 무기와 곡식을 모두 거두어 산성에 채워넣고, 수령들을 재촉해 늙은이나 어린이, 남자와 여자를 다 거느리고 산성으로 들어가 지키게 하니 어디를 가나 소란스러웠다.

　일본군 장수 가토 기요마사는 전라도로 쳐들어가고, 고니시 유키나가는 배를 타고 오는 군사와 함께 남원을 치려고 했다. 산성을 쌓아 대비는 했지만, 우리 군사들은 쳐들어오는 일본군을 보자마자 기가 죽어 피해 갔다. 산성을 지키는 사람들에게도 연락해 적군을 피해 도망가게 했다. 오직 의병장 곽재우만이 경상도 창녕의 화왕산성에 들어가 죽기를 각오하고 지켰다. 일본군은 산성 아래까지 왔지만, 산성의 형세가 아주 험하고 성안 사람들이 조용히 움직이지도 않고 지키는 것을 보고는 공격하지 않고 그대로 가버렸다.

　안음 현감 곽준이 전라도 함양에 있는 황석산성으로 들어가자 김해 부사 백사림도 따라 들어갔다. 백사림은 사람들이 모두 믿고 든든하게 생각하는 장수였다. 그러나 일본군이 산성을 공격한 지 하루 만에 백사림이 먼저 도망갔다. 그러자 군사들이 다 흩어져 도망가고 말았다.

　일본군이 성안으로 몰려오자 곽준과 두 아들은 마지막까지 일본군과 맞서 싸우다가 죽었다. 곽준의 딸은 유문호에게 시집갔는데, 유문호도 일본군에게 사로잡혔다.

　"아버지가 돌아가셨어도 내가 죽지 않은 것은 남편이 살아 있었기 때문이었는데, 이제 남편까지 잡혔다고 하니 내가 어찌 살아가겠는가?"

　곽준의 딸은 몸종에게 이렇게 말하고는 목을 매어 죽었다.

　함안 군수 조종도는 부인과 아이들을 모두 데리고 성안으로 들어왔는

데, 다음의 시를 짓고는 곽준과 함께 일본군과 싸우다 죽었다.

공동산 밖이라면 사는 것이 즐겁겠지만
순원성 안에서는 죽는 것도 영광이라네.

다시 온 이순신

우리 수군이 일본군에게 크게 패해 한산도가 무너졌다는 보고가 올라오자 조정과 백성들은 모두 놀라서 어쩔 줄을 몰랐다. 임금께서 비변사의 여러 신하들을 불러 어떻게 하면 좋을지 물었으나 신하들도 너무나 당황해서 대답할 말을 찾지 못했다. 김명원과 병조판서 이항복이 조용히 말씀드렸다.

"이번에 크게 진 것은 원균의 죄입니다. 이순신을 다시 통제사로 삼는 것 외에는 다른 방법이 없습니다."

임금께서도 그 뜻을 따라 이순신을 다시 삼도수군통제사로 임명했다.

권율은 원균이 크게 졌다는 말을 듣고 급히 이순신을 불러 남아 있는 군사를 거두어 다시 싸울 준비를 하라고 했다. 이제 일본군은 무서울 것이 하나도 없었으므로 신이 나서 앞으로 나아갔다. 이순신은 군관 한 사람과 함께 경상도를 떠나 전라도로 들어갔다. 밤낮을 가리지 않고 험한 길을 더듬어 달려서 진도에 이르러 일본군을 막으려고 했다.

명나라군이 남원성에서 크게 지다

명나라 장수 양원은 남원성에 오자마자 일본군과 싸울 준비에 들어갔다. 성을 어른 키만큼 더 올려 쌓고, 성 밖에는 양마장을 만들어 대포를 쏠 수 있는 구멍을 많이 뚫어놓았고, 성문에는 대포 두세 대를 두었으며, 구덩이를 어른 키보다 깊게 파놓았다.

우리 수군이 패한 뒤에 일본군은 바다와 육지 양쪽에서 남원성으로 쳐들어왔다. 사태가 위급하다는 보고가 올라오자 성안은 큰 혼란에 빠져서 백성들이 앞다투어 도망갔다. 성안에 남은 것은 양원이 요동에서 이끌고 온 3,000명의 명나라 군사뿐이었다. 양원은 전라병사 이복남에게 글을 보내 함께 싸우자고 했으나, 이복남은 늑장을 부리면서 오지 않았다. 양원이 계속 사람을 보내 빨리 오라고 재촉하니 마지못해 오긴 왔는데, 데리고 온 군사가 겨우 수백 명이었다. 광양 현감 이원춘, 조방장 김경로도 뒤를 이어 왔다.

1597년 8월 13일에 일본군 100여 명이 먼저 와서 조총을 쏘다가 그치고 흩어져서 밭고랑 사이에 엎드려 있다가 몇 명씩 떼를 지어 왔다 갔다 하면서 공격했다. 일본군은 조금 떨어진 곳에 많은 군사들이 있는 부대를 머물게 하면서 군사들을 조금씩만 내보냈다. 우리 군사들도 승자총^{개머리판 없는 소총}을 쏘았지만, 적이 드문드문 흩어져 있어서 거의 맞지 않았다. 그러나 성을 지키던 우리 군사 여러 명은 조총에 쓰러졌다.

다음 날 일본군은 남원성을 세 방향에서 둘러싸고 전날처럼 몇 명만 내보내 총을 쏘며 공격하게 했다. 성의 남문 밖에는 집들이 많이 있었는데,

양원은 적들이 쳐들어오기 전에 미리 이 집들을 불태워버렸으나 돌담이나 흙벽은 그대로 남아 있었다. 일본군이 이 담과 벽에 몸을 숨기고 총을 쏘아대 성 위에 있는 군사들이 많이 맞았다.

다음 날 바라보니 일본군이 성 밖에 잡초와 벼를 베어 큰 다발을 많이 만들어 담과 벽 사이에 쌓아놓았다. 성안에서는 일본군이 왜 그러는지 알지 못했다.

이때 명나라 장수 전우충이 전주에 와 있었다. 그래서 남원성에서는 날마다 사람을 보내 도와달라고 했으나 오지 않아서 더욱 두려워했다.

그날 저녁 성을 지키던 군사들이 자주 귓속말로 수군거리면서 말안장을 준비하는 등 수상한 짓을 했는데 도망가려는 낌새가 보였다.

밤중에 갑자기 일본군 부대에서 떠드는 소리가 들리더니, 물건을 나르기도 하고 성을 향해 총을 쏘기도 하는데 총알이 우박처럼 쏟아졌다. 그래서 군사들은 모두 목을 움츠리고 감히 성 밖을 내다보지 못했다. 한두 시간쯤 지나 총 쏘는 소리와 떠드는 소리가 그쳐서 성 밖을 내다보니 묶어 두었던 풀다발이 이미 구덩이를 모두 메웠고 또 양마장 안팎에도 무더기로 쌓아올려서 잠깐 동안에 그 높이가 성과 같아졌다. 일본군들이 풀다발을 밟고 성으로 올라오니 성안은 크게 혼란스러워지고, 군사들은 일본군이 벌써 성안으로 들어왔다고 아우성이었다.

김효의는 양마장을 지키고 있다가 정신없이 성안으로 들어오니 성 위에는 벌써 군사들이 흩어져서 없고 곳곳에서 불길이 일어나고 있었다. 김효의도 달아나서 북문까지 갔는데, 명나라 군사들이 모두 말을 타고 성문으로 나가려고 야단이었다. 그러나 성문이 굳게 닫혀 쉽게 열리지 않으니 말들이 마치 발을 묶어놓은 것처럼 길거리에 가득 차 있었다. 조금 있다가 성문이 열리자 말들이 앞다투어 나갔는데, 일본군이 성 밖에서 두 겹 세 겹으로 둘러싸고 길목을 지키고 있다가 긴 칼을 휘두르며 마구 내려찍 으니 명나라군은 그 칼을 받고 쓰러질 따름이었다. 마침 달이 밝아서 도 망가는 군사들이 잘 보였기 때문에 살아서 빠져나간 사람은 많지 않았다. 양원은 부하 몇 사람과 빠져나가 겨우 목숨을 구했다.

김효의는 논으로 뛰어들어 일본군이 다 물러날 때까지 기다리고 있다 가 빠져나왔다. 그가 나중에 나에게 와서 남원성에서 일어난 일을 자세하 게 말해주었기 때문에 여기에 자세히 기록할 수 있게 된 것이다.

양원은 요동에서 오랑캐들과 싸우던 장수여서 일본군을 막을 줄 몰라 이렇게 지고 만 것이다. 그는 험한 산에 있는 성을 놓아두고 평지에 지은 성에서 싸웠는데, 평지를 지키기가 얼마나 어려운지를 알았으므로 여기 에 자세히 적어 뒷날에 성을 지키는 사람들이 경계해야 한다는 점을 알리 려 한다. 나중에 양원은 이 패전으로 죄인이 되어 참형을 당하고 베인 머 리는 여러 사람이 보게 했다.

남원성을 잃자 전주 북쪽에 있는 성들도 차례대로 빼앗겼는데, 어쩔 수가 없었다.

12척의 배로 300여 척을 이기다

이순신이 진도에 와서 남아 있는 배를 다 모았으나 12척밖에 되지 않았 다. 바닷가에는 배를 타고 피란하려는 백성들로 북적거렸는데, 이순신이 돌아왔다는 말을 듣고 기뻐하지 않는 사람이 없었다. 이순신이 여러 길로 나누어 백성들을 불러 모으자 먼 곳이나 가까운 곳이나 가릴 것 없이 구름같이 사람들이 모여들었다. 이순신은 백성들을 군사들의 뒤에 두고 싸움을 했다.

　일본군 장수 마다시는 바다에서 싸움을 잘한다고 이름이 나 있었다. 그는 배 300여 척을 이끌고 서해로 쳐들어가려다가 이순신의 부대와 벽파정_{전라도 진도에 있는 정자} 아래에서 만났다. 이때 이순신이 가지고 있는 배는 12척뿐이었다. 이순신은 이 배에 대포를 싣고 바닷물의 흐름을 잘 이용해 적을 공격해서 크게 이기고 일본군 장수 마다시는 잡아 죽였다. 이에 이순신이 거느린 수군의 명성이 크게 높아졌다.

　이순신의 군대에는 군사 8,000명이 있어서 고금도_{전라남도 완도군에 있는} 섬에 머무르고 있었는데 식량이 부족했다. 그래서 이순신은 바닷길을 지나갈 수 있는 통행증을 만든 다음 명령을 했다.

　"경상도, 전라도, 충청도의 바닷가를 지나다니는 배는 통행증이 없으면 간첩의 배로 알고 지나다닐 수 없게 하겠다."

　그러자 전쟁을 피해 배를 타는 사람들이 다 통행증을 받았다. 이순신은 통행증을 받을 때 쌀을 바치게 했는데 큰 배는 세 가마, 중간 배는 두 가마, 작은 배는 한 가마를 내게 했다. 피란 가는 사람들은 재물과 곡식을 싣고 바다로 드나들었으므로 쌀 바치는 것을 어렵게 여기지 않았고, 다만 바다로 드나드는 걸 막는 일이 없어서 기뻐했다. 그래서 10여 일 동안에 얻은 식량이 1만 가마가 되었다. 또 백성들이 가지고 있는 구리나 쇠를 모아 대포를 만들고 나무를 베어 배를 만들었다. 사방에서 전쟁을 피하려는 사람들이 다 이순신에게 와서 집을 짓고, 막사를 짓고, 장사를 하며 살아갔는데, 사람들이 너무 많아 성안에 들여놓을 수가 없었다.

　얼마 있다가 명나라 수병도독_{모든 수군을 지휘하고 감독하는 장수} 진린이 나와

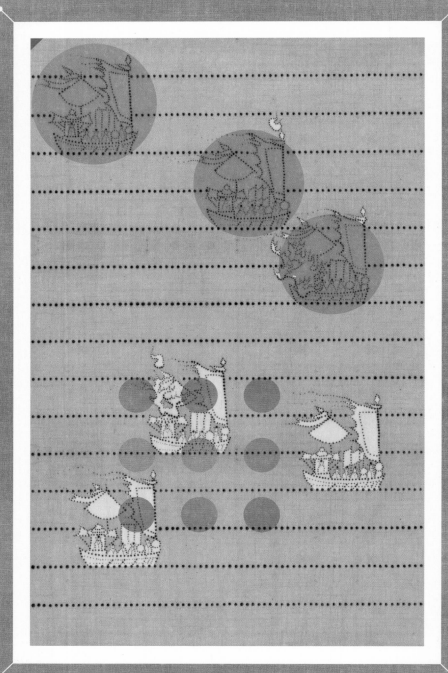

서 남쪽으로 내려와 이순신의 군대와 합쳤다. 진린은 성질이 사나워서 남과 부딪치는 일이 많았으므로 사람들이 다 두려워했다. 우리 임금께서는 그를 내려보낼 때 청파서울 용산에 있던 마을 이름 들판까지 나와서 전송했다.

진린의 군사는 아무렇지도 않게 마을의 수령을 때리고 욕했다. 찰방역참의 일을 맡아보는 벼슬 이상규의 목을 새끼줄로 매어 끌고 다녀서 얼굴이 피투성이가 된 것을 보고 나는 통역관을 통해 풀어주도록 했지만 그들은 듣지 않았다. 그래서 여러 대신들에게 이런 사정을 말했다.

"슬프고 안타까운 일이지만 이순신의 군대가 앞으로 싸움에 질 것 같습니다. 진린과 함께 군대에 있으면 하는 일마다 억눌리고 의견이 맞지 않을 것입니다. 진린은 이순신의 권한을 빼앗고 우리 군사들을 함부로 괴롭힐 것인데, 이를 거스르면 화를 낼 것이고 따라주면 제 마음대로 다 할 것입니다. 그러니 앞으로 일본군과 싸우면 이순신의 군대는 질 것이 뻔합니다."

여러 대신들은 내 말에 고개는 끄덕이면서도 탄식만 할 뿐이었다.

이순신은 진린이 곧 온다는 말을 듣고 군사들에게 사냥을 시키고 물고기를 잡게 했더니, 잡아 온 사슴과 멧돼지와 온갖 물고기들이 아주 많았다. 이순신은 잔치를 베풀 모든 준비를 마치고 기다렸다가, 진린의 배가 들어오자 예법에 맞게 몸가짐을 갖추고 군사들을 늘어서게 한 다음 멀리까지 나가서 맞아들였다. 그리고 진린의 군사들을 크게 대접하니 여러 장수들과 군사들이 다 만족해 좋아하지 않는 사람이 없었다.

우리 군사들은 이 모습을 보고 서로 이야기하기를 "과연 훌륭한 장수이시다"라고 했는데, 진린도 마음속으로 매우 기뻐했다.

며칠 후에 일본군의 배가 가까운 성으로 쳐들어왔다. 이순신은 군사들을 보내 이를 다 쳐부수고, 적군의 머리 40개를 베어 모두 진린에게 주며 이 승리를 진린의 공으로 돌렸다. 진린은 자기가 생각했던 것보다 훨씬 좋은 대접을 받았다고 하면서 매우 기뻐했다. 그다음부터 진린은 무슨 일이든 이순신과 꼭 의논했으며, 밖으로 나갈 때는 이순신과 가마를 나란히 하고 감히 먼저 가려고 하지 않았다. 이순신은 드디어 진린과 약속해 명나라군이건 우리 군사건 백성들의 물건을 조그만 것 하나라도 빼앗는 사람이 있으면 잡아다가 매를 치게 했다. 그랬더니 감히 그 명령을 어기는 사람이 없어서 섬 안은 조용했다.

진린은 우리 임금께 글을 올려 이렇게 말했다.

"이순신은 천하를 다스릴 만한 뛰어난 재주經天緯地之才와 무너진 하늘을 메울 만한 공補天浴日之功이 있는 사람입니다."

이토록 이순신을 크게 칭찬한 것은 그만큼 진린이 이순신에게 진심으로 감탄하고 그를 존경했기 때문이다.

8

7년 만에
끝난
전쟁

다시 피란 갈 방도를 찾다

일본군은 경상도, 전라도, 충청도를 짓밟았다. 지나가는 곳마다 집을 불사르고 백성들을 찔러 죽였다. 우리나라 사람을 잡기만 하면 코를 베어서 일본군이 얼마나 센지 보여주었다. 그 소문이 퍼져 일본군이 충청도 직산지금의 천안시 직산읍에 이르렀을 때는 서울 사람들이 다 달아나버리고 말았다.

9월 9일에 왕비께서 전쟁을 피해 서쪽 지방으로 갔다.

명나라 장수 양호와 마귀는 서울에 있으면서 평안도에 있는 군사 5,000명과 황해도, 경기도에 있는 군사 수천 명을 모아 강여울을 나누어 지키고 창고를 지켰다. 일본군은 경기도까지 올라왔다가 다시 남쪽으로 내려갔다. 가토는 울산에, 고니시는 순천에, 시마즈 요시히로는 경상도 사천에 군대를 머물게 했는데, 그 길이를 다 이으면 700~800리나 되었다.

이때 서울은 거의 지키기 어려운 형편이었다. 조정의 신하들은 서로 먼저 피란할 방도를 찾아 말씀을 드렸다. 신잡은 이렇게 말했다.

"임금께서는 평안도 영변으로 떠나셔야 합니다. 저는 일찍이 병마절도

사가 되어 영변에 있었기 때문에 그곳 사정을 잘 압니다. 영변에서 가장 걱정되는 것은 간장, 고추장, 된장 따위가 없다는 것입니다. 미리 준비하지 않는다면 먹을 수가 없을 것입니다."

이 말을 들은 사람들은 서로 귓속말로 수군거리며 웃었다. 또 한 신하는 이렇게 말했다.

"이번 일본군은 걱정할 필요가 없습니다. 오래 끌면 저절로 물러갈 것입니다. 저희는 임금님의 행차를 받들어 편안한 곳에 모셨으면 합니다."

이때 도원수 권율이 경상도에서 달아나 서울로 올라왔다. 임금께서 불러 싸움이 어떻게 돌아가는지 물었다.

"처음부터 임금께서 서울로 오신 것이 잘못된 것입니다. 서쪽 지방에 머물러 계시면서 일본군의 형세가 어떤지 살펴보셔야 좋았을 것입니다."

그런데 조금 있다가 일본군이 남쪽으로 물러갔다는 보고가 올라왔다. 그러자 권율은 바로 경상도로 내려갔다. 대간들이 권율은 꾀가 없고 겁이 많으니 도원수로 삼으면 안 된다고 말했으나, 임금께서는 듣지 않았다.

명나라군이 울산을 공격했으나 실패하다

1597년 12월에 양호와 마귀는 기병과 보병 수만 명을 이끌고 경상도로 내려가 울산의 일본군 부대를 공격했다. 일본군 장수 가토 기요마사는 성을 울산 바닷가의 험한 곳에 쌓아놓았다. 양호와 마귀는 뜻밖의 기회를 틈타 일본군을 기습하니 일본군은 견디지 못하고 쫓겨갔다. 명나라군이 외성이중으로 만들어진 성의 바깥 성을 빼앗자 일본군은 내성으로 들어갔다. 일본군은 성문을 굳게 닫고 지키기만 했다. 명나라군이 성을 둘러싼 지

13일이 지나도 일본군은 나오지 않았다.

나는 12월 29일에 울산으로 가서 양호와 마귀를 만났다. 일본군의 성을 바라보니 사람의 소리가 들리지 않아 고요했다. 그러나 군사들이 성 밑으로 가면 비가 쏟아지듯 조총을 쏘아댔다. 이런 싸움이 되풀이되어 명나라군과 우리 군사의 시체가 성 밑에 많이 쌓였다. 이때 울산성의 일본군을 구하기 위해 일본군의 배가 서생포에 와 있었는데, 마치 물오리 떼처럼 보였다.

이 성안에는 물이 없어서 일본군은 밤마다 물을 뜨러 성 밖으로 나왔다. 양호는 김응서에게 날랜 군사를 거느리고 우물 옆에 숨어 있게 하여 밤마다 연달아 100여 명의 일본군을 사로잡았다. 일본군은 굶주려서 겨우 목숨만 붙어 있었다. 여러 장수들은 성안에 식량이 떨어졌으니 오랫동안 포위하고 있으면 일본군은 저절로 무너질 것이라고 말했다.

이때는 한겨울이라 몹시 추운 데다가 비가 와서 군사들은 손발이 얼어 터졌다. 게다가 얼마 뒤에 일본군 구원병이 육로로 쳐들어왔다. 양호는 일본군의 공격을 두려워해 갑자기 군사를 돌렸다.

1598년 1월에 명나라 장수들은 모두 서울로 돌아와서 다시 쳐들어갈 일을 의논했다.

1598년 7월에 경리 양호가 물러나고 새 경리로 만세덕이 왔다. 총독군문 형개의 참모관인 정응태가 '양호가 상관을 속인 것, 일을 그르친 것 등 20여 가지 죄'를 지었으니 처벌해달라고 명나라 황제에게 보고했기 때문이다.

우리 임금께서는 양호가 일본군을 직접 무찌른 데 가장 힘썼다고 하여 그를 구하려고 좌의정 이원익을 명나라로 보냈다. 8월에 양호가 명나라로 떠나갔는데, 임금께서 홍제원중국 사신들이 서울 성안에 들어오기 전에 임시로 묵던 공관 동쪽까지 나가서 보내며 눈물을 흘리셨다. 만세덕은 명나라에서 출발했으나 아직 도착하지 않았다.

9월에 형개는 여러 장수들을 나누어 싸울 곳을 정해주고 한꺼번에 공격하게 했으나 모든 싸움이 다 불리했다. 특히 동일원의 부대는 일본군에게 져서 죽은 군사들이 더욱 많았다.

내가 죽은 것을 말하지 말라

1598년 10월에 명나라 장수 유정은 대군을 이끌고 순천으로 가서 일본군을 공격했다. 이때 고니시 유키나가는 순천 예교에 성을 쌓고 굳게 지키고 있었다. 유정은 첫 번째 공격에서 불리해 순천으로 돌아왔다가 얼마 뒤에 다시 공격했다.

이순신은 명나라 수군 장수 진린과 함께 바다 입구에 있는 일본군을 쳐서 무찌른 뒤 성 가까이 다가갔다. 고니시 유키나가는 사천에 있는 시마즈 요시히로에게 구원을 요청했다. 시마즈 요시히로는 고니시 유키나가를 구원하려고 군사를 거느리고 뱃길로 왔다가 이순신의 부대를 만났다. 이순신은 일본군의 배 200여 척을 불태웠고, 죽인 일본군은 셀 수 없이 많았다. 우리 군사는 도망가는 일본군을 남해의 노량경상남도 남해와 하동 사이에 있는 나루터 앞바다까지 쫓아갔다. 이순신은 몸소 적의 총과 화살을 무릅쓰고 힘을 다해 싸웠는데, 날아오는 총알이 그의 가슴에 맞아 등 뒤로 빠져나갔다. 이에 이순신을 옆에서 모시던 군사들이 부축해 장막 안으로 들어갔다.

"싸움이 매우 급하니 내가 죽은 것을 말하지 말라."

이순신은 부하들에게 이렇게 말하고 숨을 거두었다.

이순신의 형의 아들 이완은 평소에 겁이 없고 용감하며 마음이 넓은 사람이었다. 그는 이순신의 죽음을 숨기고 이순신의 명령이라고 하며 더욱 열심히 싸움을 감독하고 격려했다. 그래서 싸우고 있던 군사들은 아무도 이순신의 죽음을 몰랐다. 이때 진린이 탄 배가 일본군에게 포위를 당했다. 이완은 이것을 보고 군사들을 지휘해 진린을 구했다. 일본군이 흩어져 달아난 뒤에 진린은 사람을 이순신에게 보내 자기를 구해준 것에 대해 감사의 인사를 전했다. 그런데 이때 비로소 이순신이 죽은 것을 알고서 앉아 있던 의자에서 펄썩 바닥으로 주저앉고 말았다.

"나는 장군이 와서 나를 구해준 줄로 알았는데, 어쩌다가 돌아가셨단 말입니까?"

진린이 가슴을 치며 크게 통곡하니 모든 군사들이 다 울어 그 울음소리가 바다 가운데 진동했다.

일본군 장수 고니시 유키나가는 우리 수군이 일본군 배를 뒤쫓는 사이를 틈타 몰래 성에서 빠져나와 달아났다.

이 싸움이 있기 전인 7월에 일본 왕 도요토미 히데요시가 죽었다. 그래서 바닷가에 진을 치고 있던 일본군은 모두 일본으로 물러갔다.

우리 군사와 명나라 군사들은 이순신이 싸우다 죽었다는 말을 듣고 연달아 모든 부대에서 통곡했는데, 마치 자신의 아버지가 세상을 떠난 것처럼 슬퍼했다. 이순신의 관을 따르는 행렬이 지나가는 곳마다 백성들이 제사를 지내며 관을 붙들고 울면서 소리쳤다.

"장군께서 우리를 살려놓으시더니, 이제 와서 우리를 버려두고 어디를

7년 만에 끝난 전쟁

가십니까?"

백성들이 길을 막는 바람에 관을 실은 수레가 앞으로 나아갈 수가 없었고, 길가에 있던 사람들도 눈물을 흘리지 않는 이가 없었다.

나라에서는 이순신에게 의정부 우의정정1품으로 벼슬을 높여주었다. 명나라 총독군문 형개는 "마땅히 이순신의 사당을 바닷가에 세워 그 충성스러운 혼을 세상에 널리 알리고 칭찬해야 한다"고 말했으나 실행되지 않았다. 그러나 바닷가에 사는 백성들은 서로 모여 영령의 위패를 모시는 사당을 짓고 '민충사愍忠祠'라고 부르며 때마다 제사를 지냈다. 장사하는 사람들과 고깃배가 가고 올 때, 그 아래를 지나가는 사람들도 저마다 제사를 지냈다고 한다.

재주는 있었으나 운이 없었던 사람

이순신의 자는 여해汝諧이고 본관은 덕수德水다.

이순신의 선조에 이변이라는 분이 있었는데, 벼슬이 판부사조선의 중앙관청인 중추원의 종1품 벼슬에 이르렀고 강직한 것으로 이름이 높았다. 증조할아버지 이거는 성종을 모셨는데, 연산군이 동궁에 있을 때 강관임금에게 경서를 강의하는 일을 맡은 문관 벼슬이 되었다. 그러나 너무 엄격해서 미움을 받을 정도였다. 이거가 일찍이 장령언론과 감찰을 담당하는 사헌부의 관직이 되었을 때는 벼슬아치의 죄를 밝혀 꾸짖고 벌주기를 피하지 않았으니, 많은 조정의 벼슬아치들이 그를 두려워해 '호랑이 장령'이라는 별명이 붙었다. 할아버지 이백록은 가문의 덕으로 벼슬을 했고, 아버지 이정은 벼슬을 하지 않았다.

이순신은 어렸을 때부터 똑똑하고 활발했다. 여러 아이들과 놀 때는 활과 화살을 만들어 거리에서 놀았다. 마음에 들지 않는 사람이 있으면 눈을 쏘려고 해서 어른들도 그를 꺼려 함부로 그 앞을 지나가지 못했다.

이순신은 자라서는 활을 잘 쏘아서 무관을 뽑는 과거시험에 합격해 벼슬자리에 올랐다. 이순신의 조상은 대대로 유교를 소중하게 여겨 문관을 지냈는데, 이순신에 와서 무과에 합격해 병사들을 훈련시키고 가르치는 훈련원에서 일을 했다. 병조판서 김귀영은 자기 딸을 이순신의 첩이 되게 하려고 했으나 이순신이 좋아하지 않았다. 어떤 사람이 그 이유를 물으니 이렇게 대답했다.

"내가 처음 벼슬길에 나왔는데, 왜 권력이 있는 집안에 기대 승진하려고 하겠는가?"

병조정랑 서익은 자기와 친한 사람이 훈련원에 있었는데, 정해진 차례를 뛰어넘어 그 사람을 승진시키려고 했다. 이순신이 안 된다고 하면서 고집을 꺾지 않으니, 서익은 자기보다 벼슬이 낮은 이순신을 불러서 뜰 아래 세워놓고 꾸짖었다. 그래도 이순신은 조금도 움츠러들지 않고 당당한 말투와 표정으로 바르게 설명하면서 제 뜻을 굽히지 않았다. 서익은 몹시 화를 내고 목소리를 높였으나 이순신은 조용하게 대답하면서 끝까지 마음과 태도를 바꾸지 않았다. 서익은 어떻게든 이기기만 하려는 성격이라 남을 업신여겼기 때문에 동료라 할지라도 그와 가까이 하지 않았고 말다툼하기를 꺼렸다. 그날 돌층계 아래에 있던 구실아치관아의 벼슬아치 밑에서 일을 보던 사람들도 서로 쳐다보면서 혀를 내두르며 말했다.

"이순신이 감히 병조정랑에게 말대꾸를 하니, 자기 앞날이 걱정되지도 않는 모양이다."

날이 저물어서야 서익은 부끄러워하면서 태도를 굽히고 돌아갔다. 생각이 있는 사람들은 이 일로 해서 차츰 이순신을 알게 되었다.

이순신이 감옥에 갇혔을 때는 앞으로 어떻게 될지 알 수 없었다. 감옥을 지키는 사람이 이순신의 조카 이분에게 몰래 이렇게 귀띔해주었다.

"뇌물을 쓰면 죄를 벗고 감옥에서 나갈 수 있습니다."

이순신은 이분에게 이 말을 듣고 화를 내며 말했다.

"죽게 된다면 죽을 뿐이지, 왜 바른길을 어기고 살길을 찾겠느냐?"

이순신은 말이 적고 잘 웃지 않았으며, 용모는 단정하고 마음을 깨끗이 하고 함부로 행동하지 않는 것이 선비와 같았다. 겁이 없고 용기가 있어서 제 몸을 돌보지 않고 나라를 위해 몸을 바쳤으니, 이것은 평소의 이러한 성품에서 나온 것이다.

이순신의 형 이희신과 이요신은 둘 다 먼저 죽었다. 이순신은 형님의 자식들을 자신의 아들딸처럼 보살피고 길렀으며, 시집보내고 장가보낼 때도 조카들을 먼저 보낸 뒤에야 자신의 아들딸을 보냈다.

이순신은 재주는 있었으나 운은 없어서 100가지 꿈 중에서 한 가지도 자기 뜻대로 이루지 못하고 죽었다. 아아, 슬프다.

귀신과 같은 장군

이순신이 부대에 있을 때는 밤낮으로 적을 살피고 엄하게 지켰다. 그래서 갑옷을 벗고 자는 일이 없었다.

견내량거제도와 육지 사이에 있는 좁은 해협에서 일본군과 서로 맞서서 버티고 있을 때였다. 밤이 되어 여러 배들이 이미 닻을 내리고 있었는데, 달빛이 매우 밝았다. 이순신은 갑옷을 입은 채로 북을 배고 누웠다가 갑자기 일어나 앉아서 옆에 있는 사람들에게 소주를 가져오게 하여 한 잔 마셨다. 그리고 여러 장수들을 불러오게 한 다음, 그들에게 말했다.

"오늘 밤에는 달이 아주 밝구나. 일본군은 간사한 꾀가 많기 때문에 달이 없는 밤에는 꼭 우리를 습격했다. 그러나 오늘은 달이 밝은데도 꼭 습격해올 것 같으니 경비를 엄중히 해야 되겠다."

그러고는 나팔을 불어 군사들에게 배에 닻을 올리게 했다. 또 사람을 보내 알아보니 척후병이 잠을 자고 있었다. 그래서 일어나 적을 살펴보게 했다.

얼마 뒤 척후병이 달려와서 일본군이 쳐들어온다고 보고했다. 이때는 달이 서산에 걸려 있고, 산 그림자가 바닷속에 거꾸로 기울어져 바다의 반쪽은 어슴푸레하게 그늘이 져 있었다. 그 그늘의 어둠 속에서 셀 수도 없이 많은 일본군 배가 몰려와서 우리 배 가까이 오려 했다.

우리 중심 부대가 대포를 쏘며 고함을 지르니, 다른 배들도 함께 대포를 쏘며 소리를 질렀다. 그러자 일본군은 우리가 지키고 있다는 것을 알고 조총을 쏘았는데, 그 소리에 바다가 진동하고 날아오는 총알이 비 쏟아지듯 물속으로 떨어졌다. 일본군은 더 쳐들어오지 못하고 물러서서 달아나버렸다.

이때 여러 장수들은 이순신을 귀신과 같은 장군이라고 생각했다.

이런저런
뒷이야기들

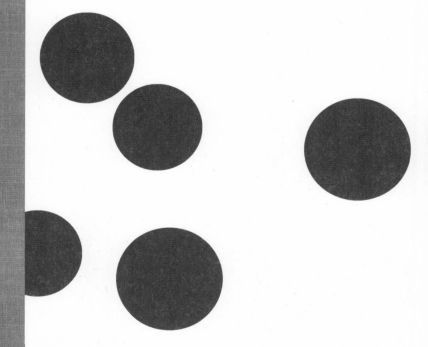

전란의 조짐

무인년선조 11년, 1578 가을, 하늘에 살별이 나타나 꼬리를 길게 뻗쳤다. 그 모양새가 마치 흰 비단 폭을 펼쳐놓은 것 같았으며, 서쪽에서 동쪽으로 뻗어 있더니 두세 달이 지나서야 사라졌다.

무자년선조 21년, 1588 무렵에는 한강의 물이 사흘 동안 붉은빛을 띠었다.

신묘년선조 24년, 1591에 죽산竹山 태평원太平院 뒤뜰에 누워 있던 바윗돌이 저절로 일어섰으며, 통진현通津縣에서는 넘어진 버드나무가 다시 일어났다. 그래서 항간의 백성들 사이에 "장차 도읍을 옮기게 될 조짐"이라는 유언비어가 나돌았다.

또 동해에서만 잡히던 물고기가 서해에서도 잡히더니, 점차 민물인 한강에까지 나타나기에 이르렀다. 해주海州에서 주로 잡히던 청어가 10년 가깝게 전혀 나타나지 않았는데, 근래 중국 요동 지방 앞바다에서 잡히기 시작하여, 그곳에 사는 주민들은 '새로운 물고기'란 뜻에서 '신어新魚'라고 부른다고 했다.

또한 요동팔참遼東八站에 사는 백성들이 어느 날 갑자기 아무런 까닭 없이 놀라 서로 돌아보며 "도적 떼가 조선 땅에서부터 쳐들어오고, 조선국 왕자가 탄 십정교자十亭轎子가 압록강에 이르렀다"라고 술렁거렸다. 그리하여 주민들 가운데 늙고 어린 노약자들부터 산으로 피신해 올라가느라 부산을 떨었는데, 그 소동이 며칠 만에야 겨우 가라앉았다고 했다.

또 이런 일도 있었다.

북경에서 돌아오던 우리나라 사신이 금석산金石山 아래 하씨河氏 성을 가진 사람의 집에 묵게 되었는데, 그 집 주인이 사신 일행더러 이런 말을 했다고 한다.

"어느 조선 통역관이 내게 이런 말을 합디다. '자네 집에 삼 년 묵은 술이나 오 년 묵힌 좋은 술이 있다던데, 그걸 아끼지 말고 죄다 마시고 즐기게나. 머지않아 전란이 들이닥칠 터인데, 그때 가서는 자네 집에 아무리 좋은 술이 있다 해도 누가 그걸 마시며 즐길 수 있겠나?' 그래서 우리 요동 사람들은 조선이 중국에 딴 뜻을 품고 있는 것이 아닌가 싶어 모두들 놀랍고 당혹스러워하는 형편입니다."

사신이 돌아와 임금에게 듣고 본 대로 아뢰니, 조정에서는 통역관들 중에 필시 본국을 무함誣陷할 작정으로 이런 요언謠言을 지어내 중국에 퍼뜨리고 사단을 일으키려는 자가 있으리라 여겼다. 그리하여 몇몇 통역관을 잡아들여 인정전 앞뜰에서 대신들이 직접 문초했는데, 아무리 압슬壓膝과 화형火刑 '압슬'은 죄인을 심문할 때 사금파리 따위 날카로운 조각 위에 무릎 꿇려놓고 무릎 위를 널판이나 무거운 돌로 짓누르는 형벌로 영조 때 폐지되었다. '화형'은 불태워 죽이는 것이 아니라 인두 같은 불에 달군 쇠붙이로 허벅지를 지져대는 형벌이다 따위 혹독한 고문을 가하며 심문했지만 이들은 하나같이 혐의를 인정하지 않고 불복하여 죽었다.

이 사건은 신묘년1591 무렵에 있었던 일인데, 그 이듬해 임진년에 마침내 왜적의 변란이 일어났으니, 큰일이 날 때는 비록 사람들이 미리 깨닫지는 못하더라도 이상한 조짐이 나타나는 경우가 한둘이 아님을 알 수 있다. 그러기에 흰 무지개가 해를 꿰뚫고 태백금성이 하늘 위를 가로지르는 해괴한 현상이 해마다 생기지 않은 적이 없었지만, 사람들이 보기에 늘 그러려니 싶어 이상하게 여기지 않았던 것이다.

그뿐이 아니다. 한양 도성 안에 늘 검은 기운이 가득 퍼져 있었는데, 연기도 아니고 안개도 아닌 기운이 땅바닥에서 피어올라 하늘에까지 사무쳤는데, 이러한 괴현상이 10여 년 동안이나 계속되었다.

그 밖에 희한하기 이를 데 없는 자연의 변괴變怪도 일일이 다 기록하기 어려울 정도로 많았으니, 하늘이 인간 세상에 경고하는 뜻이 매우 깊고도 절박하였으나, 오로지 사람들이 그것을 보고도 헤아려 깨달을 줄 몰랐을 따름이라 하겠다.

해괴한 일들

두보가 지은 시에 이런 구절이 있다.

장안 도성 머리 위에 머리 흰 까마귀,	長安城頭頭白烏,
한밤중 연추문 위에 날아들어 우짖네.	夜飛延秋門上呼.
또한 인가에도 찾아들어 큰 집을 쪼아대니,	又向人家啄大屋,
집 안에 살던 벼슬아치 오랑캐 피해 달아나네.	屋底達官走避胡.

이 시의 내용 또한 괴이한 조짐을 미리 적어놓은 것이리라.

임진년선조 25년, 1592 4월 17일에, 왜적이 침략했다는 소식이 전해지자, 조정의 군신들과 민간 백성들 할 것 없이 모두가 몹시 당황하여 허둥지둥 어쩔 바를 몰랐는데, 갑자기 난데없는 괴조怪鳥 한 마리가 대궐 뒤뜰 정원에 나타나 울더니, 공중에서 오르락내리락 날아다니며 멀어졌다가는 가까워지고 오락가락했다. 새는 겨우 한 마리에 지나지 않았는데 이상하게도 우짖는 소리가 궁궐 안에 가득 차서 듣지 못한 사람이 하나도 없었으며, 그 새의 울음소리는 한낮 종일토록 그치지 않고 밤이 새도록 잠시도 멈추지 않았다.

그렇듯 변괴가 있은 지 열흘 뒤에 임금께서 피란길에 오르게 되시고, 왜적들이 입성하여 궁궐과 종묘, 사직, 관청 건물과 민간 백성들의 집이 죄다 텅 비게 되었으니, 아아! 이 역시 참으로 괴기막심한 일이라 하겠다.

또 그해 5월, 내가 임금의 행차를 모시고 평양에 이르러 김내진의 집에 머물고 있었는데, 하루는 집주인이 나한테 이런 말을 했다.

"두어 해 전에 승냥이가 여러 차례 때 없이 성안에 들어오고, 대동강 물이 벌겋게 변한 적도 있었습니다. 그때 동쪽 강물은 흐려지고 서쪽 강물은 맑았는데, 지금 와서 이런 변란이 있어났습니다그려!"

그 무렵만 해도 아직 왜적이 평양까지 쳐들어오지 않았을 때라, 나는 이 말을 듣고 대꾸를 하지는 않았어도 속으로는 기분이 썩 좋지 못했다. 그런데 얼마 안 되어서 평양성마저 함락되었던 것이다.

대체로 승냥이는 들짐승이라, 사람들이 모여 사는 성내에 들어온다는 것은 사리에 합당치 못한 일이다. 이는 중국 역사서 《춘추春秋》 "찌르레기가 찾아들어 둥지를 틀었다"느니, "여섯 마리 물수리가 바람결에 밀려

뒤로 날아갔다"느니, "큰사슴이 많아졌다"느니, "물여우가 나타났다"느니 하는 변괴의 기록 내용과 비슷한 경우라 하겠다. 그러므로 이 또한 하늘이 사람에게 일깨워주는 뚜렷한 계시이며, 성현聖賢께서 후세 사람들에게 전해 내리는 매우 절박하고도 간곡한 경고라 하겠는데, 어찌 두려워하고 조심하지 않을 일이겠는가!

임진년 봄철과 여름철 사이에는 또 하늘의 세성歲星목성이 이십팔수二十八宿 별자리 가운데 미성尾星과 기성箕星동양천문학에서 하늘의 별자리를 스물여덟 구역으로 나누어 '이십팔수'라 일컬었는데, 그 가운데 '미성'은 오늘날 전갈자리에 해당하며, '기성'은 궁수자리에 해당한다 중간에 자리 잡고 움직이지 않았다. 미성과 기성의 별자리는 연燕나라 쪽에 위치하는데, 예로부터 연나라와 우리나라는 천문도天文圖 상에 같은 분야分野의 별자리를 차지한 곳으로 알려져왔다.

이 무렵 왜적이 하루가 다르게 밀어닥쳐 인심이 흉흉해지고 백성들이 두려움에 휩싸여 어찌할 바를 몰랐는데, 어느 날 임금께서 이런 교지敎旨를 내리셨다.

"바야흐로 복성福星이 우리나라에 있으니, 왜적은 두려워할 것이 못 된다."

이는 백성들의 마음을 가라앉히기 위해 천상의 별자리를 빌려 하신 말씀이었다. 그런데 훗날 한양 도성을 비록 잃기는 했어도 짧은 시일 안에 옛 것을 모조리 회복시킬 수 있었고, 잃어버렸던 도성을 되찾아 환도할 수 있었으며, 왜적의 수괴 도요토미 히데요시 또한 끝까지 흉포한 역심逆心을 다 뽑내지 못하고 스스로 병들어 죽어버렸으니 실로 우연한 일이 아니며 모두가 하늘의 운수로 이뤄지지 않은 것이 없다 하겠다.

왜적의 간교한 용병술

왜적은 교활하고 간사하기 이를 데 없는 자들이라, 전쟁하는 방식 또한 어느 것 한 가지라도 상대방을 속이는 기만술책에서 나오지 않는 것이 없었다.

그런데 임진왜란 당시의 일을 되새겨본다면, 저들이 한양 도성에 들어오기까지는 그나마 교묘한 수단으로 제법 잘해냈으나, 평양성을 공략한 이후에는 졸렬했다고 할 수 있다.

우리나라는 100년에 걸쳐 지속된 태평성대로 말미암아 백성들이 전쟁을 알지 못했으므로, 졸지에 왜적이 쳐들어왔다는 소문을 전해 듣자 어떻게 할 바를 모른 채 엎어지고 넘어져, 먼 곳에서 가까운 지방에 이르기까지 온통 바람결에 휩쓸리듯 갈팡질팡하며 모두가 혼비백산하고 말았다.

그동안에 왜적들은 마치 칼로 대나무를 쪼개듯 거칠 것 없는 기세로 진격하여 불과 열흘 만에 한양 도성에까지 들이닥쳤다. 그러니 제아무리 지혜로운 사람이라 해도 어떻게 대책을 세워볼 겨를이 없었고, 제아무리 용맹스런 장수라 한들 미처 과단성 있게 행동할 수가 없었으며, 백성들의 인심은 무너질 대로 무너져 도저히 수습할 길이 없게 되었다.

파죽지세로 속전속결을 추구한 용병술이야말로 다시없을 훌륭한 전법이었으며, 그러기에 한양 도성을 점령하기까지 부린 왜적들의 수단과 방법이 교묘했다고 말한 것이다.

그러나 이때부터 왜적은 자기네가 늘 이길 수 있는 상승불패의 위력을 지닌 것으로 믿고 자만한 나머지, 뒤돌아볼 줄 모른 채 병력을 여러 갈래로 분산시켜 각 지방에서 제멋대로 날뛰게 하는 실책을 저지르고 말았다.

군대의 생리는 병력을 쪼개면 쪼갤수록 그만큼 세력이 약해지게 마련이다. 그런데 왜적들은 제한된 병력으로 조선 팔도 천리 길에 걸쳐 전선戰線을 잇댄 채 느슨한 상태로 시일을 허비해가며 오랫동안 버티고 있었으니, 아닌 말로 "제아무리 강력한 쇠뇌로 쏜 화살도 하염없이 멀리 날아가다 보면, 끝에 가서는 얄팍한 헝겊조차 뚫지 못한다"는 옛말과 같은 격이다.

또 북송 말엽의 충신 장숙야張叔夜중국 북송의 문신. 북방 여진족 금나라군이 침공하자 근왕병을 일으켜 저항했으며, 마지막 임금 휘종과 흠종 부자가 사로잡혀 끌려갈 때 수행하여 나섰으나, 통분함을 이기지 못하고 도중에 굶어죽었다가 "여진족이 용병술을 모르는구나! 고립무원의 군대로 적지에 깊숙이 들어갔으니 살아서 돌아갈 수 있겠는가?" 하고 한탄했는데, 왜적의 형세도 거의 이런 지경에 처했다고 말할 수 있는 것이다.

형세가 이렇게 되자 명나라는 불과 4만 명의 군대로 평양성을 쳐서 무너뜨릴 수 있었고, 평양이 함락되자 전국 각 도에 흩어져 있던 왜적들마저 모두 기운이 빠졌으니, 비록 저들이 한양 도성을 여전히 차지하고 있다 하더라도 대세는 이미 위축되기 시작했다. 때를 같이하여 우리 백성들이 사방에서 의병을 일으켜 곳곳마다 차단하고 들이치려 하니, 왜적들은 앞뒤가 끊긴 채 서로 구원할 길이 없게 되어, 마침내 남쪽으로 후퇴할 수밖에 없었다.

이런 까닭으로 평양성을 점령한 이후부터 왜적들의 전략전술이 졸렬했다고 말하는 것이다.

아아, 왜적의 실책이야말로 우리 측에게는 천만다행이었다.

이런 때 우리나라에 한 사람이라도 장수다운 장수가 있어서 몇 만 명의 군사를 이끌고 나아가 기회를 엿보다 교묘한 계책을 썼더라면, 하염없이 길게 이어지던 왜적의 전선을 토막토막 끊어 허리와 등골을 갈라놓을 수 있었을 테고, 또 그렇게만 되었더라면 평양성 일전에서 패배한 적의 주장主將을 힘들이지 않고 쉽사리 사로잡을 수 있었을 것이다. 또 이러한 전술을 경성京城한양 이남에서 썼더라면 왜적의 수레를 단 한 대도 돌려보내지 않고 무찌를 수 있었을 것이다.

그렇게만 되었던들, 왜적들은 간담이 서늘해져 앞으로 수십 년, 아니 수백 년 동안 섣불리 우리를 침략하기는커녕 똑바로 쳐다볼 엄두조차 내지 못했을 것이니 두 번 다시 뒷걱정할 필요가 없었으리라.

그러나 우리는 너무 미약하고 힘겨운 상태여서 이런 조치를 취할 능력이 없었고, 명나라 장수들 역시 이런 전략전술을 쓸 줄 몰랐기 때문에, 그저 차분한 심정으로 왜적들과 밀고 밀리는 싸움만 지속할 뿐이었다. 호되게 응징하여 두려움을 품게 하지 않았기에 결국은 왜적들이 이러쿵저러쿵 온갖 요구 조건을 내걸게 만들었다.

이리하여 명나라 조정에서는 '왜적의 수괴를 일본 국왕으로 책봉한다느니, 조공을 받겠다느니' 하는 등 가장 낮은 책략을 써서 왜적을 견제하기에만 급급했으니, 참으로 거듭 한탄을 금치 못할 일이 아닌가! 지금 와서 다시 생각해봐도 팔뚝을 거머쥐고 통분할 노릇이었다.

지리 형세의 활용이 승패를 좌우하는 법인데

저 옛날 중국 한漢나라 때 어사대부御史大夫 **조조**晁錯중국 서한 제5대 경제 때의 신하. 형법학과 국방 문제에 조예가 깊어 제4대 문제 때 태자가령太子家令을 지냈으며, '꾀주머니'라 불릴 정도로 지략이 뛰어나 훗날 어사대부로 중용되었다가 전쟁에 관한 일을 아뢰다가 이런 말을 했다.

"군대를 거느리고 전쟁터에 나아가 싸울 때는 다음과 같이 세 가지 긴요한 사항이 있습니다. 첫째는 지리 형세를 잘 이용하는 것이요, 둘째는 병사들이 복종하여 지휘관의 명령에 따르도록 미리 훈련되어야 하는 일이며, 셋째는 병기와 장비가 정예롭고 날카롭게 유지되어야 한다는 것입니다. 이 세 가지야말로 용병의 기본 요소이며 전쟁터에서 적과 싸울 때 승부가 이로써 결정되는 것이니, 장수된 자가 반드시 알지 않으면 안 됩니다."

왜놈들은 전쟁하는 데 이골이 났고 병기와 장비 또한 날카롭고 정예로웠다. 옛날에는 조총이란 화약무기가 없었으나 지금은 보유할 수 있게 되었는데, 그 총탄의 기나긴 사정거리와 높은 명중률은 화살보다 몇 곱절이나 될 만큼 우수했다. 피아 병기의 수준 차이가 이러했으니, 만약 우리 군대가 탁 트인 벌판에서 적과 마주쳐 쌍방이 대치한 상태로 조조가 말한 병법에 따라 접전을 벌인다면, 우리 군대는 절대로 그들을 이겨내지 못할 것이다. 우리가 사용하는 활의 사거리가 고작 100보쯤인 데 비해 조총 탄환은 수백 보를 날아갔으니 말이다. 더구나 집중으로 일제사격을 가하면 총탄이 비바람 몰아치듯 한꺼번에 쏟아져 들어오니, 활이나 쇠뇌 따위로 당해낼 수 없음은 당연한 이치다.

그렇기는 해도 험준한 산악이나 우거진 숲을 왜적보다 먼저 차지한 다음, 그 유리한 지형에 의존하여 적에게 형체를 드러내지 않도록 활잡이 사수들을 흩어 매복시켰다가 좌우 양측에서 기습적으로 일제사격을 가한다면, 저들에게 비록 조총이나 예리한 장창과 왜도倭刀가 있다 하더라도 쓸데없게 만들어, 결국은 우리가 대승을 거둘 수 있었을 것이다.

그 증거로 예를 하나 들어보겠다.

임진년 그해, 왜적들은 경성에 들어온 이래 날마다 패를 갈라 성 밖을 쏘다니며 노략질을 일삼았으므로, 왕실의 무덤조차 제대로 보전하기 어려운 실정이었다.

이 무렵 고양高陽 출신의 진사 이로라는 사람이 나름대로 활을 제법 쏠 줄 알고 담력도 지녔다. 어느 날 그가 동료 두 사람과 함께 제각기 활과 화살을 가지고 창릉昌陵과 경릉敬陵에 들어갔는데, 뜻하지 않게 숱한 왜적들이 나타나 산골짜기를 가득 메웠다.

이로 일행은 느닷없이 왜적의 무리와 맞닥뜨리게 되자, 어쩔 바를 모르고 당황한 끝에 등나무 덩굴이 빽빽하게 들어찬 숲 속으로 뛰어들어 피신했다. 그러자 왜적들도 이들을 찾아 숲 속을 뒤지기 시작했다.

이리저리 피해 다니며 틈을 엿보던 이로 일행은 우거진 수풀 사이로 왜적들의 허점이 드러날 때마다 활을 당겨 쏘기 시작했다. 시위 소리가 울릴 때마다 왜병들은 어김없이 살을 맞고 쓰러졌다. 이때부터 자신감을 얻은 이로 일행은 울창한 숲 속을 이리저리 재빠르게 옮겨 다니며 활을 쏘았다. 왜적들은 화살이 어디서 날아드는지 헤아릴 도리가 없어 속수무책으로 당하고 말았다. 이로부터 왜병들은 숲만 보면 멀찌감치 피해 도망치고 섣불리 근접하지 않았으며, 그래서 창릉과 경릉 두 왕실의 무덤이 온전히 남아날 수 있게 되었다.

이런 사례로 미뤄보더라도, 지형의 유리한 점을 누가 먼저 얻느냐 얻지 못하느냐에 따라 승패가 결정된다는 사실을 알 수 있을 것이다.

왜적이 상주尙州까지 올라왔을 때만 해도 그렇다. 신립이나 이일 같은

장수들이 만약 이런 계책을 쓸 줄 알아서 적보다 한발 앞서 토천兎遷경상북
도 문경군 남쪽에 자리 잡은 천연요해지. '관갑천串岬遷'이라고도 불렀다과 문경새재 고갯마
루 삼십 몇 리에 걸쳐 활잡이 사수 몇 천 명을 매복시켜놓고 숲이 우거진
지형지물을 제대로 활용하여 아군 병력 수의 많고 적음을 헤아리지 못하
게 했던들, 승승장구 북진하던 왜적들도 속수무책으로 섬멸당할 수밖에
없었으리라.

그러나 신립과 이일은 훈련되지 못한 오합지졸 병사들을 데리고 요새
와 다를 바 없이 험준한 지형지물을 벗어나 평탄한 들판에서 병력이나 무
기 면에서 월등하게 우세한 적과 맞서 싸워 승부를 겨루었으니, 참패할
수밖에 없었던 것은 당연한 결과라 하겠다.

내가 앞서 본문에 이 내용을 낱낱이 기록해두었으면서도 이제 모처럼
거듭하여 기록으로 남기는 까닭은 후손들에게 새삼 경각심을 일깨워주
기 위해서다.

✸

성곽을 어떻게 지킬 것인가?

성은 포악한 적의 침공을 막아내 백성을 안전히 보호하는 터전이므로, 당
연히 견고함을 위주로 하게 마련이다.

옛 사람들은 성곽의 얼개를 두고 설명할 때 '치雉'란 것을 언급하곤 했
는데, 이른바 '천 치千雉'라든가 '백 치百雉'라는 것이 바로 그것들이다.

한데 나는 여느 때 축성築城제도에 관한 서적을 제대로 읽어본 적이 없
어, '치'란 것이 무엇인지 모른 채 그저 막연히 살받이터에 해당하는 것이
라 여기면서도, "성곽 한 군데에 살받이터가 천 개나 백 개쯤 있어 가지고

는 규모가 너무 작아서 많은 병력을 수용하기 어렵지 않을까?" 하고 의문을 품어왔다.

그러다 임진왜란이 일어난 이후, 척계광戚繼光이 지은《기효신서紀效新書》를 입수해 읽어보고서야 축성제도의 '치'란 것이 살받이터가 아니라 곡성曲城이나 옹성甕城 같은 방어용 축조물로 일종의 '성윗담'이라는 사실을 알게 되었다. 하기야 성벽에 따로 곡성이나 옹성 따위의 방어용 성윗담을 설치해놓지 않으면, 살받이터에 방패를 세워두고 적의 공세를 회피할 수 있다 해도, 성벽 바로 밑에 바싹 달라붙은 채 기어오르는 적병을 빤히 보고도 막아내지 못할 것이다.

《기효신서》에 따르면, 살받이터 50군데마다 '치'를 한 군데씩 설치하되 성벽 수직면 바깥쪽에 20~30척 두께로 배불뚝이처럼 비죽 나오게 만들었다. 이런 옹벽 두 군데 사이의 거리는 살받이터 간격으로 50군데가 되는데, 축성된 옹벽 한 군데가 살받이터를 스물다섯 군데씩 차지하게 되며, 거기서 활을 쏠 경우 화살이 날아가는 힘이 한층 강할뿐더러 좌우 양편을 돌아보며 쏘기가 편리하다. 그러기에 적병이 성벽 바로 밑에 다가와 들러붙을 수 없게 되는 것이다.

임진왜란이 일어나던 해 가을, 내가 안주安州에 오랫동안 머무르고 있었을 때의 일이다.

가만히 생각해보니 바야흐로 평양성을 점령하고 주저앉은 왜적이 갑작스레 공세로 전환하여 서북 방면으로 쳐들어올 경우, 임금께서 계신 행재소行在所 정면에 인공이든 천연이든 막아낼 장애물이 하나도 없다는 사실을 깨닫고 이만저만 걱정스러운 바가 아니었다. 그래서 역량을 헤아리지 못하고 안주성을 수축하여 지켜볼 생각이 들었다.

그런데 구월구일 중양절重陽節에, 우연히 청천강 강변으로 나간 김에 안주성을 바라보다가 머릿속에 퍼뜩 한 가지 절묘한 계책이 떠올랐다.

성 바깥 지형지세에 따라 옹성이나 곡성 제도처럼 배불뚝이 성벽을 툭 튀어나오게 쌓아올리고 텅 빈 그 안에 군사들을 배치한 다음, 앞면과 좌우 양편으로 대포 구멍을 뚫어놓고 삼면으로 대포를 발사할 수 있게 하는 것이다. 그 옹성 위에 적방의 동태를 살펴볼 수 있는 다락집 '적루敵樓'를 세우되, 다락집과 다락집 사이의 간격은 1,000보 이상으로 떨어뜨려 놓고, 대구경 화포의 포신 속에는 새알 크기의 탄환을 두세 말쯤 쟁여두었다가, 적의 대병력이 성벽 바깥에 몰려들었을 때 좌우 양쪽 포혈砲穴에서 교차사격으로 번갈아 발사한다면, 사람이나 마필은 물론이요 쇳덩이나 바윗돌이라 해도 죄다 콩가루가 될 수밖에 없을 것이다.

이런 방어시설을 장치해둘 경우, 별도로 성가퀴를 지키는 병사가 없더라도 고작 몇 십 명의 병력만으로 포혈과 적루를 지켜 감시하게 하면 적병은 감히 접근할 엄두를 내지 못할 터이니, 이야말로 성을 지켜내는 절묘한 방법이라 할 것이다. 그 축성제도가 비록《기효신서》의 '치'를 모방했다 하더라도 그 효과만큼은 곡성이나 옹성 제도보다 만 배는 나을 것이다. 대체로 공성전에서 적군이 1,000보 이내에 접근하지 못한다면, 이른바 성벽을 기어오르는 구름사다리 운제雲梯라든가 성문을 들이받아 깨뜨리는 충차衝車 따위의 공성攻城장비들 역시 하나같이 아무 짝에도 쓸 데가 없을 것은 물론이다.

이 일은 내가 우연히 생각해낸 것으로 당시 즉각 행재소에 계신 임금께 아뢰고, 나중에 또 경연經筵 석상에서 여러 차례 의견을 내기도 했다.

그뿐 아니라 모든 사람들에게 그 효용성을 반드시 보여주고 싶어, 그로부터 4년이 지난 병신년丙申年1596 봄에는 한양 도성 동쪽 수구문水口門 바깥에 적당한 지형을 골라놓고 바윗돌을 모아들여 그 모형을 만드는 일에 착수하기도 했다. 그러나 일을 미처 다 이룩하기도 전에 이론이 분분하게 일어났으므로 결국 포기하고 수축하지 않았다.

훗날 만약에 앞날을 멀리 내다보고 생각할 줄 아는 사람이 나타난다면, 나 같은 늙은이의 쓸데없는 말이라고 해서 버리지 말고 이 제도를 고쳐 활용하기 바란다. 그렇게만 한다면 외적의 침입을 막아내는 방법으로 그 이로움이 적지 않을 것이다.

진주성의 포대砲臺 축조공사 일화

역시 내가 안주에 있을 때의 일이다. 친구인 사순士純 김성일이 경상우도 감사로 임명되어 진주에 내려갔는데, 거기서 내게 대략 이런 내용의 편지를 보내왔다.

"진주성을 잘 수축해놓고 죽기를 한하여 지켜볼 생각이네…."

이보다 앞서 전란이 발발하던 그해, 왜적들은 진주성을 침범했다가 이기지 못하고 물러간 적이 있었으므로, 나는 김성일에게 답장을 보내면서 이렇게 당부했다.

"왜적이 조만간에 다시 진주성으로 쳐들어갈 것일세. 그놈들은 지난번 실패를 앙갚음하기 위해 이번에는 병력을 대규모로 동원하여 보복전을 시도할 것이 분명하네. 그런 만큼 성을 지켜내기가 예전과 달리 수월하지 않을 터이니, 여러 군데 포루砲樓를 세워 대비해야 걱정거리가 없을 것일세."

그런 다음 편지에 포루 축조방식을 자세히 적어 보냈다.

이듬해인 계사년 유월, 나는 왜적이 다시 진주성을 공격한다는 소식을 전해 듣고 걱정스러워 종사관 신경진에게 답답한 심경을 토로했다.

"진주성의 사태가 매우 위급하게 되었구나. 포루가 미리 설치되었으면 그나마 버텨낼 수 있겠다만, 그렇지 않았다면 지켜내기가 힘들겠다."

그리고 얼마 후 합천에 내려갔다가 거기서 진주성이 이미 함락되었다는 소식을 전해 들었다.

단성 현감 조종도 역시 사순 김성일의 벗이었는데, 그가 나를 보고 진주성이 함락되었을 무렵의 상황을 이렇게 일러주었다.

"지난해 사순 김성일과 함께 진주성에 머물 때의 일이었습니다. 그 사람이 공의 편지를 받아보고 뛸 듯이 기뻐하며 참으로 기막힌 계책이라고 찬탄하더니, 막료幕僚로 일하던 몇몇 친구들과 더불어 진주성을 돌아보았습니다. 그리고 지리 형세를 보아 적당한 곳에 포루 여덟 군데를 설치하기로 지정해두었습니다. 그런데 막상 공사가 시작되면서 벌목한 나무를 강물에 띄워 하류로 내려보내는 작업이 거듭되자, 진주성 주민들은 그 고된 노역을 꺼려하여 불평이 자자했습니다. 저번에는 포루가 없었어도 잘 지켜내 적을 물리쳤는데, 지금은 어인 까닭으로 쓸데없이 백성들을 수고롭게 부리느냐? 그런 얘기였습니다. 그래도 김성일은 이들의 불평을 귀담아 듣지 않고 공사를 독촉했습니다. 재목감이 다 구비되어 이제 공사에 착수할 날짜만 남았는데, 때마침 공교롭게도 김성일이 병들어 끝내 일어나지 못하게 되니, 포루 축조공사도 흐지부지 중단되었다가 마침내 폐기되고 말았습니다."

참으로 안타깝기 이를 데 없는 일이라 조종도와 나 둘이서 한바탕 서럽게 통곡하고 나서야 헤어졌다.

아아, 사순 김성일 한 사람의 불행이 진주성 온 백성 천만 사람들의 불행이 된 것이다. 이 또한 하늘의 운수라 할 것이니, 사람의 힘으로 용납될 수 있는 일이 아니었다.

대비책의 맹점, 그리고 탁상공론

임진왜란이 일어나던 해 4월, 내륙지방 크고 작은 고을들이 연달아 왜적의 기습공격에 함락되자, 우리 장병들은 저들의 위세에 질린 나머지 아닌 말로 그림자만 보고도 제풀에 무너지기나 할 뿐, 감히 맞서 싸워볼 엄두조차 내지 못했다.

비변사에 소속된 여러 신료들은 날마다 대궐에 모여서 방어대책을 강구했으나, 도무지 계책이라고 할 만한 뾰족한 수가 나오지 않았다. 그렇듯 답답한 자리에서 누군가 제 딴에 안건이랍시고 이런 제안을 했다.

"왜적들이 창칼을 잘 쓰는데 우리 병사들은 이것을 막아낼 튼튼한 갑옷이 없어 당해내지 못하오. 그러니 몸통을 감쌀 수 있는 두꺼운 무쇠갑옷을 만들어 형체가 드러나지 않게 입히고 적진으로 돌입시킨다면, 적들이 창칼로 찌르거나 벨 틈이 없을 터이니, 우리 군사가 이길 수 있을 것입니다."

그 자리에 모인 사람들도 고개를 끄덕여가며 옳은 말씀이라고 맞장구를 쳤다. 그래서 이때부터 대장간의 장인들을 많이 모아들여 밤낮으로 무쇠갑옷을 두드려 만들게 했는데, 나 한 사람만큼은 아니다 싶어 이렇게 말했다.

"전쟁터에서 적과 싸울 때는 병사들이 구름처럼 몰려들었다가도 삽시간에 새 떼처럼 재빨리 흩어지기도 하는 법입니다. 이렇듯 민첩한 동작으로 움직이는 것을 가장 중요하게 여기는데 병사들에게 몸통을 죄다 감싸는 무쇠갑옷을 입힌다면, 그 무게를 어찌 감당할 것이며 움직임 또한 둔탁해질 수밖에 없을 터인데, 무슨 재주로 왜놈들을 살상할 수 있기를 바라겠소이까?"

결국 며칠 만에 무쇠갑옷을 사용하는 게 어렵다는 걸 깨닫고 드디어 철갑 제작은 중단되었다.

또 이런 일도 있었다.

대간臺諫에서 간관諫官들이 조정 대신들을 초청하여 만나보았는데, 방어대책을 의논하는 자리에서 대간 한 사람이 버럭 성을 내며 꾸짖듯 면박을 주었다.

"어찌하여 대신들께서는 아무런 대책도 내놓지 못하십니까?"

좌중 대신들 가운데 누군가 되물었다.

"그럼 자네한테는 무슨 좋은 대책이 있어서 하시는 말씀인가?"

역정을 내던 대간도 서슴지 않고 응구첩대로 이렇게 말했다.

"물론 있지요! 한강 기슭에 적병들이 기어오르지 못할 만큼 높다란 누각을 여러 채 세워놓고, 우리 병사들이 높은 데서 굽어보며 활을 쏜다면 백발백중으로 맞힐 수 있지 않겠습니까?"

그러자 한 사람이 빈정대며 반문했다.

"사람은 올라가지 못한다고 칩시다. 그렇다고 왜적이 쏘는 조총 탄환도 올라가지 못한답디까?"

계책이랍시고 높은 누각 설치를 주장했던 사람은 아무 말도 못하고 물러났지만, 이 어처구니없는 이야기가 바깥에 풍문으로 새어나가자 듣는 사람마다 서로 전파하며 비웃어마지않았다.

아아, 용병술에는 하나로 고착된 형세란 것이 존재하지 않으며, 전투에는 고정된 하나의 전법만 있는 것이 아니다. 적절한 기회에 따라 사태의 변화에 대응할 수 있는 적절한 전법을 마련하고, 전진과 후퇴, 집결과 분산에 기기묘묘한 전술기법을 유감없이 발휘할 수 있어야 하는데, 이는 오로지 군사를 지휘하는 장수의 능력과 기량에 달려 있을 따름이다.

그런 점에서 본다면 천 마디 말이나 오만 가지 계책이 죄다 소용없고, 오로지 탁월한 능력을 지닌 장수 한 사람을 얻는 일만이 중요할 따름이다. 여기에 또다시 한나라 때 어사대부 조조가 문제文帝에게 아뢴 세 가지 요소를 빠뜨리지 않고 보탤 수만 있다면, 그밖에 이러쿵저러쿵 더 바랄 나위가 어디 있겠는가!

대체로 본다면, 나라에서 평소 아무 일이 없을 때 유능하고 기량 있는 장수감을 미리 선발해두고, 사태가 발생하면 지휘관으로 임명하여 활용할 수 있어야 한다. 유능하고 기량 있는 장수를 선발하는 데 가장 중요한 것은 정밀성이며, 일단 가려 뽑았으면 전결권을 수행할 수 있도록 일임하는 것이 가장 중요하다.

임진왜란 초기 당시에 경상좌우도의 수군 대장은 박홍과 원균이었고 육군 대장은 이각과 조대곤이었는데, 이들 모두가 애당초부터 장수의 재목이 되지 못했다. 전란이 발생했을 때 순변사와 방어사, 조방장 일행이 잇달아 현지에 내려가 보았더니, 그들은 제각기 자신에게 부여된 전결권만을 내세워 마음대로 군령을 하달했으며, 부대의 진퇴를 제각각 행사하여 도무지 통솔이 이루어지지 않는 상태였다고 한다. 그러니 장수 여럿이 참견하면 이길 싸움도 반드시 패전하는 법이라, 결국 '죽은 병사들의 시체를 수레에 싣고 돌아오는 일'밖에 아무것도 하지 못하는 형편이었던 것이다.

더구나 자신들이 양성한 군대를 부리지 못하고 부려야 할 군대 역시 양성하지 않았던 탓에 병사들끼리도 서로 몰라볼 지경이었다고 하니, 이야말로 병법에서 크게 꺼리는 처사가 아니고 무엇이랴! 그럼에도 앞사람이 잘못한 전철을 뒷사람이 고쳐나갈 줄 모른 채 그대로 답습하면서도 무사하기를 바라다니, 이는 그저 요행만을 믿고 바라는 노릇이라 하겠다.

말을 하다 보니 매우 길어지기는 했으나, 역시 한두 마디로 다 표현할 수 있는 얘기가 아니다. 아아, 참으로 위태로운 일이로구나!

임시방편으로 부교를 설치하다

전란이 나던 이듬해1593 정월, 명나라 군대가 평양에서 남쪽으로 출발했는데, 나는 그들보다 한발 앞질러 떠났다.

때가 겨울철인 터라 임진강은 얼음이 녹기 시작하여 그냥 건널 수 없었다. 그런데 명나라 제독 이여송은 사람을 계속 보내 부교浮橋를 설치해놓으라고 재촉이 성화같았다.

금교역金郊驛에 다다르고 보니, 황해도 지역 수령들이 저마다 고을 아전과 수많은 주민들을 거느리고 찾아와 명나라 대군을 맞아들이고 음식물을 대접하느라 들판에 가득했다.

나는 그들 가운데 우봉 현령 이희원을 발견하고 가까이 불러 물었다.

"자네 고을에서 데리고 온 사람이 몇 명이나 되는가?"

"거의 수백 명쯤 됩니다."

이희원의 대답을 듣고서 나는 곧바로 지시를 내렸다.

"자네, 속히 그 사람들을 데리고 산에 가서 칡덩굴을 될 수 있는 대로 많이 캐오도록 하게. 그리고 내일 한낮 임진강 어귀에서 나하고 만나도록 하세. 절대로 늦어서는 안 되네."

이희원은 내 지시를 받고 이내 물러갔다.

나는 그 이튿날 개성부開城府에서 하룻밤을 묵고, 다음 날 이른 새벽에 나루터가 있는 덕진당德津堂으로 달려갔다. 강기슭에 오르고 보니 얼음이 미처 다 녹지 않아 빙판 위로 강물이 흐르고, 몸통이 반 길 남짓 되는 커다란 석얼음까지 둥실둥실 떠돌아다녀, 하류에서 배가 거슬러 오르지 못하는 상태였다.

이 무렵 경기도 순찰사 권징權徵, 경기 수사水使 이빈李薲, 장단 부사長湍府使 한덕원韓德遠을 비롯하여 창의추의군倡義秋義軍 소속 의병 1,000여 명이 강변에 몰려 있었으나, 다리를 놓기는커녕 모두들 어떻게 해볼 도리가 없어 꼼짝 않고 서 있을 따름이었다.

나는 우봉 현령과 주민들을 불러들여 그들이 전날 캐어서 모아온 칡덩굴로 밧줄을 꼬게 하고, 다시 그것들을 여러 겹으로 합쳐서 굵다란 동아줄로 엮어 만들게 했다. 이윽고 완성된 칡덩굴 동아줄은 굵기가 서너 아름에, 길이도 강폭을 가로질러 걸쳐놓을 만큼 길었다.

동아줄이 만들어지자, 나는 임진강 남쪽 기슭과 북쪽 기슭 양편 둔덕에 나무 기둥을 각각 두 개씩 때려 박아 세워 서로 마주보게 하고, 그 두 기둥 안쪽에 가로지른 나무 도막을 누여두었다. 그런 다음 칡덩굴로 겹겹이 꼬아 만든 동아줄 열다섯 가닥을 잡아당겨 강 얼음판 위에 펼쳐놓듯이 깔아서 남북 양편 기둥에 단단히 비끄러매었다.

그러나 강폭이 워낙 너르고 멀어서 밧줄의 절반이 물에 잠긴 채 가라앉고, 일직선으로 수면 위에 떠오르지 않았다. 이것을 본 사람들은 실망하여 한마디씩 수군대었다.

"젠장, 헛수고네그려! 쓸데없이 힘만 썼구만!"

나는 못 들은 척하고 다시 1,000여 명을 동원하여 저마다 길이 두세 자쯤 되는 짤막한 막대기를 칡덩굴로 꼬아 만든 밧줄 틈서리에 비벼넣고 서너 바퀴씩 힘껏 뒤틀게 했다. 동아줄은 이내 서로 당겨져 물 위로 팽팽하게 떠오르더니 빗살처럼 가지런하게 퍼졌다.

이윽고 강폭을 가로지른 동아줄 열다섯 가닥이 팽팽하게 당겨져 구부정한 형태로나마 물 위에 높지거니 떠오르자, 어엿하게 다리 모양새를 갖추었다. 나는 가느다란 버드나무 가장귀를 베어다 그 위에 펼쳐놓게 하고, 다시 마른 풀잎으로 두툼하게 덮은 다음, 그 윗면에 흙을 깔아놓게 했다.

이것을 본 명나라 군사들이 크게 기뻐하더니, 모두들 채찍을 휘둘러가며 부교 위로 말을 치달려 건너갔다. 사람과 마필만이 아니라 대포를 끄는 수레와 병기장비도 죄다 뒤따라 건너갔다. 잠시 후 건너가는 사람들이 점차 많아지면서 팽팽하게 당겨졌던 부교의 동아줄이 느슨하게 풀려 수면 위에 닿을 지경으로 축 늘어졌으나, 명나라 병사들이 얕은 여울목을 따라 조심스럽게 건넌 덕분에 별 탈은 없었다.

지금 와서 생각해보건대 그 당시 창졸간이라 칡덩굴을 많이 준비하지 못했지만, 그것을 다시 곱절로 늘여 동아줄을 서른 가닥으로 만들 수 있었더라면 좀더 팽팽하게 당겨져 늘어지는 일이 없었을 것이다.

훗날 중국의 《남북사南北史》를 보았더니, 이런 기막힌 내용이 수록되어 있었다. 얘기인즉 북제北齊의 침공군이 남조南朝 양梁나라에 쳐들어갔을 때, 양나라 군주 규巋가 동맹국인 북주北周군의 총관 육등陸騰과 더불어 침공군을 맞아 싸웠는데, 북주군의 장병들이 협곡 어귀 남쪽 등성이에 안촉성安蜀城을 쌓고, 양편 기슭 언덕 위로 군량을 옮기기 위해 갈대로 엮은 굵다란 동아줄을 강물 위에 연결해 군량을 운반하기도 하고 사람이 건너다니기도 했다는 것이다.

이 사연을 읽어보고서 나 혼자 속으로 웃으며 생각에 잠겼다.

"내가 어쩌다 궁여지책으로 생각해낸 방법이 기발하다 여겼더니, 옛날 사람들이 진작 궁리해내 써먹었을 줄이야 꿈에도 몰랐구나!"

내가 이 일을 기록으로 남겨둔 까닭은 훗날 갑작스런 사태에 대처할 때 다소나마 도움이 될까 해서다.

훈련도감을 창설하다

임진왜란이 일어났던 그 이듬해 여름철, 나는 병치레를 하느라고 한양 도성 묵사동墨寺洞 집에 누워 있었다.

하루는 명나라 장수 낙상지駱尙志가 내 거처로 찾아와 은근하게 병문안을 하더니, 말끝에 이런 얘기를 꺼냈다.

"조선은 지금 군사력이 미약한데 왜적은 아직도 물러갈 줄 모르고 점령지 안에 웅거하고 있으니, 군대를 교련하여 왜적을 방어하는 일이 가장 시급합니다. 그러므로 우리 명나라 군사가 아직 귀국하지 않는 때를 이용하여 군사교련 방법을 배우고 익히도록 하십시오. 한 사람이 배워 익히면 열 사람을 가르칠 수 있고, 열 사람이 다시 백 사람을 가르치게 된다면 불과 몇 해 안에 모두들 정예롭게 조련된 군사가 되어 이 나라를 지킬 수 있게 될 것입니다."

나는 그 말에 감동을 받아 즉시 행재소에 계신 임금께 서둘러 아뢰고, 이어서 내가 데리고 있던 금군禁軍 출신의 한사립韓士立이란 군관을 시켜 도성 안에서 군사 70명을 모아들이게 했다. 그리고 한사립더러 그 병력을 이끌고 낙상지 장군을 찾아가 뵙고 가르쳐주기를 청하도록 했다.

낙상지는 휘하 장병들 중에 진법에 능통한 장육삼張六三을 비롯해 부하 10명을 가려 뽑은 다음, 이들을 교관으로 삼아 한사립 이하 70명의 조선군 병사들을 상대로 밤낮없이 창술과 검술, 그리고 낭선狼筅자루가 기다란 대나무 한끝 마디를 여러 갈래로 쪼개고 그 끄트머리에 날카로운 쇠꼬챙이를 여럿 매달아 휘둘러 쓰는 무기. 칼날이 긴 일본 해적의 왜도에 맞서 싸우며 고전하던 중국 남방 절강지방 군사들을 위해 고안된 병기였다 만들어 쓰기 등 새로운 전투기법을 단련시켰다.

그런 지 얼마 뒤에 내가 남쪽 지방으로 내려가게 되면서 그 일도 이내 그만두고 말았는데, 임금께서는 내가 올린 장계狀啓를 보시고 특별히 비변사에 분부하시어 군대를 훈련시킬 수 있는 도감都監을 설치하도록 명하셨다. 그리고 좌의정 윤두수를 지명하여 훈련도감의 업무 전체를 주관하도록 배려하셨다.

그해1953 9월에, 남쪽으로 내려갔던 나는 다시 행재소로 불려 올라가 해주海州에서 임금을 맞아들여 모시고 한양 도성으로 돌아오게 되었는데, 연안延安 땅에 이르렀을 때 임금께서 나더러 윤두수를 대신하여 훈련도감 일을 도맡아 주관하라는 분부를 내리셨다.

이 무렵 한양 도성 안팎에는 기근이 막심했으므로, 나는 용산창龍山倉에 비축된 중국산 좁쌀 1,000섬을 방출해줄 것을 조정에 요청하여, 날마다 병사 한 사람에게 두 되씩 배급해주었다.

그랬더니 병사를 모집하는 데 응모하는 사람이 여기저기서 숱하게 몰려들었다. 훈련도감의 당상관이 된 조경趙儆은 나눠줄 곡식이 부족하여 이 많은 응모자들을 죄다 받아들일 처지가 못 되는 터라, 선발 기준에 편법을 써서 제한하기로 했다.

선발 시험 과목은 두 가지였다. 우선 응모자들 앞에 커다란 바윗돌을 놓고 쳐들어보게 한 다음에, 높이가 10척 남짓 되는 흙 담장을 뛰어넘도록 했다. 이 두 과정을 통과한 사람을 병사로 가려 뽑았는데, 대다수가 굶주려 기운이 빠진 사람들이라 응모자 10명 가운데 합격한 사람은 고작 한두 명에 지나지 않았다. 어떤 사람은 시험을 보려고 훈련도감 정문 바깥에서 마냥 기다리다가 지친 끝에 그대로 엎어져 죽기까지 했다.

아무튼 오래지 않아 훈련도감에서는 수천 수백 명의 병력을 가려 뽑아 **파총**把摠**과 초관**哨官 둘 다 조선 중후기의 단위부대를 지휘하던 중견 무관직. '파총'은 오늘날 대대 급에 해당하는 '사司'의 지휘관으로 병력 600명을 거느리는 종4품관이었으며, '초관'은 병력 100명으로 편제된 '초哨'의 지휘관으로 종9품직이었다**으로** 임명하고, 각 부대 서열에 따라 소속된 군사들을 거느리고 지휘할 수 있게 했다.

조총 사격술도 가르치고 싶었으나 화약이 없었다. 때마침 군기시軍器寺에 소속되었던 화약장火藥匠 가운데 대풍손大豊孫이란 자가 왜적의 진영에 붙잡혀 들어가서 화약을 많이 만들어 제공했다는 죄목으로 체포되어 강화도 감옥에 갇힌 채 극형을 받게 되었다는 소식을 들었다. 나는 특별 사면으로 그의 죽음을 용서해주는 대신 화약의 주원료인 염초焰硝를 구워 속죄하도록 구슬렸다. 사형을 면제받게 된 그는 감격하고 송구스러운 나머지, 염초를 부지런히 구워 만든 화약 생산량이 하루에도 몇 십 근에 이르렀다.

그리하여 나는 이 화약을 날마다 각 부대에 나눠주어 밤낮으로 조총 사격술을 익히도록 하고, 사격 성적에 따른 잘잘못을 가려 상벌을 시행했다. 그 결과 한 달 후에는 사수들이 날아가는 새를 쏘아 맞힐 정도가 되었으며, 서너 달이 지난 뒤에는 투항해 온 왜병 또는 명나라군에서도 중국 남방 출신의 이름난 조총 사격수들과 겨루어보아도 실력이 못지않았으며, 어떤 사람은 그들보다 훨씬 뛰어난 솜씨를 보이기까지 했다.

나는 임금께 차자箚子임금에게 올리는 간단한 서식의 상소문를 올려 이렇게 아뢰었다.

"군량 보급 문제를 확실히 조처한 다음, 그것을 바탕으로 병력을 모아들이소서. 모집된 병사가 1만 명에 이르면 2,000명씩 나누어 부대를 편성하되, 해마다 그 절반 병력은 도성 안에서 훈련시키고, 나머지 절반 병력을 성 바깥으로 내보내 너르고 기름진 농토를 골라 둔전屯田으로 지급하여 경작시키소서. 이 제도를 번갈아 시행하신다면, 몇 년 후에는 군대의 병력과 식량 조달이 충분히 확보될 것이며, 따라서 나라의 근본이 튼튼하게 다져질 것입니다."

임금께서 이 건의를 조정에 내려 시행하도록 분부했으나 병조兵曹에서 즉각 거행하지 않았으므로 끝내 아무런 효과도 거두지 못하고 말았다.

강화 협상에 얽힌 일화

심유경은 평양성에서 왜적의 진영을 오락가락 드나드느라고 발품을 판 노고가 없지 않았다. 하지만 왜적 무리와 강화를 목적으로 한 출입이었기에 우리나라에서는 그를 썩 좋아하지 않았다.

전란 말엽 왜적이 부산에 머물면서 오래도록 바다 건너 귀국하지 않고 버텼을 때, 일본으로 건너가 협상하던 책봉사신 이종성이 도요토미 히데요시에게 쫓겨나듯 도망쳐 돌아오자, 명나라 조정은 심유경을 부사副使로 임명하여 정사正使 양방형과 함께 왜국으로 들여보냈다.

그러나 이들 역시 아무런 보람도 얻지 못한 채 돌아왔으며, 고니시 유키나가와 가토 기요마사의 병력 또한 도로 건너와 해상에 주둔했다.

일이 이렇게 되자 중국에서나 우리나라에서나 성토 여론이 분분하게 일면서 강화 협상이 실패한 책임을 모두 심유경에게 돌렸고, 심지어는 "심유경이 왜적과 공모하여 배반할 낌새가 있노라"고 의심하는 말까지 나돌기에 이르렀다.

우리나라 승려 송운대사松雲大師조선 중기의 고승. 속성은 임씨任氏, 법호가 사명당四溟堂 또는 송운이다. 스승인 서산대사西山大師와 더불어 승병을 일으켜 활약했으며, 종전 후 일본에 건너가 새로운 실력자로 등장한 도쿠가와 이에야스를 직접 만나 평화협상을 매듭짓고 사로잡혀간 주민 3,500여 명을 찾아 데려왔다가 울산 서생포西生浦 적진으로 들어가 왜장 가토 기요마사와 회견하고 돌아와 이런 말을 전했다.

"왜적이 명나라를 침공하려는 모양인데, 그 하는 말이 참으로 오만방자하고 사리에 어긋나니 하루 속히 사유를 갖추어 명나라 조정에 아뢰어야겠습니다."

가뜩이나 심유경의 행동거지를 의심하던 판국에 이 소문까지 전해 듣고 보니 사람들의 분노가 더욱 극심해졌다.

심유경은 신변에 화가 미치게 되는 줄 깨닫고 걱정과 두려움에 휩싸여 어찌할 바를 모르고 허둥거렸다. 그래서 고민하다 못해 우리 조정의 우정

승이던 김명원에게 편지를 써 보내 모든 사태의 시말을 자세히 서술하고, 아울러 자신의 행위를 변명하기에 이르렀다.

심유경의 서찰 내용은 이러했다.

세월은 덧없이 빠르게 흘러 지난 일들이 바로 어제 일 같습니다.

이제 와서 돌이켜보건대, 지난날 왜적이 귀국 영토를 무인지경으로 침략하여 파죽지세로 거침없이 평양성까지 다다랐으니, 저들에게 조선 팔도쯤은 이미 안중에도 없었을 것입니다.

이 늙은것은 황제 명을 받들어 왜적의 실정을 탐지해내고 피차 기회를 엿보아 저들의 경거망동을 제어하여 왔는데, 그런 혼란의 와중에 족하足下 김명원에 대한 존칭와 체찰사 이원익 대감을 만나 알게 되었습니다.

그때만 해도 평양성 서북방 일대의 백성들은 이리저리 떠돌며 근심걱정에 싸인 채 괴로워하며, 아침저녁으로 살아갈 방도를 얻지 못하고 마치 가시방석에 앉은 듯 불안에 떨고들 있었으니, 그 참혹한 정상이야말로 가슴 아프기 이를 데 없었습니다. 족하께서도 그 일을 몸소 겪어보셨을 터이니, 이 늙은것이 구차스런 말씀을 이래저래 늘어놓을 때까지 기다릴 필요도 없으리라 봅니다.

그 무렵 이 늙은것은 격문檄文으로 왜장 고니시 유키나가를 불러내어 건복산乾伏山에서 회견하고, 평양성 현 지점에서 더이상 서북쪽으로 침공하지 않도록 다짐을 받아냈습니다. 이 약속대로 왜적은 북침을 계속하지 않았는데, 몇 달 뒤에 우리 명나라 구원병이 도착하여 마침내 평양성을 탈환하기에 이르렀던 것입니다.

만약 이 늙은것이 그때 평양에 와서 일을 주선하지 않았다면, 왜적은 조승훈의 선발대를 패배시킨 여세를 휘몰아 의주까지 치달려 올라갔을지도 모르는 일입니다. 그러니 이 늙은것이 휴전을 주선한 결과로 평양을 비롯한 서북방 일대의 백성들만이라도 전란의 해독을 입지 않게 된 것은 실로 더할 나위 없이 크나큰 귀국의 행운이라 하겠습니다.

그 이후 왜장 고니시 유키나가는 평양성에서 왕경王京 한양으로 물러나 수비태세로 전환하고, 왜적의 총병總兵 우키다 히데이에宇喜多秀家와 본국에서 파견한 군정관軍政官 이시다 미쓰나리石田三成, 마시타 나가모리增田長盛를 비롯하여 30여 명의 적장들이 휘하 부대병력을 통합하고 서로 진영을 잇대어 험준한 지형을 끼고 방어태세를 갖추니, 그 형세가 견고하기 이를 데 없어 아무도 그 진영을 깨뜨리지 못했습니다. 게다가 벽제관 공방전 이후부터는 더욱 진격하여 왜적을 격파하기가 힘겨워졌던 것입니다.

이 무렵 판서 이덕형이 개성으로 이 늙은것을 찾아오더니 이런 말로 하소연했습니다.

"왜적이 저토록 강성한데 명나라 대군마저 물러간다면, 한양 도성을 되찾기는 어려운 정도가 아니라 아예 가망이 없겠습니다그려."

그러고는 내 앞에서 눈물을 흘려가며 이렇게 덧붙였습니다.

"한양 도성으로 말하자면 우리나라의 근본이 되는 곳이라, 그 터전을 되찾아야만 조선 팔도에 소집 명령을 내려 군사들을 모아들일 수 있을 것입니다. 그런데 사태가 이 지경에 이르렀으니 장차 어떻게 하면 좋겠습니까?"

이 늙은것이 반박했습니다.

"한양 도성을 수복한다 해도 한강 이남의 여러 도마저 얻지 못한다면 사세가 우리 뜻대로 펼쳐지기 어려울 것이외다."

그러나 이덕형은 고집을 꺾지 않고 오히려 장담을 했습니다.

"한양 도성만 수복하여도 우리가 기대한 것보다 훨씬 낫겠습니다. 만일 그렇게 된다면 한강 이남 지역은 우리 군신들이 자력으로 조금씩 되찾아 지탱하기가 어렵지 않으리라 봅니다."

이렇듯 다짐을 받아놓고 나서야 이 늙은것도 수긍할 수 있었습니다.

"정 그렇다면 이 늙은것이 그대의 나라와 더불어 왕경 한양을 되찾을 수 있게끔 힘써보리다. 아울러서 한강 이남 지역을 수복하고 사로잡혀 간 왕자들과 배신陪臣들마저 돌아오도록 주선할 터이니, 그래야만 나라가 온전해질 수 있을 것이외다."

그러자 이덕형이 울음을 터뜨리며 이 늙은것에게 머리를 조아려 사례했습니다.

"과연 그 말씀대로 할 수만 있다면 어르신께서 우리나라를 새롭게 만들어주시는 격이니, 그 은덕이야말로 지대하기 이를 데 없겠습니다."

얼마 후 이 늙은것이 배편으로 한강을 건너 남쪽으로 내려갔는데, 가토 기요마사의 진영에 연금된 왕자 임해군 일행들이 사람을 내게 달려 보내 뜻밖의 말을 전했습니다.

"만약 우리를 귀국시켜줄 수만 있다면, 한강 이남의 땅은 어느 곳이든 꺼리지 않고 아무한테나 달라는 대로 죄다 내어줄 수 있겠소이다."

하지만 이 늙은것은 그 뜻을 따르지 않았습니다. 그리고 왜장 가토 기요마사가 듣는 앞에 이렇게 다짐을 두기까지 했습니다.

"조선 왕자를 돌려보내려거든 썩 돌려보내고, 돌려보내기 싫으면 죽이든 살리든 그대 마음대로 하시오! 난 이것밖에 더이상 할 말이 없소."

왕자로 말하자면 귀국의 세자인데 이 늙은것인들 어찌 소중한 존재임을 몰라보겠습니까. 그러나 차라리 죽이라고 할 망정 딴 조건을 수락하고 싶지는 않았습니다. 이 늙은것의 말이 먹혀들었는지, 나중에 그들이 철수하여 부산으로 내려갔을 때는 재물과 예의범절을 다해가며 여러모로 왕자를 극진히 대했습니다. 그러니까 처음에는 거만하게 굴다가 뒤에 가서는 공경스런 태도로 임했다는 얘기였습니다. 하기야 시기를 따질 때는 경우를 보아 늦추기도 하고 급히 서둘러야 할 때도 있으며, 일이란 것도 경중을 가려서 해야 하기 때문에, 마지못해 그랬는지도 모르겠습니다.

아무튼 이 늙은것의 말 서너 마디 끝에 왜적들은 점령하고 있던 조선왕의 경성에서 순순히 물러났습니다. 퇴각하는 길바닥에 남겨둔 영채營寨와 버리고 간 군량이 헤아릴 수 없을 정도로 많았으며, 한강 이남의 여러 지방들도 모조리 수복되었는가 하면, 왕자와 호종했던 신하들도 죄다 돌아왔습니다.

내 편지 한 통으로 왜적의 우두머리들을 속박하여 부산포 바닷가 동떨어진 땅 한구석에 들어박힌 채 두려움에 떨며 본국의 명령이 내리기를 마냥 기다리느라 3년 세월을 보내는 동안 감히 경거망동하지 못하게 만들었습니다. 그리고 이어서 일본 국왕의 책봉 문제와 조공을 바치는 조건으로 타협을 보아 화의가 성사되었기에, 이 늙은것이 황제의 명을 받들어 분쟁을 조정하고 전란을 끝내게 만들었던 것입니다.

한양 도성에서 족하와 이덕형 일행을 다시 만났을 때 이 늙은것이 물었습니다.

"이제 내가 왜국에 건너가 일본 국왕의 책봉 문제를 해결하고 나면 왜적들도 모두 철수하게 될 터인데, 귀국이 그 뒷감당은 잘해낼 수 있을지 모르겠군요."

그러자 이덕형이 선뜻 응대했습니다.

"뒷일을 잘 처리할 수 있느냐 없느냐의 문제는 우리나라 군신들이 책임 질 것이니, 어르신께서 마음에 두실 필요는 없습니다."

당초 이 늙은것이 그 말을 들었을 때만 하더라도, 아닌 게 아니라 이덕 형이란 사람이 큰 역량을 지니고 원대한 식견을 품은 훌륭한 대신으로서 나라의 주춧돌이요 기둥감으로 보여 기특하게 여겼습니다. 그런데 오늘 날에 이르러 사실 여부를 조사해보니 그 사람의 학문과 능력이 서로 부합 되지 않는 듯싶어, 이제는 판서 이덕형이란 사람을 위해 안타까움을 금할 길이 없습니다.

당시 부산포와 죽도竹島의 왜군 병영을 죄다 철거시키지 못한 것은 물 론 이 늙은것의 책임이라 하겠습니다. 그러나 기장機張과 서생포를 비롯 한 울산 여러 지역을 점령하고 있던 가토 기요마사의 군사들은 모두 바다 건너 본국으로 돌아갔고, 영채도 모조리 불태워버린 뒤 점령지를 조선의 지방관들에게 골고루 돌려주고 잘 마무리지었다고 했습니다.

그런데 정유년1597에 가토 기요마사 군이 다시 바다를 건너 침공해왔을 때, 싸움 한 번 제대로 하지 않고 화살 한 대 꺾이지 않았는데도 조선의 지 방관들은 스스로 몸을 빼어 도망치듯 달아나버리고, 가까스로 수복했던 관할 지역을 왜적에게 고스란히 넘겨준 것은 무슨 까닭입니까?

"한강 이남 지역은 우리 군신들이 자력으로 조금씩 되찾아 지탱하기가 어렵지 않겠노라"고 큰소리치더니, 어찌하여 이미 되찾아놓은 지역마저 그처럼 도로 잃어버릴 수 있단 말입니까? 또 뒷일은 귀국의 조정 군신들 이 책임질 것이니 이 늙은것더러 마음에 둘 필요가 없노라고 다짐했는데, 어째서 왜적을 물리칠 원대한 계책을 내놓았다는 소리는 들리지 않고, 모두들 그저 임금의 발치 밑에 엎드려 소리 높여 통곡하는 일만 가지고 유일한 계책으로 삼는단 말입니까?

병법에 "미약한 힘으로 강대한 힘을 당해낼 수 없으며, 소수 병력으로 다수의 적을 맞아 싸우지 못하는 법强弱不當, 衆寡不敵"이라 했습니다. 그러기에 이 늙은것도 어렵고 힘든 이 상황을 귀국의 여러 당사자들에게만 책임 지우려는 것은 아닙니다.

다만 "상황이 누그러졌을 때는 기본적인 문제를 처리하고, 급박한 사태가 발생했을 때는 눈에 보이는 일부터 처리하게 마련緩則治其本, 急則治其標"이라고 했으니, 그 말대로 평소 군대를 잘 훈련시켜 나라를 제대로 지키다가 유사시에 적을 제압하고 쫓아내야 옳을 터인데, 귀국의 당사자 여러분께서는 이래저래 마냥 내버려두고 아무에게도 책임을 묻지 않았습니다.

이 늙은것이 바다 건너 돌아온 이래, 귀국의 임금을 네 차례 만나뵙고 그럴 때마다 피차 기탄없이 의견을 나누었습니다. 서로 묻고 대답하는 말이 가슴속으로부터 우러나오되 시의적절하고 털끝만치도 거짓이나 꾸밈새가 없었으며, 조금도 허황되거나 잘못된 바가 없었습니다. 귀국 임금의 심정이 곧 이 늙은것의 심정이라 피차 상대방의 속내가 훤히 들여다보일 정도로 달통했던 것입니다.

그러기에 진실로 "조선의 사태가 현재 이 경지에 다다랐으니 더는 다른 염려를 하지 않아도 될 것"이라고 생각했습니다.

그런데 뜻밖에도 귀국의 모신謀臣과 책사策士들이 번갈아 온갖 계교를 써서 이간질하고 없는 사태를 잇달아 날조하여, 내부적으로는 위태로운 말로 명나라 조정의 노염을 격발시키고, 바깥으로는 미약한 군대 실력으로 왜국에 도발하여 불필요한 싸움을 북돋기에 이르렀습니다.

특히나 송운대사가 전해온 말은 예의범절에도 어긋나고 법리를 벗어난 것이라 하겠습니다. 그가 뭐라고 말했습니까. 앞서는 "왜적이 군대를 휘몰아 명나라를 정벌하려 한다"더니, 뒤에 와서는 "조선 팔도를 넘겨주고 임금이 몸소 바다 건너 왜국으로 건너가 항복하려 한다"는 등 잠깐 사이에 말을 거듭 바꾸었습니다.

그가 이런 말을 낸 까닭은 귀국 임금의 마음을 흔들어놓고, 명나라 조정을 격동시켜 다시 한 번 구원병을 출동시키도록 획책할 생각에서였을 것입니다.

귀국에는 조선 팔도가 있을 따름입니다. 그런데 이제 송운대사가 전한 말대로 왜국에 조선 팔도를 죄다 넘겨주기로 수락하고 또 임금이 바다 건너 왜국에 들어가 항복할 것을 응낙하겠다면, 귀국의 종묘사직과 온 백성이 왜국의 소유가 될 것이 아니겠습니까. 또 그렇게 한다면서 어떻게 두 왕자마저 돌려받을 명분이 서겠습니까.

아무리 철부지 어린애라 하더라도 그런 망발을 부리지는 않을 것이요, 제아무리 거칠고 난폭하기로 악명 높은 왜장 가토 기요마사라 할지라도 이런 지경에 이르도록 방자하게 행동하지는 않았을 것이라 여겨집니다.

또한 우리 당당한 명나라 조정이 이웃한 외국을 통제하고 어거함에는 나름대로 전제하는 대원칙을 지녀 은혜를 베풀거나 위엄을 보이기에도 자연 때가 있어왔습니다. 그런 바에야 수백 년 동안 명맥을 이어내린 속국조선이 고통에 시달리는 것을 도외시하여 방치할 까닭이 어디 있겠습니까. 따라서 책봉과 조공의 속박을 받지 않으려는 왜국이 역도의 무리들을 풀어 보내 우리 명나라의 울타리가 되는 나라를 노략질하게 내버려두지 않을 것은 당연한 이치라 하겠습니다.

내 비록 모든 일을 제대로 살펴 처리할 줄 모르는 늙은것이라 해도 누가 우리에게 멀고 가까운지, 또 누가 우리를 따르고 거스르는지, 그 안팎의 차이와 순역順逆의 관계만큼은 여느 세상 사람들이나 바를 바 없이 쉽사리 알아채고 분별해낼 수 있습니다.

더구나 황제의 칙명으로 중간에서 이 전란을 그치게 하는 조정調停 임무를 떠맡은 바에야, 이 늙은것도 일이 성공하느냐 실패하느냐, 평화를 이룩하느냐 마느냐에 따라 귀국의 기쁨과 걱정 근심이 달려 있는 줄 빤히 아는데, 어찌 감히 귀국에 관한 일을 허투루 여겨 마음에 담아두지 않을 리 있겠으며, 또한 왜국의 횡포를 가슴속에만 담아두고 통보해드리지 않았겠습니까?

족하께서는 다행히도 큰 도리를 깊이 터득하시고 나랏일에 상세한 분이신 줄 아는 터라 이제 편지를 보내오니, 이 늙은것의 평소 충정을 잘 살펴셔서 귀국 임금께 아뢰고 아울러 이 일의 당사자가 되는 조정 신료들에게도 사유를 대략이나마 일러주시기 바랍니다.

앞서 귀국 당사자들도 이렇게 말한 적이 있습니다.

"명나라 조정의 뜻을 받드는 것만이 만전지책萬全之策이니, 마땅히 그 명에 따라 처분해야 끝없는 복을 기약할 수 있다."

그러기에 잘못된 책략을 부려 나날이 수고롭고 졸렬해지지 말아야 할 것입니다.

당부 말씀을 다 드리지 못하고 이만 줄입니다.

이 글을 읽어보니 한양 도성을 수복하기 이전의 사실만큼은 언사가 조리 정연하고 앞뒤가 잘 맞아떨어져 거울삼을 만하다. 그러나 왜적이 남쪽 부산으로 퇴각한 이후의 일은 언사만 그럴 법하게 번지르르할 뿐 감추는 바가 있음을 면치 못한다.

비록 그렇기는 하나 그가 세운 공로와 저지른 죄상은 어차피 자연스럽게 드러나게 마련이니, 훗날 심유경의 행적을 놓고 따질 사람은 이 편지를 근거로 삼아 판단하는 것이 옳겠다.

그런 까닭에 이 편지를 사실대로 여기에 옮겨 적은 것이다.

심유경의 대담성

심유경이란 선비는 타고난 유세객이었다. 평양성 공방전 이후 두 번씩이나 적진을 드나들었으니, 그런 행동만으로도 보통 사람이 해내기 어려운 대단한 일이라 하겠다. 그뿐 아니라 군대의 전투력 대신에 입담 하나만 가지고 왜적을 쫓아내 수천 리 강토를 되찾을 수 있도록 했다.

그런데 막바지에 가서 한 가지 일을 그르친 잘못으로 큰 앙화를 면치 못하고 죽임을 당했으니, 서글픈 일이다.

유세객으로 처음 왜적과 협상할 때의 일이다.

적장 고니시 유키나가는 심유경을 누구보다 신임했다. 그런 줄 알기에 고니시 유키나가의 군대가 한양 도성으로 물러나왔을 때 심유경은 그에게 은근히 엄포를 놓아 동요시키는 심리전을 썼다.

"그대의 무리들이 오랫동안 여기에 머무르고 돌아갈 생각을 하지 않으므로 우리 명나라 조정에서 다시 대군을 출동시켜 서해 쪽으로 건너 들어오고 있다. 이제 충청도 방면으로 돌아 나와 그대들이 돌아갈 길목을 중간에서 끊어놓을 터인데, 그때 가서는 돌아가고 싶어도 뜻대로 되지 않을 것이다. 내가 평양에 있을 때부터 그대와 정분이 들었기에 부득불 귀띔해 주는 것이다."

이 말에 고니시 유키나가는 두려움을 품은 나머지 마침내 한양 도성을 벗어나 도망치듯 부랴부랴 남쪽으로 물러나고 말았던 것이다.

이 사건 내막은 심유경이 우정승 김명원에게 알려준 것인데, 김명원이 다시 내게 똑같이 알려준 사실이다.

'역사'라는 거울 앞에 서서

임홍빈 · 전 국방부 전사편찬위원회 민족군사실 선임연구원

내가 임진왜란을 알게 된 것은 1953년, 그러니까 6·25전쟁이 끝난 직후 중학교에 입학했을 때다. 당시 국어 선생님은 1교시 50분 수업을 끝내고, 나머지 10분 동안 으레 그날 아침 신문에서 오려 가져온 연재소설 하루 분을 카랑카랑한 목소리로 우리에게 읽어주셨다.

임진왜란과 비슷하게 처참한 6·25전쟁을 갓 겪어본 우리 철부지들은 너무나 슬프고 안타까운 줄거리와 가슴을 뭉클하게 만드는 감동적인 대목에 눈물까지 흘려가며 귀담아듣고 마음속에 새겨두면서 다음 국어시간을 기다리곤 했다.

그것이 바로 월탄 박종화의 장편소설《임진왜란》이었는데, 얼마 뒤 선생님이 서울로 전근하시는 바람에 끝부분을 듣지 못하고 자랐다. 1966년에 이르러 출판된 세 권짜리 단행본《임진왜란》을 구입해 끊겼던 스토리를 채움으로써 남았던 궁금증을 마저 풀 수 있었다.

훗날 삼국시대 이래 선조들이 겪어온 900여 차례의 크고 작은 전쟁사

를 연구하면서, 자연스럽게 임진왜란의 피어린 자료인 이순신 장군의 《난중일기》, 유성룡이 쓴 《징비록》의 절절한 역사적 사실을 두 눈으로 마주 대하게 되었다.

독자 여러분이 방금 읽은 것처럼, 임진왜란은 420년 전 일본이 평화로운 우리 민족에게 말로 표현하지 못할 엄청난 고통과 시련을 안겨준 쓰라린 역사적 사실이다.

《징비록》은 저자 유성룡이 전쟁 당사자로서 몸소 보고 듣고 겪은 사실을 글로 남겨 후손에게 전해준 소중한 반성의 기록이다. 따라서 임진왜란의 처음과 끝 모든 과정을 다시 한 번 간략하게나마 지도와 함께 이해를 도울 만한 이야기로 풀어내는 것도 이 책을 읽는 여러분에게 의미가 있으리라 싶다.

이 전쟁은 어떻게 일어났을까?

침략자 일본은 14세기 말엽 이른바 '전국시대'를 거쳐 100년 동안 막강한 군사력을 바탕으로 급작스레 통일을 이룩한 중앙집권제 신흥국이었다.

앞에서 본 것처럼, 분열된 일본을 하나로 뭉친 도요토미 히데요시豊臣秀吉는 피투성이 싸움 끝에 겨우 굴복시킨 전국 영주들과 무장들의 넘쳐나는 힘이 자신에게 쏠릴까 두려워한 나머지, 그 역량을 다른 곳으로 돌려 약화시킬 필요가 있다고 느꼈다. 또 영지를 더 많이 늘려주어 이들의 불평불만을 다독거려야겠다고 생각했다. 하지만 일본 땅은 이미 한계가 찼으니, 이웃나라 조선과 중국의 영토를 빼앗아 저들의 욕심도 채워줄 겸 전쟁에 힘을 쏟게 만든다면 다루기가 한결 수월해지리라 보았다. 물론 세상에서 으뜸가는 제왕이 되겠다는 자신의 야망도 감춰져 있었다.

이런 이유로 "조선을 손아귀에 넣고 명나라까지 쳐들어가겠노라"고 큰소리치며 전국 영주들을 침략전쟁에 내몰았던 것이다.

1590년부터 도요토미 히데요시는 일본 전역에서 조총이라는 신병기로 무장한 군대 33만 명을 동원할 준비를 갖추고, 전투용 선박도 1,000여 척이나 만들어놓았다.

1591년 8월, 그는 전국의 영주 다이묘大名들을 교토京都에 소집하여 군사동원령을 내린 다음, 이듬해 2월에 조선과 명나라를 침공하기 위한 지휘본부를 설치했다.

1592년 1월, 전국 다이묘 88명에게서 총병력 30만 명을 징발한 그는 조선 출정부대로 9개 군단 15만 8000명을, 해상 작전을 수행할 4개 수군 함대 9,200명을 편성했다. 명나라에 쳐들어갈 제2선 침공부대로 8개 군단 10만 3000명은 따로 대기시켜놓았다. 그리고 대본영에 직속부대 2만 9000명을 직접 거느렸다.

3월이 되자, 조선 침공부대 9개 군단과 수군 4개 함대 병력 17만여 명은 나고야名古屋를 떠나 중간 기지 쓰시마對馬島에서 1개월간 전열을 가다듬었다.

선봉 제1군1만 8700명 지휘관은 고니시 유키나가小西行長였다. 제2군2만 2800명 장수는 가토 기요마사加藤淸正였으며, 제3군1만 1700명은 구로다 나가마사黑田長政, 제4군1만 4700명은 모리 요시나리毛利吉成, 제5군2만 5000명은 후쿠시마 마사노리福島正則, 제6군1만 5700명은 고바야카와 다카카게小早川隆景, 제7군3만 명은 모리 데루모토毛利輝元가 이끌었고, 제8군1만 명은 총대장 우키다 히데이에宇喜多秀家의 직할부대였으며, 제9군1만 1500명을 지휘할 장수는 도요토미 히데요시의 조카 하시바 히데카쓰羽柴秀勝였다.

수군 4개 함대의 총지휘는 도도 다카도라藤堂高虎가 맡았다.

4월 13일 아침, 일찍이 쓰시마 이즈하라嚴原 항을 떠난 700여 척 대규모 선단이 선봉 고니시의 제1군을 싣고 부산으로 항진해 그날 오후 5시경 부산 앞바다에 나타남으로써 임진왜란의 서막은 오르게 되었다.

제1진 고니시 군단은 정찰대를 침투시켜 밤새 조선군의 방어태세를 살핀 다음, 이튿날 아침부터 1만 8000여 명의 병력을 죄다 투입해 부산포 성에 대한 총공격을 개시했다. 싸움은 일방적이었다. 200여 년 동안 피 흘려본 적 없이 태평세월을 노래하던 조선군은 의리를 내세워 꾸짖기나 할 뿐, 지난 100년에 걸쳐 죽기 살기로 칼날에 피를 묻혀가며 하루하루 살아온 일본군을 당해낼 길이 없었다.

일본군의 전술은 당시 조선군으로서는 상상도 못할 정도로 치밀하고 무서웠다. 도요토미의 옛 주인 오다 노부나가織田長政는 포르투갈 무역상인을 통해 유럽의 신병기 조총을 수입한 다음, 그것을 본떠 일본제 조총을 만들어 군대를 무장시켰다.

창칼 역시 조선군의 것과 판이하게 달랐다. 왜도倭刀는 칼날의 길이만 통상 150센티미터가량 되었다. 창도 오다 노부나가가 빨랫줄 장대에서 힌트를 얻어 고안한 장창이었다. 그래서 임진왜란 한 해 전에 입국한 일본 사신이 조선군의 창을 보고 "너희 창자루가 너무 짧구나!" 하고 비웃은 것이다.

일본군의 새로운 전술

여기서 일본군의 새로운 전술을 살펴보고 넘어갈 필요가 있다. 중세 일본의 걸출한 영웅으로 손꼽힌 오다 노부나가는 통일전쟁에서 새로운 전투기법을 만들어 강력한 다이묘들의 전통적인 기마 돌격전술을 압도하고 승승장구로 전국을 장악해 최고 실력자가 될 수 있었다. 그 기본 전술은 대략 이러했다.

전투부대를 3~4개 전열로 짜서 대기하는데, 우선 제1진 기병대騎兵隊가 적진을 돌파해 두 도막으로 쪼개 포위해놓고, 조총으로 무장한 제2진 철포조鐵砲組가 집중사격을 퍼부어 무너뜨린다. 그런 다음에는 재래식 활로 무장한 제3진 궁병조弓兵組가 다시 일제사격을 퍼부어 전열을 혼란에 빠뜨려놓고, 마지막에는 창칼로 무장한 제4진 창검조槍劍組 밀집부대가 일제히 돌격해 백병전을 벌여 압도해버린다. 이런 병종兵種들의 다양한 짜임새와 전술이 바로 근세 일본 특유의 경무장 보병 '아시가루足輕' 제도였던 것이다.

이런 고니시 군단의 일격 앞에 부산포성은 그날 하루해가 저물기도 전에 맥없이 함락되고 군민은 모두 전멸당했다. 일본군은 조선군이 '귀신의 무기'라고 여길 만큼 무시무시한 신병기 조총으로 무장한 데다, 병력도 18대 1이라는 압도적인 우세를 차지했으니 싸움의 결과는 더 말할 나위가 없었다.

칼로 대나무를 쪼개듯 거침없이 진격하다

기세를 탄 고니시의 제1군은 부산포 좌우에 인접한 동래성과 다대포를 공략, 불과 이틀 만에 점령해 후속 부대의 상륙 교두보를 확보할 수 있었다. 조선군 측에서는 다대포를 지키던 첨사와 동래 부사가 적을 맞아 싸우다 장렬하게 전사했을 뿐, 현지 수륙군 사령관 격인 경상좌도 병마사와 경상좌도 수사는 재빨리 내륙으로 도망쳐 피신했다. 그나마 조정에 장계를 올려 일본군의 기습 침공 사실을 급보로 알린 것만도 다행이었다.

동래성을 무너뜨린 고니시의 제1군이 양산과 밀양으로 진격 중이던 4월 18일에는 가토의 제2군 2만 2800명이, 그다음 날에는 구로다의 제3군 1만 1000명이 상륙해 고니시의 선봉군을 중심으로 그 좌우 동쪽과 서쪽 방향으로 길을 잡아 북상하기 시작했다. 동쪽 길을 맡은 가토의 제2군은 언양과 경주를 차례차례 싸우지도 않고 점령한 다음, 22일 영천을 거쳐 신녕과 군위로 진격하더니, 거기서 점촌과 문경 쪽으로 방향을 바꾸어 나갔다. 상륙 당일로 서쪽 김해를 점령한 구로다의 제3군은 별다른 저항 없이 창원에서 북상해 낙동강을 건넌 다음, 칼로 대를 쪼개듯 거침없는 기세로 영산, 창녕, 현풍을 목표로 진격했다.

경주 부윤을 대행해 성을 지키던 벼슬아치도, 김해와 초계 군수도, 심지어 경상우도의 최고 행정관인 감사와 육군 지휘관 병마사마저 군사들을 해산시키거나 주민들을 산중으로 대피시킨 뒤 내륙으로 도망친 지 오래였다.

4월 19일, 선봉인 고니시의 제1군은 밀양에 입성한 다음, 청도를 거쳐 21일 대구로 진출했다. 조선군의 방어선은 제풀에 와해되어 일본군은 가는 곳마다 피 한 방울 흘리지 않고 점령했다. 그리고 4월 24일, 드디어 낙동강을 건너 내륙지대 선산으로 진격했다.

하늘이 내린 방벽도 허망하게 무너지고

조선 조정은 4월 17일, 경상좌수사의 급보를 받고 나서야 일본군이 침공한 사실을 알았다. 뒤이어 관찰사의 장계도 올라와 부산, 동래가 함락당했다는 사실을 알고 비로소 사태의 심각성을 깨닫게 되었다.

그래서 부산으로부터 한양 도성에 이르기까지 세 갈래 중요한 요충지인 조령鳥嶺과 죽령竹嶺, 추풍령秋風嶺을 방어할 군대 지휘관을 다음과 같이 긴급으로 파견해 일본군의 북상 길을 모조리 끊어버리게 했다.

중앙로인 조령에는 순변사 이일, 그 동쪽 죽령에는 좌방어사 성응길,

일본군의 침입 경로

조선 침공부대는 쓰시마 이즈하라 항을 떠나 며칠 간격으로 속속 상륙한다.
이들은 선봉인 고니시의 제1군을 중심으로 오른쪽에는 가토의 제2군이
왼쪽에는 구로다의 제3군이 자리 잡아 세 갈래 길로 나눠 북상한다.

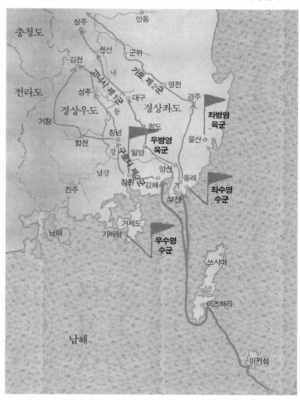

서쪽 추풍령에는 우방어사 조경을 파견했다. 그런데 제일 중요한 조령의 방어를 맡은 이일은 창졸간에 군사를 모으는 데 실패해 우선 급한 대로 중견 장교 격인 군관 60여 명만 데리고 현지로 떠나야 했다.

조정에서는 다시 김성일을 경상우도 초유사로 임명해 현지에서 의병을 모집하고 군량 조달 활동을 펼치도록 수배했다. 그러는 한편 국방 책임을 소홀히 한 죄로 병조판서를 파면하고, 국왕의 권한을 대행하는 도체찰사에 좌의정 유성룡을 임명해 현지로 내려보냈다.

또 한성 판윤 신립을 삼도순변사로 임명해 종사관 김여물과 함께 조령으로 달려가 일본군의 북진을 막아내도록 조처했다. 신립으로 말하자면, 함경도에서 기병대로 북방 여진족의 침입을 평정한, 당대 으뜸가는 명장이었다.

4월 23일, 중로 방어 책임을 맡은 이일은 문경을 거쳐 상주에 도착했다. 그러나 상주 목사와 군관들은 모두 산중으로 달아나 숨어버려 아무런 대책도 없이 텅 빈 성만 남아 있을 뿐이었다.

고니시의 제1군이 벌써 밀양을 거쳐 상주 남쪽 선산까지 올라왔는데도, 이일은 까맣게 모르고 있었다. 데리고 싸워야 할 병력이 없는 터라, 그는 우선 급한 대로 인근 백성 800여 명을 모아 임시로 상주 교외 벌판에서 군사훈련을 실시했다. 그런데 4월 24일, 상주까지 진출한 일본군의 전초부대가 이들을 발견하고 기습공격을 퍼부었다. 농민들이 대다수인 조선군은 느닷없이 나타난 일본군에게 섬멸적인 타격을 입고 순식간에 붕괴했다. 부하들이 전멸당하는 동안, 주장 이일 혼자만이 가까스로 탈출해 문경으로 내뺀 다음, 이 무렵 충주에 도착한 삼도순변사 신립의 휘하 장수로 들어갔다.

4월 25일, 상주를 점령한 고니시의 제1군은 부대를 하루 쉬게 하고, 이튿날 경상도와 충청도의 관문 조령으로 진격했다. 고니시의 군단이 조령 부근에 다가섰을 무렵, 동쪽 길을 스스로 포기한 가토의 제2군은 군위에서 점촌과 문경으로 이어진 중앙로를 따라 행군해 '문경새재'로 알려진 조령으로 접근해왔다.

고니시 군단을 앞질러 조선의 서울 한성에 선두로 입성하려면 조령을 넘어 충주 쪽으로 들어가는 길이 시간을 절약할 수 있다고 보았기 때문이다. 그러나 결국 고니시의 제1군보다 하루 늦게 조령을 넘게 된다.

한편, 구로다의 제3군은 창녕에서 좌우 종대로 갈라져 낙동강을 건넌 다음, 좌측 부대는 초계, 합천, 거창을 지나 김천으로 향하고, 우측 부대는 무계, 고령, 성주를 거쳐 김천에서 좌측 부대와 합류해 추풍령 고개를 넘기로 했다. 당시 서쪽 방어를 맡은 우방어사 조경은 돌격장 정기룡을 비롯한 여러 장수들과 함께 400여 명의 군사를 데리고 거창으로 떠났다. 그들은 4월 23일, 구로다의 좌측 부대 선봉과 우연히 마주쳐 격돌한 끝에 적지 않은 타격을 입혔다. 그러나 적은 병력으로 많은 적을 당해내지 못해 김천을 빠져나가 추풍령을 포기하고 그만 북쪽으로 후퇴하고 말았다.

4월 27일, 구로다의 좌측 부대는 성주를 점령하고 북상해온 우측 부대와 김천에서 합류해 추풍령을 어렵지 않게 넘었다. 그런 다음 청주 도로를 따라 파죽지세로 한성까지 북상하기 시작했다.

탄금대 전투

4월 20일, 신립은 8,000여 명의 군사를 모아 이들을 이끌고 내려가 4월 26일 충주 남쪽 단월역丹月驛에 방어진지를 설치했다. 때맞춰 고니시의 제1군은 조령 남쪽 문경에 도착해 있었다.

왜적이 다가왔다는 소식을 들은 신립은 조령 고갯길의 지형을 살펴본 다음, 진지를 어디에 설치하는 것이 옳으냐의 문제를 놓고 여러 장수들과 의논했다. 김여물을 비롯한 동료 장수들은 소수 병력으로 적의 대병력과 정면대결하면 불리하니, 문경새재 고갯마루턱 험준한 지형에 복병을 설치해놓고 좌우에서 협공하자는 의견을 내놓았다. 하지만 북방에서 여진족을 몰아내 명성을 떨쳐온 신립은 왜적을 넓고 평탄한 들판으로 끌어낸 다음, 자신의 주특기인 기병 돌격전술로 무찌를 것을 고집했다. 주장의 고집을 꺾지 못한 장령들은 그 말대로 문경새재 방어를 단념하고 4월 27일, 모든 병력을 탄금대로 옮겨 남한강 줄기와 달천이 합류하는 저습지에 배수진을 치고 말았다. 그 전날 문경에서 하루를 묵은 고니시의 군단은 27일 새벽 문경을 떠나 하루 종일 요충지 조령을 어려움 없이 넘더니, 그 다음 날인 4월 28일 단월역에 도착했다.

고니시의 군단은 충주에 입성하려고 북쪽으로 올라가던 도중, 탄금대에서 신립 군과 마주쳤고 접전이 벌어졌다. 고니시는 자기 친위대를 중심으로 그 왼쪽에 사위인 쓰시마 도주 소宗義智의 부대를 배치하고, 오른쪽에 마쓰우라松浦鎭信의 부대를 배치시켰다. 그런 다음 일본군 특유의 장기인 '아시가루' 전법에 따라 제1진 기병대로 우선 탄금대를 3면으로 둥그렇게 포위해놓고, 제2진 철포조가 조총으로 일제사격을 가할 준비에 들어갔다.

서로 전투 대형이 갖춰지자 신립은 자신만만하게 기병 1,000여 명을 출동시켜 적을 제압해놓고, 뒤따라 제2진 1,000여 기를 내보내 왜적을 단월역 방면으로 격퇴했다. 고니시는 초전에 밀리자 병력을 대폭 증강시켜 조선군 정면으로 돌격을 감행했다. 신립도 밀릴세라 기병대 제3진 2,000여 명을 한꺼번에 투입, 다시 한 번 왜적을 격퇴했다. 그러나 신립 군은 워낙 병력 수와 무기 면에서 열세에 처한 데다, 하필 고르고 고른 싸움터가 물기 많은 논밭과 잡초 습지대여서 기병대의 말발굽이 수렁에 빠져 마음대로 부릴 수 없게 되었다.

기동력이 떨어지면서 강변으로 몰리게 된 조선군 8,000여 기병부대는 일본군 조총의 집중사격을 받고 연달아 거꾸러지더니, 끝내 전세가 역전되었다. 그러자 비장한 각오로 마지막 돌격을 시도한 다음, 주장 신립과 김여물을 비롯한 장병들 모두가 남한강에 몸을 던져 자결하고 말았다.

신립이 충주에서 패전하고 자결하기에 이른 까닭은 딴 데 있지 않았다. 역대로 조선은 서북 평안도와 동북 함경도 두 변방지대 방어에 주력해 북방 민족의 침입에만 대비했기 때문이다. 신립은 북방 여진족의 기마전술에 맞춰 원거리 돌격전술을 발전시켜 그 덕을 톡톡히 본 장수였다. 그런데 보병으로 구성된 이른바 단병접전술에 능통한 일본군의 화약 무기 조총 공격에 대응할 수단을 찾지 못했고, 그 탓으로 크게 고전하다 안타깝게 죽음을 택하기에 이른 것이다.

신립 밑에 들어가 장수 노릇을 하던 순변사 이일은 여기서 또 살아남아 조선군이 충주 전투에서 참패를 당하고 전멸한 보고서를 조정에 급히 알렸다. 그러고는 황급히 북쪽으로 도망쳐 달아났다. 그러니까 이일은 상주 패전 보고에 이어 두 번째 패전 보고도 올린 셈이다.

탄금대 전투를 승리로 끝마친 고니시의 제1군은 그날 저녁 충주에 입성했다. 그리고 다음 날 4월 29일에는 가토의 제2군이 뒤쫓아 문경새재를 넘어 충주에 도착했다. 부산에서 갈라진 이후 처음으로 제1군과 합류한 것이다.

충주에서 고니시 유키나가와 가토 기요마사는 조선의 수도 한성으로 진격할 작전을 상의했다. 논의 결과, 고니시의 제1군은 여주와 양평을 거쳐 한성의 동대문을 최종 목표로 삼아 진격하고, 가토의 제2군은 죽산과

충주 탄금대 전투

신립의 부대는 요새인 문경새재 방어를 포기하고 물기가 많은 습지대인 탄금대에 배수진을 친다.
북방에서 기마전술로 효과를 봤던 신립의 판단 착오로
조선군은 일본군의 조총 공격에 대응하지 못하고 결국 참패한다.

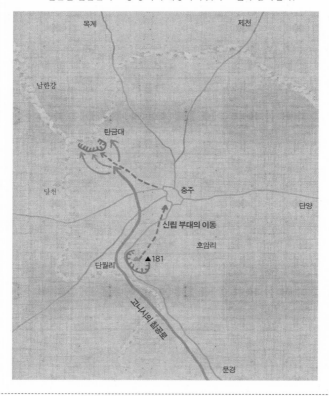

용인을 거쳐 한성의 남대문으로 북진하기로 했다.

4월 30일, 양군은 동시에 충주를 떠나 한성을 목표로 일제히 진격을 개시했다. 이때 추풍령을 넘어 충주 쪽으로 진출한 구로다 나가마사의 제3군 역시 청주에서 곧바로 죽산을 향해 북상하면서 제2군을 뒤따라 한성으로 진격하기 시작했다.

이렇게 해서 일본군 3개 군단, 5만 3000명에 달하는 침략자들의 경쟁 목표가 된 조선의 수도 한성은 하늘이 내린 험준한 요충지 문경새재, 추풍령을 죄다 빼앗기거나 포기한 결과 바람 앞의 등불 격이 되고 말았다.

남은 요충지로 죽령 관문이 있었으나 부산, 울산, 경주, 죽령, 원주, 여주, 한성으로 이어지는 동쪽 길로 진격하던 가토의 제2군이 고니시의 군단과 한성 입성을 놓고 경쟁하느라 변덕을 부려 중도에서 문경새재 쪽으로 방향을 틀었기 때문에 우방어사 조경은 헛수고만 하고 말았다.

이로부터 조선군은 육지에서 연속 패퇴를 거듭한다.

한강 방어선도 무너지고

4월 26일, 순변사 이일로부터 상주에서 패전했다는 보고가 올라오자, 선조를 비롯한 조정 대신들은 수도를 방어할 대책을 세우는 일을 서두르지 않을 수 없게 되었다. 게다가 임금의 피란 문제로 논란이 벌어져 신하들끼리 극심하게 대립하기도 했다. 그러다 충주 탄금대 패전 소식이 날아들자 분위기가 급변해 선조 임금은 결국 서북쪽으로 피란길에 오른다.

도성을 떠나기 전 선조는 수도 방어 책임자로 유도대장留都大將을 지명하고, 그 휘하의 도원수, 부원수를 내세워 일본군이 한강을 건너오지 못하게 가로막고, 기회를 엿봐 물리치도록 모든 책임을 이들의 어깨 위에

짊어지웠다.

5월 2일 정오 무렵, 그러니까 선조 일행이 개성에 도착했을 때 가토의 제2군은 한강 남쪽에 나타나 강을 건널 준비를 서두르고 있었다. 그러나 앞서 이야기한 도성을 지키고 한강 방어선을 책임진 유도대장, 도원수, 부원수 들은 한강 남안에 늘어선 일본군의 위세에 놀라 무기를 강물에 던져버렸다. 그러고는 선조 일행을 뒤따라 임진강 쪽으로 달아나거나 양주 쪽으로 피신하고 아무도 남아 있지 않았다. 휘하에 거느렸던 병사들 역시 뿔뿔이 흩어져 살 길을 찾아 떠났다. 이렇게 해서 한강 방어선은 저절로 무너지고 말았다.

5월 3일, 뗏목으로 한강을 건넌 가토의 제2군은 저항을 예상하고 하루 동안 강변에서 전투 대열을 가다듬으며 조심스레 정찰을 했다. 그리고 그다음 날 예정대로 남대문을 거쳐 무난히 입성했다.

고니시의 제1군은 4월 30일, 충주에서 여주로 북상했다. 이때까지만 해도 강원도 조방장 원호가 군사 수백 명을 거느리고 여주 북방 남한강 물목을 지키고 있었으나, 강원도를 지키는 것이 도리라는 상관의 명에 따라 철수하고 말았다. 고니시 군단은 아무런 저항도 받지 않고 남한강을 건너 양평을 거쳐 서쪽으로 진격한 끝에 5월 3일 마침내 동대문에 도달했다. 결국 제1군과 제2군이 5월 3일 같은 날, 빈 도성에 피 한 방울 묻히지 않고 거뜬히 입성한 셈이었다. 얼마 후 구로다의 제3군, 모리의 제4군도 고니시 군단을 뒤따라 한성에 속속 들어오기 시작했다.

선조는 개성에 들어가서야 도성 한양이 왜적에게 점령당했다는 소식을 듣고, 황급히 평양을 향해 북상을 서둘렀다. 여기서도 경기관찰사를 비롯한 장수들에게 임진강 선을 지키도록 책임을 떠맡겼다. 이렇게 해서

임진강 상류 연천의 대탄大灘 여울목과 동파진東坡津 나루터 두 군데 물
목에 각각 조선군 방어부대가 포진했는데, 이들은 선박을 모조리 부수고
뗏목으로 쓸 만한 가옥의 목재들도 미리 없애버리는 등 일본군의 도하 수

일본군의 한양 도성 침공로

가토의 제2군은 용인을 거쳐 남대문으로, 고니시의 제1군은
양평을 거쳐 동대문으로 같은 날 피 한 방울 묻히지 않고 입성한다.

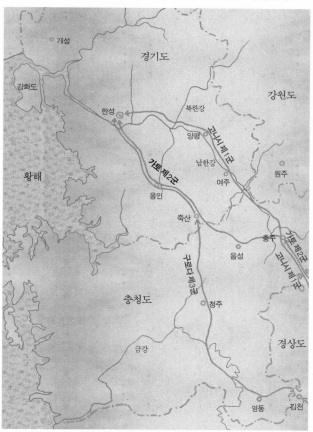

단을 끊어놓는 데 힘을 쏟았다.

한양을 점령한 일본군은 휴식을 취하며 다음 작전에 몰두했다. 당초 목표는 도성을 점령해 조선 국왕을 볼모로 잡아놓으면 조선 군민의 협력을 얻어낼 수 있으리라는 것이었다. 그런데 조선 국왕이 진작 피란길에 올랐으므로 사로잡거나 항복을 받아내기가 어려워졌다. 도요토미의 속셈대로 명나라 정복에 조선군을 길잡이로 내세우지도 못할 뿐 아니라, 앞으로 일본군의 안전과 보급 지원조차 바랄 수 없는 어정쩡한 상태가 된 셈이었다.

조선 임금도 북으로, 일본군도 북으로

일본군 제1군과 제2군에 이어 제3군과 제4군마저 한양에 입성하자, 이들은 후속 부대의 도착을 기다리면서 며칠 휴식을 취하며 부대 정비를 마쳤다. 그러고 나서 가토의 제2군부터 임진강 선으로 진출해 조선군의 반응을 살펴가며 다음 작전을 준비했다.

그동안 제5군에서 제8군 병력이 4월 하순부터 5월 중순까지 부산 지역에 속속 상륙했다. 후쿠시마의 제5군은 충청도 지역을 손아귀에 넣고, 고바야카와의 제6군은 동래 부근에 집결해 경상우도 방향으로 옮겨갔다. 모리의 제7군은 낙동강 서안에서 부산과 선산에 이르는 낙동강 수로를 확보하는 데 힘썼다. 그들은 경상도 지역 낙동강 연안을 따라 병력을 집중 배치해 물길을 이용한 보급로를 확보해두었다. 그리고 부산에서 한성에 이르는 주요 도로에 50~60리마다 진지를 구축해 경계 병력을 배치하고, 부대와 부대 사이의 연결을 긴밀히 유지했다.

침략군 총대장 우키다의 직속부대 제8군은 부산에 집결해 있다가 한양 도성을 점령했다는 소식을 듣고 한양으로 북상하기 시작했다.

5월 16일, 도요토미는 본국에서 한성을 점령했다는 가토의 보고서를 받고 이시다石田三成, 오타니大谷吉繼, 마스다增田長盛를 비롯한 7명의 원로 군정관軍政官을 보내 점령 지역을 다스리게 하는 한편, 전선에서 가장 뒤처졌던 조카 하시바의 제9군을 붙여 부산 지역을 담당하도록 명했다.

5월 중순, 총대장 우키다가 한양에 입성하여 각 군단 장수들과 협의한 끝에 다음과 같은 작전방침을 정했다. 고니시의 제1군은 평안도 쪽으로 조선 국왕 일행의 행방을 뒤쫓아 북상하고, 구로다의 제3군은 고니시 군단을 뒤따르되 황해도 지역을 장악하기로 했다. 가토의 제2군은 함경도 방면으로 북진을 계속하고, 모리의 제4군은 가토 군단을 뒤따르되 중도에서 강원도 방면으로 우회 진출하기로 했다.

드디어 가토의 제2군이 파주를 거쳐 임진강 남안에 이르러 북안에 방어진을 펼친 도원수 김명원과 대치했다. 하지만 도하 장비가 없는 가토의 제2군은 강변에 포진한 채 소중한 작전 기일을 며칠 동안 허비하지 않을 수 없었다. 이런 행태를 보고, 김명원을 비롯한 조선군 장수들은 일본군이 도하해 공격할 의사가 없는 것으로 속단하고 말았다. 그래서 피란 중인 조정에 급보를 띄워 "적세가 허약해져 더는 북진할 수 없으니 승기를 잡게 되었노라"고 알렸던 것이다.

선조는 섣불리 제도諸道순찰사 한응인에게 평안도 출신의 토박이 군사 3,000명을 따라 붙여 임진강 전선으로 급파했다. 게다가 도원수의 지휘를 받지 말고 독자적으로 일본군을 공격해도 좋다는 특명까지 내렸다.

한편 가토는 임진강 남안에 일부 경계 병력만 남겨두고, 영채를 다 뽑아 본대 주력을 파주로 이동시키기 시작했다. 북안에서 관망하던 조선군 장수들은 왜적이 퇴각한다고 오인해 강을 건너 추격에 나섰다. 한응인도 공격의 호기라 판단하고 평안도 토병 3,000명을 독촉해 임진강 남안으로 건너가 일본군 경계부대를 공격하기 시작했다. 파주 쪽으로 주력을 옮겨 가던 가토는 경계부대가 피습당한다는 급보를 받고 다시 임진강으로 발길을 돌려 반격에 나섰다. 그 결과 일본군은 2만여 명이나 되는 압도적인 군세로 늘어났고, 엉겁결에 수적으로 열세가 된 조선군은 강변으로 밀린 끝에 배수진을 친 상태로 접전을 거듭했다. 그러나 끝내 도강한 장병들 모두가 순식간에 전멸당하는 비운을 맞이했다.

북안에서 그 광경을 바라보던 도원수의 군대는 놀라다 못해 자중지란을 일으켜 와해되었고, 김명원은 임진강 방어선을 포기한 채 평양으로 달아나고 말았다. 도하 지점을 찾지 못한 가토의 제2군은 상류 쪽으로 우회하다가, 5월 27일 유도대장 이양원의 수비대가 지키는 대탄 여울목에 도달했다. 그 지점은 오늘날 한탄강 여울목으로 수심이 얕은 곳이었다. 하지만 이양원의 수비대는 일본 대군이 강 남안에 모습을 드러내자 겁에 질려 제대로 싸워볼 엄두도 내지 못하고 저절로 흩어지고 말았다. 이렇게 해서 가토의 제2군은 조선군의 방어선이 저절로 와해된 요충지 대탄에서 거뜬히 임진강을 건너 북상할 수 있었다.

6월 1일, 한양 도성에 머물던 고니시의 제1군도 천천히 북진을 개시했다.

평양성 함락

5월 27일, 임진강 방어선이 무너졌다는 보고를 받고서 그때까지 평양에서 한숨 돌리던 조정은 부랴부랴 평안도 관찰사에게 평양성 방어 설비를 점검시키는 한편, 중국 요동으로 사신을 보내 명나라 조정에 구원병을 긴

급히 요청하기에 이르렀다.

6월 1일, 평양의 위기감이 높아지자 선조 임금의 거취가 또 문제였다. 평양을 떠나 북쪽으로 더 올라가느냐, 아니면 평양성에 그대로 남아 굳게 지킬 것이냐의 여부를 놓고 신하들 사이에 의견이 분분했던 것이다. 논란 끝에 선조 일행은 영변까지 퇴피하기로 결정을 내렸다. 그리고 열흘 뒤 평양성을 떠나 영변으로 향했다.

가토의 제2군은 5월 27일 개성을 점령한 다음, 거기서 방향을 꺾어 동북 함경도 쪽으로 돌아나가기 시작했다. 6월 1일, 한성을 떠난 고니시의 제1군은 구로다의 제3군과 함께 저항을 받지 않고 황해도를 거치더니 평안도로 북상을 거듭해 6월 8일에는 드디어 대동강 남안에 다다라 공격 전열을 가다듬기 시작했다.

본문에서 봤다시피, 조선군도 3,000여 병력을 모아 평양성 곳곳에 방어진을 쳤고, 대동강 나루터 요소마다 왜적이 건너올 지점에 수비군을 배치시켰다. 특히 맨발로도 건너다닐 수 있는 능라도 왕성탄王城灘 여울목에는 정예부대를 깔아놓았다.

대동강 남안에 포진한 고니시의 제1군은 몇 차례 공격을 시도했으나 효과를 보지 못하고 배가 없어 강을 건너지도 못한 채 조선군의 동태만 지켜보며 며칠을 허비했다. 6월 14일, 조선군 장수는 일본군이 지쳐 전의를 상실했다고 잘못 판단한 나머지, 정예 400명을 야간에 출동시켜 쓰시마 도주 소의 진지를 습격했다. 조선군은 초전에 큰 타격을 가하며 기세를 올렸으나, 소의 군 배후에 주둔 중이던 구로다의 주력군이 역습하는 바람에 전세가 뒤집혀 북안으로 퇴각하기 시작했다.

그런데 다급한 병사들이 어리석게도 왕성탄 얕은 여울목을 도보로 건너 후퇴하는 광경을 적에게 보여주고 말았다. 그제야 강을 건너기 쉬운 지점을 알아챈 고니시는 전군을 출동시켜 왕성탄 여울목에서 강을 건넌 다음 마침내 평양성으로 진격해 단숨에 모란봉 고지대를 점령해버렸다.

조선군 지휘부는 평양성을 더이상 지킬 수 없다고 판단한 끝에 스스로 성을 포기하고 영변과 순안 방면으로 후퇴하고 말았다.

6월 15일, 고니시의 제1군은 평양성이 비었다는 걸 확인하고 조심스럽게 입성했다. 부산에 상륙한 지 2개월 만에 고구려 수도였던 유서 깊은 평양성을 점령했을 뿐 아니라, 조선군이 미처 불태워 없애지 못한 비축미 10만 섬을 거뜬히 차지하게 되었다. 그 전날, 선조 일행은 영변을 떠나 박천, 가산, 곽산, 선천, 용천을 거쳐 6월 22일, 압록강 하류의 국경 지대 의주에 도착했다.

고니시의 제1군은 평양에 주둔한 채 숨을 고르면서 일단 조선 측의 상황이 어떻게 돌아가는지 관망하기 시작했다.

함경도로 진격하는 가토의 제2군

그보다 앞서 5월 27일, 개성에서 함경도 쪽으로 방향을 돌린 가토의 제2군은 금천, 이천, 곡산을 거쳐 6월 초순 함경도 지경에 들어섰다. 모리의 제4군도 제2군을 지원하기 위해 강원도 방면으로 진출하더니, 김화와 금성을 거쳐 회양으로 북진을 개시했다. 그리고 회양성을 포위 공격해 조선군의 결사적인 저항을 꺾고 성을 함락시켰는데, 여기서 조선 왕자 두 사람이 함경도로 피해 들어갔다는 귀중한 정보를 얻는다.

6월 12일, 모리의 제4군은 선봉부대 4,000여 명을 먼저 내보내 기세등등하게 함경도와 강원도의 접경 요충지인 철령鐵嶺 고갯마루에 접근한다. 조선군도 남병사南兵使 이혼李渾이 정예 기병 1,000명을 바람도 쉬어 넘는다는 철령의 험준한 길목에 배치해 지키고 있었다. 그러나 가토의 제2군이 황해도 곡산 방면에서 노리령老里嶺 고개를 넘어 진작 함경도에 들어섰다는 소식을 듣자, 이혼 부대는 퇴로가 끊길까봐 겁먹고 모리의 제4군이 철령에 도달하기도 전에 죄다 뿔뿔이 흩어지고 말았다. 철령 방어선이 저절로 무너졌다는 소문이 흉흉하게 나돌자, 함경도 각 고을의 수령들은 모두 일찌감치 성읍을 포기하고 산골짜기로 피난해 자취를 감추기에 바빴다. 결국 모리의 제4군은 함경도의 관문 철령을 아무런 저항도 받지 않고 통과했다.

6월 27일, 모리의 제4군은 안변으로 진출해 가토의 제2군과 합류한 다음, 함경도 지역을 가토에게 넘겨주고 자신의 목표인 강원도 쪽으로 병력을 이동시켜 통천을 경유해 동해안을 따라 남진하기 시작했다.

한편 조선의 두 왕자가 함경도 북부로 도망쳤다는 사실을 알아낸 가토는 직접 본대를 지휘해 급히 추격에 나섰다. 느닷없이 왜적에게 쫓기게 된 두 왕자, 맏이 임해군과 여섯째 순화군은 부랴부랴 마천령摩天嶺을 넘어 함경도 북부 지역에 접어들었다. 그러나 잔뜩 믿었던 함경도 관찰사는 일본군이 함흥에 육박하자 일찌감치 산으로 도망가 종적을 감춘 지 오래였다.

왕자 일행은 경성 본영에 주둔 중이던 북병사 한극함더러 왜적의 추격을 막게 한 뒤 두만강 유역 회령으로 쫓겨 올라갔다. 한극함은 육진六鎭에 주둔 중인 기병대 1,000명을 동원해 함경도 남부와 북부의 접경 요충지인 마천령 수비에 나섰다. 그런데 미처 현지에 도착하기도 전인 7월 18일, 가토의 제2군 선발대가 마천령 너머 성진 해정창海汀倉까지 진출했다는 것을 까맣게 모르고 있었다. 그래도 한극함의 기병대는 일본군과 마주치자 '북도군北道軍'의 기민하고 날쌘 전술로 사납게 몰아붙였다. 사나운 육진 기병대의 돌격을 받은 일본군은 엉겁결에 곡식 창고 안으로 쫓겨 들어가 진지를 구축하고 방어태세를 갖추기 시작했다.

한극함은 승기를 잡았다고 오판해 밀집 대형으로 포위해놓고 줄기차게 공격했으나, 뜻하지 않게 일본군의 조총 사격에 병력이 급격히 손실되면서 전세가 단번에 역전되고 말았다. 한극함은 기병대를 봉수치烽燧峙로 후퇴시켜 밤새워 전열을 가다듬었으나, 야간 전술에 능숙한 일본군이 전날 어둠을 틈타 은밀히 봉수치에 다가와 포위한 뒤 습격하는 바람에 정예 기병대 1,000명은 전멸당하고 한극함은 두만강을 건너 중국 땅으로 도주해버렸다.

해정창에서 패전으로 함경도 북부 지역은 치안을 유지할 병력마저 상실하는 결과를 초래하게 되었다. 이 틈에 명천의 절간 노예 정말수와 회령의 토관진무로 있던 국경인, 경성鏡城의 관노 국세필 등이 작당해 한꺼번에 반란을 일으키고 일본군과 내통하더니, 7월 23일 회령에 머물고 있던 두 왕자를 붙잡아 가토의 제2군에 넘겨주고 말았다.

그뿐만이 아니었다. 치안이 마비된 함경도 북부 각처에서 반란이 일어났다. 경흥 주민들은 북병사 한극함을 사로잡아 일본군에게 넘기고, 갑산의 반민들은 산중에 은신해 있던 남병사 이혼을 잡아 죽였다.

가토는 반민들의 협조로 손쉽게 조선 왕자들을 사로잡은 뒤 함경도 북부 일대를 완전히 손아귀에 넣었다. 하지만 자신의 부대는 길주에 주둔시켜 군정을 실시하고, 통치하기 어려운 길주 이북 지역은 국경인, 국세필, 정말수 등 반민 수령들에게 일본 관직을 주어 제각기 다스리도록 꼼수를 부렸다. 이렇게 해서 가토의 제2군은 6월 17일 함경도 남단 안변에 진입한 이후 1개월 만에 함경도 남부 전역을 석권하고, 마천령을 넘어 북상한 지 1개월도 채 못 되어 북부 지역마저 세력권에 넣을 수 있었다. 그는 다시 주력부대를 이끌고 안변으로 내려가 느긋이 본영을 설치하고 마냥 주저앉아 휴식과 정비에 몰두하기 시작했다.

관군을 대신한 의병들의 봉기

고니시와 가토의 군단이 승승장구로 북상해 순조롭게 작전을 거듭하는 동안, 후방의 일본군 점령 지역에서는 일대 혼란이 일기 시작했다. 일본군이 대거 침입하자 조선 정규군은 조총을 '귀신의 무기'로 여기고 두려워한 나머지, 제대로 싸워보지도 못한 채 연전연패를 거듭하다 가을바람에 나뭇잎 떨어지듯 맥없이 와해되고 말았다. 그 결과 전국 각처의 백성들은 의지할 데를 잃고 무방비 상태로 방치되어 일본군에게 무참히 유린당할 수밖에 없었다.

전란의 불길 속에서 견디다 못해 악에 받친 백성들은 방방곡곡에서 구국의 기치를 높이 들고 의병의 이름으로 떨쳐 일어나기 시작했다. 정부와 관군이 생존권을 지켜주지 못하는 절박한 상황에 처했음을 뼈저리게 느끼고 스스로 무장해 고향 땅을 지키고 나아가 왜적을 물리쳐 나라의 위기를 극복해야겠다는 사명감을 불태우게 된 것이다.

의병들의 주체는 전직 관료나 명망 있는 가문의 선비들이었다. 그들은 '충효忠孝'를 대의명분으로 삼아 신분의 귀천을 묻지 않고 하나로 뭉쳐 왜적과 싸우기 시작했다.

일본군이 상주를 점령한 4월 하순, 의령 출신의 선비 곽재우를 비롯해 전국에서 의병이 잇달아 봉기했다. 특히 일본군의 발길이 미처 닿지 않은 경상도 서남부와 동부 지역 그리고 전라도 일원에서 두드러진 양상을 보였다. 뒤이어 충청도, 황해도, 평안도, 함경도 지역에서도 의병부대가 항전의 중추적 역할을 맡게 되었다.

조정에서는 6월 하순에 접어들어서야 비로소 삼남三南 지방에서 의병들이 봉기했다는 사실을 알고 각지 의병장들에게 초토사招討使, 토적사討賊使, 창의사倡義使와 같은 명예로운 직함과 벼슬을 내려 격려해주기 시작했다.

전국 각처 눈물겨운 의병부대의 장렬한 활약은 두드러지게 많았으나, 여기서는 지면상 한두 가지 사례만 들어볼까 한다.

전라도에서는 임금을 수호하는 근왕병勤王兵이 모인다. 전라관찰사 이광李洸이 우선 휘하 군사 8,000여 명을 긴급 징발해 한양 도성을 구원하러 북상했다. 그러나 이광의 근왕부대는 5월 4일, 조정이 도성을 포기하고 북방으로 피난했다는 소식을 듣고는 공주로 돌아오고 말았다. 이후 다시 전라도 방어사 곽영과 함께 4만 명을 모아 2개 부대로 나누어 맡고 다시 북상해 수원과 용인에서 일본 수군 와키자카脇坂安治 부대와 마주쳤다. 그러나 이들 의병은 기록에 따르면 "목장으로 가는 양떼 행렬"과 다를 바 없는 오합지졸이었다. 결국 이광, 곽영의 근왕병은 문소산, 광교산 접전에서 '귀신의 탈'을 쓰고 야습한 일본군의 조총 사격에 일대 혼란을 일으키고 힘없이 궤멸했다.

전라좌도와 우도에서는 담양의 고경명, 나주의 김천일이 각각 의병을 모아 궐기했다.

6월 하순 본격적으로 전라도에 침입한 고바야카와의 제6군 1만 5700

명 가운데, 승려 출신의 맹장 안고쿠지安國寺惠瓊의 선발부대는 이미 5월 23일부터 함안, 의령, 함양을 거쳐 남원, 전주 방면으로 들어가려다 의령에서 곽재우의 군에게 저지되어 기세가 크게 꺾였다.

의병의 완강한 저항에 부닥친 안고쿠지의 선발대는 6월 초순, 한성에 있던 주장 고바야카와의 주력군이 내려올 때를 기다렸다가 김천, 지례를 거쳐 무주와 금산으로 침입한 다음, 그곳을 거점으로 삼아 용담, 진안을 유린하고 7월 초에 다시 전주로 침입하려 했다. 전주로 향하던 안고쿠지 부대는 진격 도중 '곰티재'라고 부르는 웅치熊峙에서 삼중목책을 설치해 놓고 기다리던 이광의 부대와 마주쳐 하루 종일 격전을 벌였다. 이 싸움에서 의병부대는 화살이 떨어져 백병전을 벌인 끝에 김제 군수 정담鄭湛이 전사하는 등 막대한 피해를 입고 무너졌다. 결국 안고쿠지 부대는 7월 9일, 웅치를 점령하고 전라도의 으뜸가는 고을 전주로 진격하기에 이르렀다. 하지만 일본군은 전주 수비장 이정란의 굳센 방어와 교묘한 기만술책에 넘어가 섣불리 공격하지 못하고 무주로 돌아갔다. 이들은 다시 고바야카와의 주력군이 도착할 때를 기다렸으나 본대와 좀처럼 만날 수가 없었다.

한편, 고바야카와의 주력군은 무주의 선발대와 합류하기 위해 금산 쪽으로 내려오다가 이치梨峙배티고개 길목에서 권율 부대와 마주쳤다.

7월 8일, 권율 부대는 왜적을 맞아 치열한 격전을 벌였다. 고바야카와는 공격부대를 둘로 나눠 번갈아 목책과 장애물 파괴를 시도했다. 그는 압도적인 군세로 혈전을 벌였으나 권율 부대를 당해내지 못하고 이튿날 금산으로 철수해 수비태세로 전환하는 입장이 되었다.

7월 9일, 고경명의 의병 7,000명은 곽영이 거느린 관군부대와 협동해 금산의 왜적을 공격했다. 고바야카와 군은 금산성에서 조총 사격으로 이들의 접근을 막았으나, 전날 '배티고개' 전투에서 병력 손실이 너무 많아 미처 전열을 갖추지 못한 상태였다. 그는 고경명의 의병부대를 상대로 일본군의 장기인 야간 습격을 시도해보지만, 미리 대비하고 있던 고경명의

웅치 전투 · 제1차 금산 전투

웅치에서 삼중목책을 설치하고 안고쿠지 부대를 기다리던 이광의 의병부대는 백병전 끝에 무너진다. 고경명, 유팽로, 안영 등이 이끄는 의병부대 역시 금산 전투에서 비극적인 결말을 맞는다.

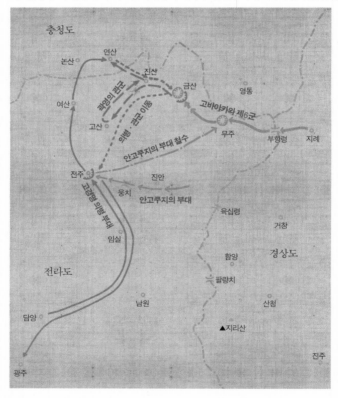

의병부대에게 오히려 격퇴당한다. 그러나 고경명의 의병부대는 이튿날 재개된 전투에서 곽영의 관군부대가 왜적의 선제공격을 받고 먼저 흩어지자 전열이 흐트러지면서 자중지란으로 와해되고 만다. 결국 고경명을 비롯해 유팽로, 안영 등 의병장들이 장렬하게 전사함으로써 제1차 금산 전투는 비극적으로 마무리되었다.

고경명의 순절 소식이 전국 곳곳에 전파되자 왜적에 대한 적개심은 한층 격해져 의병 봉기를 더욱 촉구하는 계기로 작용했다.

옥천에서 봉기한 조헌趙憲은 의병 1,600명을 모은 다음, 영규靈圭 스님이 거느린 승병 1,000여 명, 그리고 충청도 방어사 이옥李沃의 관군 500여 명과 함께 8월 2일, 고바야카와 제6군의 일부 하치스가蜂須賀家政 부대가 지키는 청주성을 공격해 되찾는 데 성공했다. 그러고 나서 고경명에 대한 복수를 계획했다.

8월 17일, 조헌은 의병 1,300명으로 금산성에 주둔한 고바야카와 군을 공격했다. 그러나 왜적은 조헌의 병력이 적다는 것을 눈치채고 밤중에 성 밖으로 습격대를 내보내 조헌 군의 배후부터 끊어놓은 다음 이튿날 본대를 출동시켜 앞뒤로 협공을 퍼부었다. 포위된 조헌의 군은 하루 종일 피투성이 싸움을 거듭한 끝에 주장 조헌, 영규 스님을 비롯해 남은 700여 명이 연곤평延昆坪 들판에서 장렬하게 전사하고 말았다. 이것이 제2차 금산 전투다. 지금도 남아 있는 '칠백의총' 무덤이 그날 의병들의 비장한 최후를 전하고 있다.

금산 전투에서 의병부대는 모두 실패로 끝났으나, 고바야카와 군단이 받은 타격도 적지 않았다. 고경명, 조헌 군의 왕성한 공격 정신에서 그는 조선 사람이 예상했던 것처럼 나약하지 않다는 사실을 새삼 깨닫고, 금산, 무주 지역에서 옥천으로 철수했다. 겨우 3개월 만에 전라도 침입을 포기하고 퇴각한 제6군은 이후 경기도로 올라가 개성에 배치되어 한양 도성 북부 지역 방어에만 힘을 쏟았다.

경상도 각처에서도 의병들의 활약은 눈부셨다. 곽재우는 의령 지역을 가로막아 남강 북쪽 경상우도 방면으로 침입하려던 왜적을 주저앉혔다. 하시바의 제9군 일부가 낙동강 보급로를 확보하기 위해 현풍, 창녕, 영산에 배치되어 강 서쪽으로 진입하려 했지만, 곽재우는 한발 앞서 현풍으로 달려가 교묘한 심리전술로 왜적을 위협해 대구 쪽으로 몰아내는 데 성공했다.

그 후 곽재우는 창녕과 영산으로 진격해 잇달아 수복하고, 낙동강 물길을 통해 유지되던 일본군 보급품 수송에 막대한 차질을 빚게 만들었다.

낙동강 서부 지역에서도 고령 출신 정인홍, 합천의 김면 등 의병장들이 성주에 집결한 모리의 제7군을 끈덕지게 공격했다. 당초 모리의 제7군은 후방 통로를 확보해둘 속셈으로 무계 일대 곳곳마다 보루를 쌓은 다음, 도선장을 설치해 낙동강 수로를 엄호하는 것이 임무였다. 그런데 5월 29일부터 7월 하순에 걸쳐 정인홍, 김면의 의병부대가 줄기차게 일본군 진지와 초소를 습격하거나 병영과 군수창고를 파괴하는 등 끈덕진 교란작전을 펼치는 바람에, 결국 9월 11일 무계를 포기하고 성주로 철수했다.

김면의 의병부대는 6월 중순 고바야카와의 제6군에게 거창 지역을 위협받자, 그곳으로 이동해 왜적의 남진을 가로막았다. 김면의 부대 2,000여 명은 6월 19일부터 거창 북방에 방어진지를 쌓아놓고 유리한 지형을 이용해 7월 10일 고바야카와의 제6군을 지례 쪽으로 격퇴한 다음, 8월 23일 다시 지례 주둔군을 화공으로 격파해 김천으로 몰아내는 데 성공했다.

경상도에서 으뜸 가는 고을 진주도 조용하게 넘어가지 않았다. 진주 판관 김시민은 초유사 김성일의 지시에 따라 방어 준비에 착수하고 있었

곽재우 의병부대의 탈환 작전

곽재우의 의병부대는 창녕과 영산을 잇달아 수복함으로써
낙동강 물길로 보급품을 수송하던 일본군에 막대한 타격을 입힌다.

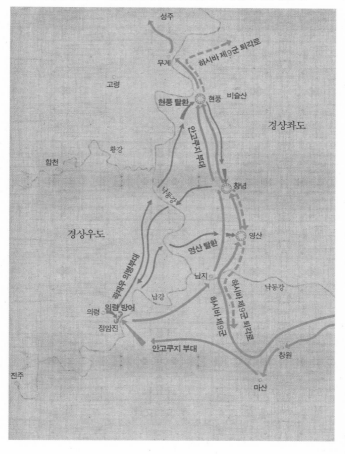

다. 당시 일본군은 남해안을 따라 수륙병진으로 전라도 침입을 획책했으나 수군함대가 5월 하순 전라좌수사 이순신 함대에게 격파되고, 특히 7월 한산도해전에서 치명적인 타격을 받아 해상 활동이 완전히 마비된 상태였다. 그래서 우키다의 제8군만 서쪽으로 침입해 진해와 고성을 점령하고, 8월 초순부터 진주를 위협하는 상태가 되었다.

수륙병진 작전이 좌절되자, 침략군 총대장 우키다는 한성 주둔 병력 일부를 김해로 옮겨 해안 거점과 전라도 진입 통로를 트기 위해 9월 24일, 2만여 명으로 편성된 공략부대를 진주로 파견했다. 그리하여 10월 6일 남강을 건넌 일본군 주력부대가 진주성을 3면으로 포위하기에 이르렀다.

이 무렵 진주 목사가 된 김시민은 3,800명이라는 적은 병력으로 결전 태세를 가다듬고 왜적을 기다리고 있었다. 성 외곽 지역에는 곽재우가 급파한 지원군과 전라도 의병장 임계영, 최경회 부대가 지원 태세를 갖추고 왜적의 배후에서 위협을 가했다.

드디어 10월 8일 아침부터 격렬한 공방전이 펼쳐졌다. 첫 공격에 실패한 일본군은 부대를 소규모로 나눠 편성해 배후 의병들의 위협부터 제거하려 했지만, 오히려 손실만 입고 번번이 되쫓겨 물러나왔다. 다음 날 유인술책마저 실패하자 일본군은 10월 10일에 모든 병력을 투입해 총공격을 시도했다. 목사 김시민이 유탄에 중상을 입긴 했지만 진주성은 끝내 지켜낼 수 있었다. 압도적인 병력과 우수한 무기를 가지고도 공략에 실패한 일본군은 아무 소득 없이 퇴각하고 말았다.

진주성의 승첩 낭보가 전해지자 경상우도 방면 의병들은 승세를 타고 성주와 개령에 주둔하고 있는 일본군을 몰아내기 시작했다. 김면, 최영회, 정인홍 부대가 3개월에 걸쳐 모리의 제7군을 치고 빠지는 교란작전으로 몰아붙인 끝에 주력 본대를 선산으로 후퇴시켰고, 성주와 개령을 탈환하는 데 성공했다.

경상좌도 의병들의 활약 또한 눈부셨다. 권응수의 부대는 결사대와 백병전으로 영천에 주둔하고 있는 일본군과 격전을 벌인 끝에 경주로 몰아냈다. 경주 일대에는 후쿠시마의 제5군 2만 5000명이 주둔하고 있었다. 그러나 좌도 병마사 박진이 8월 20일부터 9월 8일에 이르기까지 두 차례나 포위해놓고 집중 공격을 퍼부은 끝에, 후쿠시마의 제5군을 울산 쪽으로 물리쳐 경주를 수복하는 데 성공했다.

경주가 회복됨에 따라 일본군은 경상좌도에서 발붙일 데를 잃어 부산에 있는 기지를 확보하는 것과 부산과 한성 간의 보급로를 유지하는 일에 더욱 어려움을 겪게 되었다.

바다에서 빛나는 승리

앞서 말한 바와 같이 일본 침략군이 부산에 상륙할 당시 경상도와 전라도 남해안에는 각각 두 군데씩 좌우 수영水營이 설치되어 연안을 경계하고 있었다. 경상도 쪽은 낙동강 하구를 경계로 좌수사 박홍이 동래 해안에 좌수영을 두었고, 우수사 원균은 거제도 가배량에 우수영을 설치해 해안 도서를 관할했다. 전라도 쪽은 좌수사 이순신이 여수에 좌수영을 두고 여수에서 해남까지 남해안을, 우수사 이억기가 해남에 우수영을 두고 해남에서 부안까지 서남해안 일대를 각각 도맡고 있었다.

이 무렵 조선 수군은 장부상으로 전투함과 수송함 722척에 병력 4만 8000명을 보유하게 되어 있었지만, 실상은 겨우 488척만 보유했고 병력도 편제대로 확보하지 못한 형편이었다. 전투함은 수군 80명을 태우고 싸울 수 있는 대맹선판옥선 80척, 탑승 인원 60명의 중맹선과 30명을 태우는 소맹선을 합쳐 192척, 그리고 수송함 격인 무군 맹선無軍猛船이 216척이었다. 그러나 전부터 남서해안 일대에 침입하는 왜구를 격퇴하는 데 힘쓴 결과 천자총통, 지자총통, 황자총통 같은 대형 함재화포를 개발하거나 성능을 개량해 다양하게 보유하고 있었으니 그것만으로도 천만다행이었다.

4월 13일, 부산에 일본군이 대거 상륙하자 앞서 이야기한 것처럼 경상우수사 박홍은 해군기지를 버리고 내륙으로 도망쳤다. 우수사 원균 역시 함선 70여 척을 스스로 바닷속에 가라앉혀 없애고 수군 병력을 죄다 해산시킨 다음, 몇몇 장수들만 데리고 남해도 쪽으로 달아나 결국은 경상좌우도 수군은 자멸한 상태였다.

일본군은 구키 요시타카九鬼嘉隆, 가토, 도도 등 여러 장수들이 함선 700여 척에 수군 병력 9,000여 명을 태우고 아무런 저항 없이 남해안을 따라 서쪽으로 진격했다. 그들은 가는 곳마다 함대 병력을 분산시켜 연안 거점을 확보하는 데 힘쓰는 한편, 해안 포구와 섬에 상륙해 살인과 약탈을 마구 저질렀다.

10여 일 뒤 원균은 전라좌수영에 긴급 구원을 요청했다. 이 무렵 이순신은 왜적이 경상도 해역에 침입했다는 소식을 듣고 휘하의 모든 함대와 수군 병력을 여수 앞바다에 집결시켜 적의 침범에 대비하고 있었는데, 원균의 요청을 받고 관할구역 문제로 잠시 주저했다. 그러나 조정에서 "원균과 협조해 적선을 격침하라"는 명령이 내려왔으므로 더는 망설이지 않고 전라우수사 이억기에게 좌우영 수군이 합동작전을 펼칠 것을 제의한 다음, 4월 27일 거제도 서쪽 미륵도로 나아가 당포 앞바다에서 원균과 합류했다.

당시 전라좌수영의 수군은 대형 전함인 판옥선板屋船 24척, 중형 협선挾船 15척, 소형 쾌속함인 포작선鮑作船 46척이 전부였다. 이순신은 원균이 끌고 온 경상좌수영 소속 판옥선 4척, 협선 2척을 합쳐 91척의 함대를 편성해 자신이 총지휘하기로 합의했다.

5월 7일, 이순신 함대는 옥포 앞바다에서 일본군 선단을 발견하고 탈출로를 막고 에워싼 채 활과 함재화포로 집중 공격해 크고 작은 적함 26척을 격침시켜 첫 승리를 올렸다. 그리고 다음 날 영등포 앞바다에서 전함 5척을 발견하고 추격한 끝에, 합포에서 왜적들이 뭍에 올라 도망치느라 내버린 대형 함선 4척, 소형 함선 1척을 격침한다. 그러고는 항로를 서남쪽으로 돌려 적진포에서 따라잡은 적함 13척 중 대형 전함 10척과 중형 전함 1척을 모두 가라앉힌다. 이순신은 첫 출동에서 도합 42척의 적선을 격침하거나 불태워 가라앉히는 전과를 올렸다.

일본군이 계속 경상도 해역에 출몰하면서 사천과 곤양 해안까지 침입하자, 원균은 경상우수영 함대를 노량으로 옮기지 않을 수 없었다. 노량은 전라도 경계 부근이므로 전라좌수영이 직접 일본군의 위협 앞에 드러났다는 의미였다.

원균의 급보를 받은 이순신은 우수사 이억기 함대와 협동하려던 계획을 앞당겨 5월 29일 좌수영 단독으로 출동했다. 최초로 거북선을 참전시킨 정예함 23척을 거느리고 노량으로 항진해 그곳에서 원균의 전함 3척과 합류했다.

거북선은 선체 갑판에 장갑 덮개를 씌워 적병의 접근을 막고 용머리에서 유황 연기를 발산해 연막 효과로 적의 시야를 차단할 수 있었다. 그리고 선체 양면에 각각 22문의 총통화포를 발사하는 총안을 설치하고, 노 20자루와 돛을 이용해 빠르게 움직일 수 있어 방호력, 파괴력, 기동력의 3박자를 고루 갖춘 돌파 공격용 함선이었다.

사천으로 항진하던 도중에 만난 적선 1척을 추격해 불태운 이순신은 사천 포구에 정박하고 있던 적함 13척을 발견하고 너른 바다로 끌어낸 다음, 조수의 흐름을 이용해 거북선을 앞세워 일제히 돌격했다. 왜선 13 척은 모조리 격파당해 가라앉았지만, 이순신도 어깨에 조총 유탄을 맞아 다쳤다.

6월 2일, 이순신은 당포 포구에 정박 중인 일본군 함대를 발견했다. 왜 적 함대는 대형 전함 9척, 중소형 전함 12척이었는데, 그중에는 고급 지 휘관이 타는 대형 누각 함선도 1척 있었다. 이순신은 거북선을 먼저 출동 시켜 적 함대 중앙부로 돌진해 좌우로 갈라놓은 다음, 대장군전을 포함한 함재화포와 활로 집중사격을 퍼부었다. 또한 충돌 격파 전술로 적함 21 척을 모조리 침몰시키고, 누각 함선에서 지휘하던 적장마저 사살하는 전 과를 올렸다.

6월 4일, 이억기의 함대 25척이 합류해 50여 척으로 증강된 연합함대 는 고성 당항포에 정박한 적 함대를 발견한다. 견내량을 통과한 연합함대 는 당항포 어구까지 20여 리에 달하는 긴 해협을 미리 살펴본 다음, 함대 를 좁은 물목을 따라 일렬종대로 포구에 진입시켰다. 포구에는 검정빛을 칠한 일본 수군의 대형 전함 9척과 3층 누각을 장치한 지휘선을 비롯해 중형 전함 4척, 소형 전함 13척이 닻을 내리고 있었다. 이순신은 적병이 상륙해 도주하는 것을 막기 위해 스스로 후퇴해 너른 바다 쪽으로 적을 유인해냈다.

과연 왜적은 3층 누각 함선을 선두로 함대 전체가 일제히 추격에 나섰다. 적 함대를 끌어내는 데 성공한 이순신은 재빨리 전열을 바꿔 적을 포위했다. 그런 다음 선두 거북선이 일본군의 조총 사격에도 아랑곳없이 적진 깊숙이 돌입하더니, 누각을 세운 왜적 지휘함에 총통으로 집중사격을 퍼부었다. 뒤따른 판옥선이 화전을 쏘자 누각 휘장에 불이 붙었다. 당황한 적장은 갈팡질팡하다 조선군의 화살에 맞아 죽고, 지휘관을 잃은 왜적 함대는 좁은 물목으로 탈출을 시도했다. 그러나 해협 출구 쪽에 미리 배치된 전함 4척에게 가로막히고 뒤따라 추격한 이순신의 함대에게 따라잡혀 왜적 함대 26척은 탑승한 수군들과 함께 고스란히 바다에 가라앉고 말았다.

　　6월 7일, 고성 앞바다에서 웅천 쪽으로 적을 수색하던 이순신 함대는 거제도 북쪽 끄트머리 영등포 근해에서 부산 쪽으로 도망가던 일본군 대형 전함 5척, 중형 전함 2척을 발견하고 추격해 거제도 해안에서 함재화포로 집중 공격을 퍼부어 궤멸시켰다. 이 선단을 지휘하던 왜장 구루시마 來島通久는 뭍에 올라 도피했지만, 함대가 전멸당한 책임을 통렬히 느낀 끝에 자결하고 말았다.

　　열흘 동안 두 번에 걸친 출동으로 이순신의 연합함대는 4차례 해전에서 적함 72척을 격침하고, 적병 88명을 목 베어 죽이는 전과를 올렸다. 그러나 조선 수군은 1척의 배도 파손되지 않았다. 군사 14명이 전사하고 36명이 상처를 입는 손실만 입었을 뿐이다. 오뉴월에 걸쳐 조선 수군은 연전연승을 거듭했다. 이와 반대로 육전 상황은 조선군의 패퇴로 점철되고 있었다.

자존심을 제대로 구긴 도요토미 히데요시

6월 28일, 본국에서 도요토미는 자군 함대의 있단 패배 소식을 듣고 격노해 수군 장수들을 호되게 질책하고, 함대 총지휘관 구키, 가토, 와키자카에게 무슨 수를 써서라도 서로 합세해 조선 수군을 격멸하라는 엄명을 내린다. 이에 따라 웅천에 집결한 와키자카 함대와 부산포를 지키던 구키, 가토의 함대가 힘을 합쳐 조선 수군을 섬멸할 준비를 시작한다.

일본 수군의 활동이 늘어남에 따라 이순신과 이억기는 작전회의를 열고 7월 6일, 각자 함대를 인솔해 출동한 다음 노량에서 원균의 함대와 만났다. 이순신 함대 40척, 이억기 함대 25척, 원균 함대 7척을 합쳐 72척이 된 연합함대는 왜선 70여 척이 영등포 앞바다에서 견내량으로 들어가 정박했다는 정보를 입수하고 싸움에 대비한다. 일본에서 해전으로 명성을 떨쳐오던 와키자카는 자신의 능력을 너무 믿은 나머지 가토 함대가 웅천에 다다르기도 전에 휘하 함대 82척대형 전함 36척, 중형 전함 34척, 소형 전함 12척을 모조리 이끌고 조선 수군함대를 찾아나서, 7월 7일 오후 2시경 견내량에 도착한다.

이튿날, 조선 수군 연합함대는 당포 앞바다에서 견내량으로 항진해 한산도 서쪽 바닷길로 북상했다. 포구에 정박 중인 왜적 함대를 발견한 이들은 곧바로 전투태세에 돌입했다. 그러나 이순신은 포구가 좁고 암초가 많은 해협에 자리 잡은 터라 판옥선의 기동이 원활치 못할 것이라 생각하고, 함선 몇 척을 포구 쪽으로 접근시켜 유인해냈다. 이윽고 상대를 만난 와키자카 함대는 일제히 추격하기 시작했다. 연합함대가 한산도 앞바다로 후퇴하자 기세를 올린 와키자카 함대는 맹렬히 추격했다.

미리 골라둔 해역에 다다르자 연합함대는 두루미가 활개 치듯 일제히 학익진鶴翼陣으로 전열을 바꿔 포위 태세를 갖췄다. 이어 함재총통으로 왜선을 차례차례 격파하면서 기울어지는 적함에 군사들이 뛰어올라 백병전을 전개했다. 왜적 함대 중앙부로 돌입한 거북선은 좌충우돌 닥치는 대로 적함을 파괴했다. 비단 휘장으로 아름답게 꾸민 3층 누각 지휘선이 화공火攻의 집중 표적이 되어 불타기 시작했다. 왜적 함대 50여 척은 순식간에 격침되고, 적장 와키자카가 친아들처럼 아껴 자기 성씨까지 물려준 부장 와키자카脇坂左兵衛, 와타나베渡邊七右門 그리고 장병 수백 명이 바닷물에 빠져 죽었다.

또다른 장수 마나베眞鍋左馬允는 해상으로 탈출하는 게 불가능하다고 판단해 부하 400명과 함께 배를 버리고 한산도에 올라가 은신했지만 패전에 대한 책임으로 괴로워하다 칼로 배를 갈라 자결했다. 주장 와키자카는 가까스로 포위망을 빠져나가 김해 쪽으로 쫓겨 들어갔다.

일본인 학자가 쓴 전쟁사 《이순신과 히데요시》라는 책을 보면, 이 한산도해전에서 와키자카 함대는 대형 층각선層閣船 7척, 대형 전함 35척, 중형 전함 17척, 소형 전함 7척 등 모두 66척이나 되는 함선을 이순신의 연합함대에게 격침당하고, 수군 장병 100여 명의 목이 달아났다고 기록되어 있다.

조선군 연합함대는 그다음 날 또다른 왜적 함대가 가덕도 서북방 안골포에 닻을 내리고 있다는 정보를 얻었다. 부산을 떠난 구키와 가토가 지휘하는 함대 40여 척이 와키자카의 함대와 합류하러 오던 중 일본군 함대가 한산도에서 전멸하자 황급히 안골포로 옮겨가 조선군의 동태를 살펴보고 있었던 것이다.

7월 7일, 안골포에는 3층 누각 지휘선 1척, 2층 누각 지휘선 2척이 너른 바다 쪽으로 뱃머리를 두고 경계하는 가운데, 크고 작은 전투함들이 닻을 내리고 있었다. 그러나 포구가 무척 좁을뿐더러 썰물 때 수심이 얕아져 판옥선 같은 대형 함선이 갯벌에 주저앉을 위험이 컸다. 이순신은 함대 주력을 너른 바다 쪽으로 물린 다음 함선 몇 척을 포구에 들여보내 건드려봤다. 왜적의 추격을 이끌어내 너른 바다에서 결전을 벌이겠다는 계산에서다. 그러나 잔뜩 겁에 질린 일본군 함대는 요지부동으로 좀처럼 유인책에 말려들지 않았다.

왜적이 끄떡도 않는 것을 본 이순신은 계획을 바꿔 함대를 몇 개로 나눠 순차적으로 공격할 준비를 한 다음, 일렬종대로 번갈아가며 포구에 들어가 치고 빠지는 전술을 택했다. 기동 타격 함대가 정해진 순서에 따라 차례차례 안골포 어구로 들어가 일본 함대에 접근하기 무섭게 총통을 쏘고 화살을 퍼부은 다음 재빨리 철수하기를 거듭한 것이다. 일본군은 갑판 위에서 조총을 쏘면서 치열하게 대항했지만, 파상공격을 퍼붓는 조선군 연합함대에게 잇달아 격파당하고, 수군 장병들 역시 대다수 죽음을 면치 못했다.

당시 일본 수군의 전술은 조총 사격으로 상대 함선 병력을 살상하거나 선상에서 긴 칼로 백병전을 벌여 함선을 탈취하는 것이었다. 그러나 조선 수군은 함재화력으로 적함을 격침하는 데 주안점을 두었다. 조총은 병력 살상에는 효과적이었지만 함선을 파괴하지는 못했다. 이에 비해, 조선 수군의 함재화력인 각종 총통은 구경이 7~14센티미터였고, 사정거리가 400미터 정도라 병력 살상에는 그다지 효과가 없었지만 함선 같은 목제 구조물을 파괴하는 데는 큰 위력을 발휘했다. 따라서 이런 전술적 무기의 격차로 해전에서 절대 우세를 차지할 수 있었다.

7월 11일, 연합함대가 다시 포구에 접근했다. 하지만 구키와 가토 함대의 남은 병력은 어둠을 틈타 시체를 거둬 불사르고, 남은 함선 20여 척에 분승해 이미 포구를 빠져나가고 없었다.

조선군 연합함대는 세 번째 출동인 한산도, 안골포해전에서 왜선 76척을 격침하는 전과를 올리고 개선했다. 특히 일본 수군 명장 와키자카의 주력함대를 격멸함으로써 남해안 일대의 제해권을 완전히 장악하는 결

한산도해전·안골포해전

건내량이 포구가 좁고 암초가 많아 판옥선의 기동이 원활치 못할 것이라 판단한 이순신은
적을 한산도 앞바다로 유인해 학익진을 펼침으로써 막대한 피해를 입힌다.

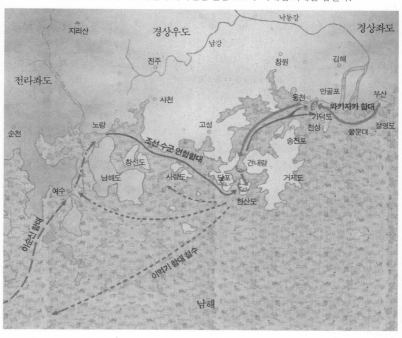

정적 계기가 되었다.

도요토미는 믿었던 명장 와키자카마저 한산도해전에서 궤멸적인 참패를 당했다는 보고를 받고, 이루 말할 수 없이 격노해 패전한 당사자에게 질책을 퍼부었다. 그는 와키자카의 해상 활동을 아예 중단시키고 거제도에 성을 쌓아 구키와 가토의 함대와 협력해 굳게 지키기만 하라는 명령을 내려보냈다.

이로써 일본 수군은 한동안 해상 작전을 중단하고 거제도 주변의 해안 요충지에 머물며 굳게 지키기나 할 뿐, 남해안 일대에서 다시는 날뛰지 못했다.

8월 중순, 일본군은 육상에서 진주성 공략전을 준비한다. 필요한 병력은 한성 주둔군에서 뽑아냈다. 이에 따라 총대장 우키다와 더불어 한성에 주둔했던 3개 군단이 경상도 지역으로 내려와 일단 병력을 김해에 집결시켰다.

왜적의 군수물자가 낙동강 물길을 통해 부산으로 옮겨가자 경상관찰사는 이런 움직임을 왜적들이 본국으로 철수하는 것으로 오인하고, 전라좌수영에 "해상 퇴로를 차단해 왜적의 도주를 막아줄 것"을 긴급하게 요청했다. 이순신은 이억기와 상의한 끝에 전라좌우수영 함대를 모두 출동시켜 일본군의 해상 퇴로 차단에 나섰다.

8월 25일, 연합함대는 사량 앞바다에서 원균의 함대와 합류해 판옥선 74척, 협선 92척 등 모두 166척의 함대를 편성했다. 이들은 8월 28일, 낙동강 하구 해역에서 기다렸으나 성과가 없자 왜적이 부산 쪽으로 철군했을 것으로 짐작하고 부산포의 일본 수군기지를 직접 들이쳐 해상 활동의 근거지를 아예 뿌리 뽑기로 계획한다.

당시 부산에는 8월 중순부터 성주에서 내려온 하시바의 제9군 주력부대와 본국에서 보강된 수군 병력 8,000여 명이 주둔하면서 부산만의 해안 요새를 지키고 있었다. 아울러 포구에도 함선 430여 척이 집결해 닻을 내리고 있었다.

9월 1일 새벽녘, 가덕도를 떠난 연합함대 160여 척은 낙동강 하구 몰운대를 지나 다대포 앞바다에 이르렀다. 여기서 우연히 일본군 대형 전함 5척과 맞닥뜨리자 선제공격으로 이를 모조리 격파한 다음 재차 다대포 포구에서 8척, 서평포 앞바다에서 9척, 절영도에서 2척을 발견해 차례로 격침시켰다.

이순신은 척후선斥候船을 보내 부산포 일원의 적의 움직임을 탐지했다. 그 결과 부산포 동쪽 산기슭 해안에 크고 작은 함선 400여 척이 묶여 있다는 사실과 육군 병력 다수가 해안선을 따라 진지를 구축하고 해안 방어에 집중한다는 사실을 알아냈다. 그는 적함의 수가 많으므로 왜적이 전투태세를 갖추기 전에 허를 찔러 기습적으로 왜적 선단에 타격을 가해 격침시키기로 결정했다.

조선군 연합함대가 절영도 서북단 해역을 거쳐 부산포에 진입하자 왼편 초량으로부터 일본군 대형 전함 4척이 나타나 진로를 차단했다. 돌격장 이언량은 거북선을 지휘해 선두로 돌격을 감행하더니, 맹렬한 공격 끝에 4척을 모조리 불태워 침몰시켰다. 뒤이어 승세를 탄 함대 170여 척이 뱀처럼 종대 대형으로 포구로 돌진했다.

미처 전투 준비를 갖추지 못한 왜적 수병들은 배를 포기하고 뭍에 올라 해안 지대에서 육상 병력과 함께 조총 사격으로 저항했다. 육지에서 일본군이 발악적으로 격심하게 저항하자, 조선 수군 장병들은 활로 해안진지의 적병을 견제하면서 각종 화기로 적함을 파괴하기 시작했다. 치열한 사격전이 벌어지는 와중에 조선 수군은 화공을 펼쳐 밀집 형태로 정박한 적함대를 차례차례 불살라버렸다. 적선들은 잠깐 사이에 100여 척이 격침당하거나 불길에 휩싸여 허망하게 가라앉고 말았다.

날이 저물어 부산포에서 철수한 연합함대는 일단 가덕도에 도착한 다음, 제각기 본영으로 개선가를 부르며 귀환했다.

부산포해전 이후, 오랫동안 남해안에서는 해전다운 해전이 없었다. 일본 수군이 조선 수군함대, 특히 이순신의 함대와 접전을 극력 회피했기 때문이다.

명나라 지원군이 출동하다

육지에서는 연속 패퇴를 거듭하고 바다에서는 연전연승을 거두는 조선 군의 상반된 전황을 보면 감회가 매우 착잡할 수밖에 없다. 필자 역시 해설을 덧붙이면서 무척이나 괴로우면서 또 한편으로는 통쾌했다. 온갖 얄 궂은 생각에 마음이 쉽사리 진정되지 않았다. 이제부터는 "내 목숨을 남 더러 지켜달라고 떠맡기는 자의 비애悲哀"를 이야기할 참이다. 그 또한 서글프기 이를 데 없는 일이라 하겠다.

1592년 4월 하순, 조선 측은 명나라 요동에 공문을 보내 일본군의 침 공 사실을 통보하고, 선조 임금이 평양에 도착했을 때 다시 한 번 사태의 심각성을 알린다.

명나라 조정에서는 병부상서가 "조선을 잃으면 일본은 요동을 침범하고 이어서 산해관山海關을 넘어 북경 도성까지 위협할 테니, 명나라의 안 전을 위해서라도 조선에 미리 출병해 일본군을 격퇴하자"고 힘써 주장했다. 본문에 나왔다시피, 전쟁 초기 명나라는 혹시 조선이 일본과 결탁해 명나라를 공격하지 않을까 의심했다. 결국 사신을 보내 진상을 파악하고 조선의 비참한 실상을 직접 목격한다. 그래서 국경 지역에 주둔한 요동군遼東軍 일부를 급히 조선에 보내 우선 평양부터 되찾기로 결정한다.

그러나 일본군을 얕잡아본 선발대 지휘관 조승훈은 섣부르게 휘하 3,000명의 병력만으로 평양성을 공격하다가 일본군 조총 부대의 매복에 걸려 심복 장수를 5명이나 잃고 혼비백산해 허둥지둥 압록강을 건너 요동도사遼東都司 본영으로 돌아가고 말았다. 명나라는 첫 파병에서 쓴맛을 봤지만, 곧바로 대규모 지원군을 보낼 형편이 아니었다. 국내에서 일어난 반란부터 진압해야 했기 때문이다. 그래서 반란이 평정될 때까지 시간을 벌어두기 위해 유격장군 심유경을 조선에 급파한다.

심유경은 원래 장사꾼 집안 출신이라 잔꾀가 많고 말솜씨가 뛰어난 인물이었다. 조선에 들어온 그는 대담하게 평양성으로 고니시를 찾아가 얼렁뚱땅 조건을 내놓고 담판을 벌인다. 그 결과 9월 1일부터 50일 동안 휴전하기로 약속하는 데 성공했다.

한숨 돌린 명나라 조정은 국내 반란이 평정되자 서둘러 조선에 보낼 지원군을 편성하는 일에 착수한다. 9월부터 12월에 걸쳐 이른바 '동정군東征軍' 출병 태세가 갖춰지자, 총지휘관 격인 경략 송응창은 제독 이여송을 현지 전선의 총지휘 책임자로 지명해 조선으로 떠나보냈다. 이여송은 휘하 4만 명의 병력을 중군이여백, 좌군양원, 우군장세작으로 나눠 직접 거느리고, 선견부대를 앞세워 보낸 다음 뒤따라 주력군을 휘몰아 요동도사 본영을 출발했다.

12월 13일, 선견부대장 왕필적의 보병 1,000명에 뒤이어 이튿날에는 오유충의 후속 선발대 1,500명이 압록강을 건넜다. 그리고 12월 25일, 드디어 '10만 대군'이라 선전하는 이여송의 주력부대가 조선을 구원하기 위해 속속 압록강 건너 의주에 다다른다.

1593년 1월 2일, 안주에서 조선 측과 첫 대면 인사를 겸해 작전 협의를 마친 이여송의 대군은 1월 4일 숙천에 이르러 본격적으로 평양성 공격을 준비한다.

1월 6일, 선견대장 오유충이 조선군 승병 2,000여 명의 지원을 받아 평양성을 처음 공격했다. 뒤따라 조선군과 명나라군으로 편성된 연합부대가 서북쪽으로 포위망을 이루고 총공격 태세를 갖추었다. 심유경의 교묘한 말솜씨에 놀아나 휴전협상 결과를 기다리던 고니시 유키나가는 비로소 명나라 대군이 조선에 출병한 사실을 깨닫고, 황해도 봉산에 주둔한 구로다의 제3군에 병력 증원을 긴급히 요청한 다음, 평양성을 사수하기로 결심한다.

1월 8일, 이여송은 호준포虎蹲砲, 위원포威遠砲, 자모포子母砲, 불랑기佛狼機 등 사정거리가 길고 파괴력이 강한 대포를 성문 앞에 늘어놓고 집중사격을 퍼부어 성문과 성벽부터 깨뜨리고, 좌우 양군을 한꺼번에 돌진시켜 평양 외곽 성을 점령했다. 그러고는 일본군 진영에 "항복하거나 스스로 철수하라"는 최후통첩을 띄워보냈다.

고니시가 잔뜩 믿었던 우군의 병력 증원은 끝내 없었다. 구로다의 제3군은 이미 남쪽으로 철수한 뒤였기 때문이다. 고니시의 제1군은 고립무원 외로운 처지가 되었다. 당초 병력 1만 8700명이 부산포 상륙 이후 전투를 거듭하며 북상하는 동안, 불과 6,600명으로 급격히 줄어든 상태였다. 그런데 5만 명이나 되는 명나라 대군에 복수심을 불태우는 조선군마저 가세했으니, 도저히 승산을 바랄 수 없게 된 것이다.

위기에 처한 고니시는 할 수 없이 명군 진영에 사자를 보내 협상을 시도한다. 그리고 명군에게서 퇴로를 끊지 않겠다는 보장을 받아내 그날 밤 평양성에서 스스로 물러나와 전군을 이끌고 대동강을 건너 남쪽으로 내려가기 시작했다. 이리하여 평양성은 고니시 군단에게 점령당한 지 약 7개월 만에 수복되었다.

고니시 군단은 봉산과 용천을 거쳐 한성으로 철수했다. 개성과 배천에 각각 주둔했던 고바야카와의 제6군, 구로다의 제3군 역시 총대장 우키다의 명령에 따라 한성으로 물러난 다음, 그로부터 도성 일대 방어에 힘을 쏟기 시작했다. 철수하는 고니시의 제1군을 뒤쫓기 시작한 명나라군과 조선군은 1월 19일, 피 한 방울 흘리지 않고 개성을 탈환했다.

조선군은 계속 왜적을 뒤쫓아 공격하려 했지만, 명군 측이 은연중 견제하고 훼방을 놓는 바람에 추격전은 결국 이루어지지 않았다. 평양에 주력부대를 집결시켜놓고 주저앉은 이여송이 일부러 조선군의 추격을 지연시켰던 것이다. 평양성 탈환으로 명나라 본토에 대한 일본군의 직접적 위협이 일단 제거되었으니, 서둘러 남쪽으로 일본군을 추격해야 할 필요가 없었기 때문이다.

가토의 제2군, 함경도에서 쫓겨나다

한편, 동북지방 함경도에 침입한 가토의 제2군 형편은 그 후 어찌 되었을까? 앞서 말할 것처럼 가토는 함경도 지역 반란 세력이 협조한 덕분에 함경도 남북 일대를 손쉽게 장악할 수 있었다. 그는 길주 이남에만 수비대를 배치하고, 자신은 주력 본대를 거느리고 안변에 주둔했다. 그런데 함경도 북병사 정문부가 경성鏡城 지역에서 의병을 모아 경성도호부를 수복하더니, 9월 중순부터 회령과 명천의 반란 세력을 착실히 토벌한 다음, 길주에 배치된 왜적 수비대를 고립시키고 말았다.

길주에 농성 중인 가토의 제2군 주력 대다수는 일본열도 남부 출신이라 체질상 혹한에 취약한 자들이었다. 더구나 애초에 방한 장비를 제대로 준비하지 않고 조선에 들어온 데다 호된 강추위로 이름 높은 함경도에서, 그것도 먹을 것이 거의 다 떨어진 상태로 겨울을 맞이했으니 배겨날 길이 없었다. 그들은 매서운 추위와 굶주림에 시달리면서 하루하루 버텨야 했다.

1593년 1월 23일, 정문부의 의병부대가 관군 기병대와 협동해 단천에 주둔하고 있던 일본군 200명을 섬멸하고, 길주성에 본격적으로 압박을 가하기 시작했다. 고립된 길주성이 의병들에게 전멸당할 위기에 몰리자 가토는 직접 본대를 이끌고 구원하러 출동했다. 그러나 북상하던 도중 고니시의 제1군이 평양성에서 조선과 명나라 연합군의 공격을 받고 크게 패해 남쪽으로 퇴각했다는 소식에 이어, 총대장 우키다의 철수 명령이 날아들었다. 가토는 함경도 일대에 배치했던 부대를 모조리 철수시켜 이끌고, 각지에서 봉기한 의병들과 악전고투를 거듭해가며 남쪽으로 내려가, 2월 말쯤 간신히 한양 도성 인근으로 물러나는 데 성공했다.

의병장 정문부는 가토의 제2군을 함경도에서 몰아낸 뒤 반란 주동자들을 모조리 찾아내 처단하고 함경도 일대를 완전히 되찾았다.

한성 일대에서 공방전을 벌이다

일본군 총대장 우키다는 명나라 대군이 참전해 조선군과 함께 남쪽으로 진격한다는 보고를 받고, 한성 이북 주둔군을 모두 철수시켜 한양 도성을 지키는 데 힘쓰기로 결정했다. 총 병력은 5만여 명. 그러나 여기에는 철수하던 가토의 제2군과 남쪽에서 보급로를 확보하고 있던 경계부대 병력은 포함되지 않았다.

1593년 1월 9일, 이윽고 명나라 지원군의 전초부대가 천천히 추격해 내려왔다. 이들은 조선 측이 행군 길에 식량과 말먹이를 준비하고 강물에 임시 다리를 놓아주어야 더듬더듬 진격했다. 개성까지 겨우 3~4일밖에 되지 않는 거리를 11일 동안 올 만큼 늑장을 부렸다. 조선 측 도체찰사 유성룡과 접반사 이덕형은 명군이 요구하는 대로 군량과 말먹이, 부교를 준비하느라 무척 속을 썩였다. 식량은 경기도 강화, 충청도, 전라도에서 바닷길로 운반해 보급했다.

평양에 눌러앉아 지휘만 하던 이여송은 조선 측의 강력한 요청에 마지못해 고니시의 제1군이 한성에 도착한 1월 18일에야 명군 주력부대와 조선군 기병 3,000명을 거느리고 느긋이 남진을 개시했다. 그리고 1월 25일, 개성에 입성한다.

명군 전초부대인 사대수의 부대와 조선군 고언백의 부대는 정찰 임무를 받아 임진강 건너 한성 근처까지 진출한다. 이들은 고양에서 일본군 수색대와 우연히 마주쳐 격전을 벌인 끝에 왜적 60여 명을 베어 죽인 다음, 파주로 물러나 개성 본영에 보고했다.

조선과 명나라 연합군이 한성 부근까지 내려왔다는 사실을 알게 된 우키다는 고바야카와를 선봉으로 삼아 2만여 병력을 맡기고, 자신도 2만 1000명을 직접 지휘해 결전 태세를 갖춘다. 전투력이 약화된 고니시의 제1군은 한성에 그대로 머물러 수비 책임을 맡았다.

1월 27일, 명군 사대수와 조선군 고언백의 기병대 3,000여 명이 고양

여석령礪石嶺 고갯길에 방어진지를 깔아놓은 고바야카와 부대와 맞닥뜨렸다. 하지만 싸움터가 워낙 비좁은 데다 진흙탕 수렁이어서 기마부대의 움직임이 크게 떨어져 악전고투를 면치 못했다. 그나마 다행히 때맞춰 나타난 조선군 7,000명의 도움을 받은 덕분에 밀고 밀리는 접전이 계속되었다.

전초부대가 일본군과 일진일퇴를 거듭한다는 보고를 받은 이여송은 일본군을 쉽사리 섬멸할 수 있으리라고 지레짐작한 나머지 측근 호위부대와 경무장한 기병대 200~300명만 이끌고 경솔하게 싸움터로 달려갔다. 그러나 이여송은 벽제관 주막리酒幕里 일대에 매복한 고바야카와의 2만여 주력군의 습격을 받아 단번에 궤멸당하고 말았다. 이것이 벽제관 패전이다.

구사일생으로 목숨을 건진 이여송은 포위망을 가까스로 탈출해 황급히 파주로 퇴각하더니, 조선 측의 만류를 뿌리치고 임진강을 건너 개성까지 달아났다. 명나라군의 최전선 총사령관이었던 그는 일본군의 기습공격을 받고 그 교묘한 전술에 깜짝 놀랐던 것이다. 게다가 함경도 쪽에서 가토의 제2군이 평양을 공격하러 강행군으로 진격해온다는 헛소문까지 나돌았다. 가토가 어려움 없이 철수하려고 퍼뜨린 거짓말에 깜빡 속은 이여송은 배후가 끊길까 두려워 그만 주력부대를 이끌고 북상하더니 아예 평양성으로 철수하고 말았다.

이렇게 해서 우키다는 한성에 모아들인 총 병력 4만여 명을 집중시켜 조선과 명나라 연합군의 남진南進에 제동을 거는 데 성공했다.

행주산성에서의 대격전

이 무렵, 전라감사 권율은 평양, 한성, 부산으로 연결된 왜적의 보급로를 중간에서 끊어놓겠다는 생각으로 전주에서 은밀히 군사를 이끌고 북상해 벽제관 남쪽 40리 되는 곳에 위치한 행주산성을 점령했다. 그리고 처영處英 스님이 거느린 승병까지 합쳐 2,300여 명의 병력으로 참호와 목책 등 방어시설을 갖추었다.

한강 물길 보급로에 의존해 명맥을 유지하던 일본군은 군수품과 식량이 끊겨 목을 조이게 되었으니 큰일이었다. 그래서 행주산성을 점령한 조선군을 격퇴시키기 위해 공격을 서두르지 않을 수 없었다. 총대장 우키다는 3만여 병력을 7개 공격부대로 똑같이 나눠 편성한 다음, 고니시, 구로다, 모리, 고바야카와 등 백전노장에게 하나씩 떠맡기고, 자신도 한 부대를 맡아 행주산성으로 진격했다.

2월 12일, 고니시의 선두 제1진이 목책 근거리에 들어서자 권율은 총통銃筒, 화차火車를 한꺼번에 발사하고 화살 비를 퍼부어 단번에 궤멸시켰다. 뒤이어 제2진부터 제7진에 이르기까지 일본군 공격대가 오전 6시부터 12시간 동안 무려 9차례나 끈덕지게 번갈아가며 파상공격을 시도했다. 그러나 조선군은 악전고투를 거듭하면서도 결사적으로 싸워 일본군 총대장 우키다에게 상처를 입혀가며 번번이 격퇴했다. 날이 저물자 일본군은 소득은 없고 병력 손실만 점점 늘어나는 데다 사기마저 뚝 떨어져 하는 수 없이 공세를 중단하고 시체를 모아 불태운 다음, 한양 도성으로 퇴각했다. 이에 권율은 추격대를 내보내 낙오병 130여 명을 베어 죽이고, 병기와 장비 730여 점을 노획하는 전과마저 올렸다.

행주산성에서 조선군이 왜적 3만여 명을 상대로 대승리를 거두었다는 소식이 전해지자, 이여송은 지레 겁먹고 주력부대를 평양으로 물린 자신의 처사를 크게 후회했다. 그래서 다시 본대를 모조리 이끌고 서둘러 남쪽으로 내려가 임진강을 건너 파주에 주둔했다.

한성에 다시 집결한 일본군 패장들은 2월 18일, 본국에 있는 도요토미

행주산성 전투

권율은 왜적의 보급로를 끊기 위해 전주에서 군사를 이끌고 가 행주산성을 점령한다.
이후 12시간 동안 무려 9차례에 걸쳐 일본군의 파상공격을 받지만
필사적으로 싸워 번번이 격퇴하고 대승을 거둔다.

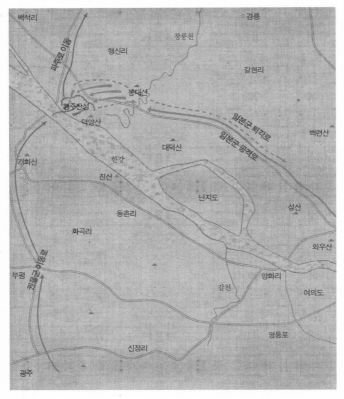

에게 "조선군 2만여 명과 행주산성에서 싸워 약간 피해를 보았다"는 거짓 보고를 한다. 아울러 군량이 4개월 치밖에 남지 않았으므로, 보급 지원이 쉬운 경상도와 전라도 일대에 성을 쌓고 오랫동안 버티며 싸우는 농성작전이 바람직하다는 뜻을 조심스레 내비쳤다.

3월 중순, 본국에서 도요토미의 한성 철수 명령이 날아들자, 일본군은 서둘러 명군 진영에 사절을 보내 "본국과 강화 교섭 추진, 명군의 요동 철수" 등을 조건으로 일본군이 4월 8일 자로 한양 도성에서 철수하겠다는 뜻을 전달한다.

이여송도 본국에 대한 위협이 사라져 목숨을 걸고 싸울 생각이 없는 터라, 일본 측의 요구를 호의적으로 받아들인다. 물론 조선 측은 강화를 거부하고 한성을 독자적으로 공격해서라도 되찾겠다는 의지를 보여 명군 측과 마찰을 빚었다. 그러나 연합군의 총지휘권을 쥐고 있는 요동경략 송응창이 "일본군에 대한 공격을 전면 중단하라"고 위협적으로 강요해 계획을 실천에 옮겨보지도 못하고 어쩔 수 없이 주저앉고 말았다.

조선 측의 의견을 전적으로 무시한 송응창은 앞서 일본 측과 협상을 주도해온 심유경을 내세워 일본군의 요구 조건을 전폭 받아들이겠다는 태도를 보이고, 아울러 현지 사령관 이여송에게 "조선군의 움직임을 견제해 철수하는 일본군을 뒤쫓지 못하도록 방해하라"는 밀명까지 내려두었다. 따라서 한성에 집결한 일본군 잔여 병력 5만 3000명은 4월 17일, 안전하게 경상도 지역으로 물러나는 데 성공할 수 있었다. 이렇게 해서 4월 20일, 조선과 명나라 연합군은 1년 만에 한양 도성을 수복했다.

일본군, 남해안으로 몰리다

일본군은 침략 때부터 부산을 중심으로 좌우 해안선을 따라 울산에서 거제도에 이르기까지 해변과 인근 섬에 일본식으로 성곽을 쌓기 시작했다. 한성 주둔군이 철수했을 때는 이미 크고 작은 왜성을 20군데나 완공해둔 상태였다.

한편 본국의 도요토미는 앞서 침공군이 전라도로 진입하려다 진주성 공방전에서 실패해 계획에 차질을 빚게 된 것을 분하게 여긴 나머지 보복할 기회를 노려왔다. 일본군이 남해안에 집결해 농성 준비를 마치자, 그는 5월 20일 현지군 총대장 우키다에게 나머지 병력 9만 3000명을 모조리 동원해서라도 반드시 진주성을 함락시켜 없애라는 특명을 내려보냈다. 일본군의 진주성 공략 계획에 대한 소문이 퍼지면서 진주 목사 서예원과 의병장 김천일, 충청도 병마사 황진을 비롯한 여러 장수들은 관군, 의병부대를 모두 합쳐 3,500명의 병력을 만들었다. 여기에 주민 6만여 명이 한마음 한뜻으로 진주성을 사수하기로 결의했다.

6월 15일, 예비대를 제외한 일본군 총병력 7만여 명은 무엇보다 먼저 진주성 인근의 함안, 정암진, 의령 일대를 짓밟아 의병들의 지원부터 끊어놓고, 닷새 후 진주성 앞에 집결했다.

6월 22일, 가토의 제1진이 성 북쪽을, 고니시의 제2진이 서쪽을, 그리고 주장 우키다의 제3진이 동쪽을 각각 맡아 3면으로 포위한 상태에서 일제히 공격을 개시했다. 첫날 공격과 야습夜襲은 실패로 끝났지만, 이튿날 악에 받친 일본군이 조총으로 집중사격을 퍼부어가며 일제히 돌격해오면서 공방전은 갈수록 치열해지고 쌍방 간에 사상자가 속출했다.

진주성 부근 거창과 남원에는 명나라군이 주둔하고 있었다. 이들은 진주성을 구원하라는 상부의 명령을 받고서도 7만 명이나 되는 왜적의 엄청난 군세에 압도되어, 고작 구례까지만 부대를 전진시킨 채 요지부동으로 상황이 돌아가는 추세만 지켜볼 따름이었다. 결국 진주성 군민들은 6월 25일부터 29일까지 닷새간에 걸쳐 왜적 7만 대군의 집요한 공세에 맞서 결사적으로 혈전을 거듭했지만 전멸당하고 말았다. 황진이 전사하고, 의병장 김천일 부자도 남강에 몸을 던져 자결했다. 의병과 관군 3,000여 병사들도 장렬하게 죽음을 맞이했다. 진주성을 함락시킨 일본군은 그 전해 싸움에서 김시민 부대에 당한 패전의 분풀이로 6만여 주민들을 모조리 학살하고, 도요토미의 특명대로 진주성을 초토화시켜 앙갚음을 했다.

전투를 끝낸 일본군은 모두 경상도 남해안 일대 왜성으로 돌아가 장기전에 돌입했다. 강화 교섭의 결과로 철수할지 또는 작전을 계속할지 여부가 판가름 날 때까지 군량을 쌓아놓고 버티기 시작한 것이다.

요동경략 송응창은 조선군을 철두철미하게 따돌려놓고 자기 마음대로 일본 측과 강화 교섭을 추진했다. 그는 부하들을 정부의 공식 사절이라 속이고 일본으로 보내 도요토미와 직접 담판했다. 진작부터 망상에 사로잡힌 도요토미는 '명나라 사신'에게 황제의 공주를 시집보내라느니, 조선 팔도의 절반을 떼어달라느니, 조선 측이나 명나라 조정이 도저히 받아들일 수 없는 허무맹랑한 7가지 조건을 내세우며 고집을 부렸다.

이 무렵, 중간에서 강화 교섭을 주도한 인물은 일본 측은 고니시 유키나가와 그 사위인 쓰시마 도주 소 요시토시였고, 명나라 측은 병부상서 석성石보의 밀명을 받은 요동경략 송응창과 유격장군 심유경이었다.

이들은 서로 한통속이 되어 명나라 조정과 일본의 도요토미 사이를 오가면서 교묘하게 농간을 부리기 시작했다. 특히 심유경은 중간에서 도요토미가 제시한 7가지 조항을 감추고 "도요토미가 일본 국왕이 되고 싶어 한다"는 내용으로 본국 조정에 허위 보고를 올리기까지 했다. 결국 강화 교섭은 협잡배와 사기꾼 들의 놀음판으로 바뀌고 말았다.

1596년 9월 2일, 명나라 측에서 엉뚱한 일본 국왕 책봉사冊封使가 들어오자, 도요토미는 비로소 자기가 제시한 요구가 하나도 관철되지 않았음을 깨닫는다. 그는 명나라 황제가 보낸 특명 사신을 내쫓다시피 돌려보내고, 조선 팔도를 다시 침략하기로 결단을 내렸다. 4년여 동안 지속되던 협상이 헛수고로 돌아가자 명나라 측도 그동안 강화 교섭을 직간접으로 주관했던 당사자를 모조리 문책한다. 병부상서, 요동경략, 그리고 실무자를 자처하며 중간에서 조정을 농락한 협잡꾼 심유경까지 모두 감옥에 갇혀 처벌을 받았다.

또다시 전란을 일으키는 도요토미

1597년 1월, 도요토미는 다시 한 번 조선 침공을 단행한다. 이것이 정유재란이다. 그는 이번만큼 모든 장수들에게 전라도를 최우선 목표로 삼아 철저히 공략하라는 작전 방침을 내렸다. 동원 병력은 육군 11만 5000명, 수군 7,200명, 그리고 조선에 잔류해 농성 중인 경비병력 2만 명을 포함시켜, 모두 14만 명의 군사로 8개 군단을 편성했다.

이번 출정에는 부대 서열이 바뀌어, 제1군1만 명 지휘관을 가토 기요마사가 맡았다. 제2군1만 4700명은 고니시 유키나가가 맡았는데, 그는 심유경과 결탁해 강화 교섭에 농간을 부린 죄로 처형 위기에 몰렸으나, 도요토미의 특별사면 조치로 전공을 세워 죄를 씻도록 유예 처분을 받았던 것이다. 제3군1만 명은 여전히 구로다 나가마사가 맡았고, 제4군1만 2000명은 나베시마 나오시게, 제5군1만 명은 시마즈 요시히로, 제6군1만 3000명은 조소카베 모토치카, 제7군1만 3000명은 하치스카 이에마사, 제8군3만 명은 모리 히데모토, 그리고 별동부대1만 명는 우키다 히데이에가 맡았다.

1597년 1월 14일, 선발 제1군이 부산 다대포에, 제2군은 웅천에 상륙했다. 평생 앙숙이던 가토와 고니시는 경쟁적으로 진격 준비에 박차를 가했다.

정유재란이 발발하자 조선 조정은 영의정 유성룡의 건의에 따라 청야淸野작전을 실시했다. 각 지방의 주민과 재산, 식량 등 모든 재물을 가까운 산성으로 옮겨 감춰놓고, 왜적이 식량이나 건물, 가재도구 등 어느 것도 쓰지 못하게 말끔히 비워두자는 것이었다.

선조 임금은 명나라에 사신을 보내 일본군이 다시 침략했다는 사실을 긴급하게 통보하고, 아울러 명나라 수군 병력과 군량 지원을 요청했다. 이미 전란으로 전 국토가 황폐화되어 식량을 구하기 어려웠기 때문이다.

8월 3일, 1차 침공 때와 달리 우키다를 대신해 총대장으로 임명된 고바야카와 히데아키小早川秀楸는 침공군을 다음과 같이 좌우 두 방면으로 나눠 전라도에서도 으뜸가는 고을 전주를 목표로 일제히 진격시켰다.

좌군 대장 우키다는 직할 별동부대와 함께 제2군고니시, 제5군시마즈, 제7군하치스카의 부대 병력 4만 9000명을 이끌고 남해안을 따라 고성, 사천, 하동을 거쳐 서쪽으로 진격하되, 구례를 지나 남원부터 공략한 다음 마지막 목표인 전주로 직행했다.

우군 대장 모리는 제1군가토, 제3군구로다, 제4군나베시마의 부대 병력 6만 4300명을 이끌고 낙동강을 건넌 다음, 거창과 안의를 거쳐 전라도에 진입해 진안, 전주로 직행했다.

별동타격대로 수군 병력 7,200명을 나눠 거느린 도도 다카도라, 와키자카 야스하루는 남해안 수역을 따라 좌군 부대와 나란히 전진하면서 하동에 진출한 다음, 섬진강을 거슬러 올라 구례에서 좌군과 합류하기로 약속했다.

이 무렵, 명나라 지원군은 1593년 8월부터 주장 이여송이 3만 명의 본대를 이끌고 귀국한 뒤 현지에 잔류한 1,600명만 경상도 내륙과 전라도 일부 지역에 분산 주둔시켜 농성 중인 일본군의 동태를 견제하고 있었다.

일본군이 다시 침략한 사실이 확인되자 명나라 조정은 3월 15일, 신임 요동경략 형개와 군무경리 양호, 제독 마귀 등 최고 지휘관들을 임명하고, 조선에 총 6만여 명의 전투 병력을 다시 파견한다.

5월 18일, 제독 마귀의 부대 1만 7000명이 압록강을 건너 조선에 입국했다. 선견부대로 지명된 부총병 양원은 요동 출신 기병대 2,000명을 이끌고 한성을 거쳐 5월 27일에는 남원까지 내려갔다. 6월 17일, 역시 부총병인 오유충은 4,000명을 인솔해 한양 도성에 입성했다. 9월 19일에는 부총병 이여매도 후속 부대 1만 5000명을 이끌고 뒤따라 입경했다. 이렇게 해서 조선에 파견된 제독 마귀 휘하의 전투부대 병력 수는 모두 6만여 명에 이르렀다.

조선 수군함대의 와해

정유재란을 일으키기 전부터 일본군은 서해 연안을 따라 북쪽으로 연장시킬 보급로 확보 문제를 타개하기 위해 남해안 제해권부터 손아귀에 넣어야 할 필요성을 뼈저리게 느꼈다. 이에 조선 수군의 지휘 체계를 무너뜨리기 위한 공작에 착수한다.

가장 큰 걸림돌은 삼도수군통제사 겸 전라좌수사 이순신이었다. 그들은 일본인 간첩을 귀화 형식으로 조선군 진영에 침투시켜 이순신 제거 공작을 획책했다.

1597년 2월 26일, 간첩 요시라要時羅의 교묘한 모략에 넘어간 경상우

일본군의 전라도 침공로

일본군은 좌우 두 방면으로 나눠 전라도로 진격한다. 좌군 대장 우키다의 부대는
남해안을 따라 고성, 사천, 하동을 거쳐 구례, 남원부터 점령한 다음 전주로 직행하고,
우군 대장 모리의 부대는 낙동강을 건너 거창과 안의를 거쳐 전주로 향한다.

도 병마사 김응서의 보고에 따라, 조정은 작전 기회를 놓쳤다는 죄목으로 이순신을 파면하고 체포해 한성으로 압송한다. 그 후임에는 충청도 병마사로 전출되어 지상에서 육군을 지휘하던 원균을 불러들여 임명했다. 그런데 원균이 삼도수군통제사로 부임하면서부터 수군 장령들과 마찰이 생기고 지휘 계통에 혼란을 일으켜 수군 전투력이 급속도로 약화되기 시작했다. 이럴 때 공교롭게도 정유재란이 일어나 7월 초순, 600여 척에 달하는 일본군 대규모 선단이 부산에 입항한 것이다.

7월 14일, 원균은 이순신처럼 왜적 함대를 보기 좋게 격파할 욕심으로 이억기, 배설 등 전라도와 충청도 수군 연합함대 100여 척을 이끌고 견내량과 가덕도를 거쳐 대담하게 부산포 쪽으로 항진하여 해 질 녘에 절영도 근해에 이르렀다. 일본 수군 역시 웅천과 안골포, 가덕도로 이어지는 연락망을 통해 조선 수군함대의 동향을 낱낱이 탐지하고 있던 터라, 수륙 합동작전으로 만반의 태세를 갖춘 상태였다.

원균의 함대는 초전부터 일본군의 유인 전술에 말려들어 포위된 상태로 악전고투를 거듭하다 간신히 전열을 수습해 가덕도로 퇴각했다. 그러나 승세를 탄 일본군 함대와 육군의 협동 매복 기습에 다시 쫓겨 400여 명의 사상자를 내고 칠천도로 옮겨갔다.

경상우수사 배설은 함대를 한산도 본영으로 철수시켜 일단 왜적의 날카로운 공격부터 피하고 나서 다시 출동할 것을 건의했으나, 통제사 원균의 고집을 꺾지 못하고 현지에서 결전을 감행하기로 했다.

일본군은 7월 14일, 어둠을 틈타 정박 중인 조선 수군함대를 은밀히 포위해놓고, 이튿날 새벽부터 공격을 퍼부었다.

조선 수군은 미처 전투태세도 갖추지 못하고 혈전을 벌인 끝에 압도적인 적에게 쫓겨 칠천도 해안에 상륙을 시도했다. 그러나 일본군 추격대에게 따라잡혀 통제사 원균과 전라우수사 이억기, 충청우수사 최호 등이 모조리 전사하는 섬멸적인 타격을 입고 궤멸했다. 경상우수사 배설만이 전함 12척을 이끌고 포위망을 벗어나 한산도로 달려가 수군 봉영을 불태워 없앤 다음, 전라도 방면으로 퇴피하는 데 성공했을 따름이다.

이 칠천량해전으로 조선 수군의 전투력이 완전히 와해되면서 일본군은 다시 남해안의 제해권을 장악해 수륙 양면으로 전라도에 침입할 수 있게 되었다.

짓밟히는 전라도와 충청도

우키다의 좌군은 도도, 와키자카의 수군함대가 통제사 원균의 함대를 섬멸한 덕분에 별다른 장애를 받지 않고 바닷길로 항진해 고성에 상륙해 집결할 수 있었다. 그리고 사천에서 곤양을 거쳐 하동으로 나아간 다음, 8월 7일에는 구례를 점령해 군량부터 착실하게 확보해놓는다. 8월 11일, 모리의 우군보다 한발 앞서 전라도에 진입하는 데 성공한 것이다.

전라도에 침입한 좌군은 곧바로 남원성 공략을 준비했다. 이 무렵, 남원성에는 명군 부총병 양원의 부대 1,000여 명이 조선군 3,000여 명과 협력해 방어시설 보강 공사를 마치고 경계태세에 돌입한 상태였다.

일본군 5만 명이 진격해오자 양원이 거느린 명군 1,000여 명은 적의 압도적인 포위 공격에 직면하게 되었다. 8월 16일, 남원성은 이틀간 치열한 공방전 끝에 함락되었고, 조선과 명나라 연합부대 4,000여 명은 거의 전멸했다. 명군 주장 양원이 측근 50여 명만 거느리고 포위망을 빠져나가 도주했을 따름이다.

남원성을 점령한 우키다의 좌군은 전열을 가다듬고 곧바로 전주를 향해 진격했다. 당시 전주성 수비 책임자는 명군 유격장 진우충이었다. 그는 남원에서 보내온 동료 장수 양원의 긴급한 병력 지원 요청까지 무시해가며 버티다가 남원이 함락되었다는 소식을 듣고는 싸워보지도 않은 채 공주 쪽으로 먼저 달아났다.

8월 19일, 좌군은 전주성에 무혈 입성했다. 곧이어 모리의 우군 역시 전주에 입성해 좌군과 합류했다. 일본군은 작전회의를 거쳐 8월 29일, 전주를 떠나 조선 측의 청야작전으로 무인지경이 된 곡창지대 만경평야를 휩쓸어가며 충청도에 진입했다.

좌군은 일단 행군로를 바꿔 강경과 부여 쪽으로 나아가더니, 9월 7일에는 서해안 고을 서천에 도달했다. 그리고 해안선 따라 평야지대를 북에서 남으로 훼찔러 군량 문제를 손쉽게 해결했다. 아울러 조선군의 해상 보급로를 끊어놓기 위해 한산과 입포를 지나 금강을 건넌 다음, 용안, 익산을 경유하는 전라도 내륙으로 다시 남진을 계속했다.

우군은 북진을 계속해 9월 3일, 공주성을 피 흘리지 않고 쉽사리 점령했다. 그런 다음, 가토의 제1군이 연기와 청주 방면으로 나아가는 동안, 구로다의 제3군은 천안으로 북상을 개시했다. 식량 보급의 원천지인 충청도가 일본군에게 유린되고 있다는 소식을 들은 조정은 서둘러 한강을 방어선으로 책정해놓고, 그 이남 지역에서 일본군의 진출을 가로막기로 결정한다.

명군도 정예 기병 4,000명을 가려 뽑아 9월 5일, 직산으로 급파했다. 명군 부총병 해생은 9월 7일 동트기 전에 직산 남쪽 삼거리 야산에 방어 진지를 급히 만들어놓고 일본군이 나타나기를 기다렸다. 이윽고 우군 선봉 구로다의 부대가 전의와 천안을 거쳐 북상하던 길에 명군을 발견하고 선제공격을 시도했다. 일본군이 조총을 쏘자 명군은 서슴지 않고 화포로 응수했다. 이어서 기병대 전술로 일본군의 보병을 압도한 명군은 여섯 차례에 걸친 피투성이 대접전 끝에 마침내 일본군을 격퇴하는 데 성공했다. 기세가 꺾인 일본군은 경기도 진입을 단념하고 천안으로 퇴각한 다음, 모리의 본대와 합류해 목천을 거쳐 청주 쪽으로 옮겨갔다. 가토의 제1군 역시 형편은 마찬가지였다. 충주에서 진천, 죽산까지 북상했으나, 명군에게 진로를 끊겨 더는 나아가지 못하고, 보은을 거쳐 경상우도 지역으로 내려오게 되었다.

이처럼 일본 우군은 충청도에서 추풍령과 조령을 넘어 경상도로 물러났으며, 좌군은 금강을 건너 전라도 남쪽으로 내려갔다. 결국 일본군은 9월 중순 이후부터 다시 수세에 몰리게 되었다.

열두 척 소함대로 거둔 값진 승리

한편, 한양 도성에서는 통제사 원균의 수군함대가 참패 끝에 궤멸했다는 소식을 듣고 크게 당황해 도원수 권율의 휘하에서 백의종군하던 이순신을 7월 22일 자로 다시 삼도수군통제사에 복귀시켰다. 그리고 풍비박산이 난 수군을 재정비해 왜적의 전라도 침입을 막으라는 명령을 내려 전선으로 급파했다.

이순신은 일본군을 피해 8월 14일 보성에 도착했다. 현지로 가면서 수군 병력을 다시 불러 모으고, 장흥 포구에서 전투함 9척을 수습한 다음, 바닷길로 에돌아 8월 29일에는 전사한 이억기의 후임으로 전라우수사가 된 김억추金億秋를 진도 벽파진에서 만났다. 그리고 우수영 전함 3척을 더 보태 모두 12척으로 편성된 함대를 이끌게 되었다. 조선의 삼도수군 통제사가 겨우 12척의 소함대로 수백 척에 달하는 왜적 수군함대와 맞서 싸우게 된 것이다.

조선 수군이 해체되고 나서 일본 수군함대는 지상군을 따라 남원 공격에 참전한 다음, 바닷길을 이용해 서해 쪽으로 진출하기 위해 하동으로 내려와 수군 본연의 임무를 수행하기 시작했다.

도도, 가토, 와키자카를 비롯한 여러 장수들이 지휘하는 330여 척^{일본 함}대의 전력은 기록에 따라 다르다의 함대가 하동을 기점으로 서쪽을 향해 나아가, 9월 7일 해남반도 어란포^{於蘭浦}에 도착했다. 거기서 남해와 서해의 분기점이 되는 명량^{鳴梁} 수로를 통과할 준비에 착수한 것이다. 명량 수로는 일명 '울돌목'이라고도 하는데, 화원반도와 진도 사이에 트인 좁은 물길로, 조수의 간만 때 바닷물 흐름이 세차고 빠른 데다 암초가 많아, 대형 선박이 통과하기가 무척 힘들고 위험한 곳이었다.

9월 16일 아침, 일본군 함선 130여 척이 명량 수로에 진입했다는 정보를 입수한 이순신은 12척의 함대를 이끌고 출동해 수로 서쪽 출구를 봉쇄했다.

밀물의 흐름을 타고 명량 수로 동쪽 입구에 진입한 왜적 함대 130여 척은 종대 대형으로 길게 수로를 통과했다. 그런데 선두 함대가 출구에 다다랐을 무렵, 밀물이 썰물로 바뀌면서 조수의 역류가 시작되었다. 이순신은 앞서 징발한 민간 선박 100여 척을 배후에 펼쳐놓아 주력함대가 따로 있는 것처럼 위장하고, 전선 12척으로 왜적 함대를 상대로 선제공격을 개시했다. 조선군 소함대는 지자총통, 현자총통 등 각종 함재화포로 집중 사격을 가하면서 재빠르게 치고 빠져나가는 기동 타격 전술을 펼쳤다.

일본 수군함대는 미처 전투 대형을 갖추기도 전에 선제공격을 받아 일대 혼란에 빠졌다. 설상가상으로 때마침 역류하기 시작한 조수의 급류에 휩쓸려 자기 편 함선끼리 좌충우돌하는 와중에 구루시마 미치후사來島通總, 하타 노부토키波多信時를 비롯한 일본 수군 장수들이 전사하고, 총지휘관 도도 다카도라마저 중상을 입었다.

명량해전

이순신이 명량 수로에서 12척의 함대로 적의 대함대를 물리침으로써
조선 수군은 전라도 해역에 대한 재해권을 되찾았다.

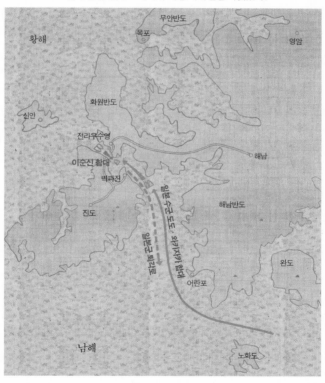

선두를 뒤따라 명량 물길에 진입하던 나머지 함대 주력은 끝내 수로를 통과하지 못한 채 허둥지둥 뱃머리를 돌려 동쪽으로 패주했다.

명량해전의 승리로 조선 수군은 전라도 해역에 대한 제해권을 되찾았으며, 서해안을 끼고 북상해 지상군과 수륙 양면으로 협동작전을 펼치려던 일본군 지휘부는 기약한 대망의 작전을 포기하지 않을 수 없었다.

10월 29일, 이순신은 수군 병력 8,000명을 확보한 뒤 목포 앞바다 고하도에 통제사 본영을 설치했다. 그러고 나서 조용히 일본 수군에 대한 본격적인 공세 태세를 갖추기 시작했다.

조선과 명나라 연합군의 총공세

정유재란을 일으킨 왜군은 당초 목표대로 전라도를 장악하고 충청도까지 북상했지만, 앞서 이야기한 것처럼 직산 전투에서 패한 것을 고비로 승승장구하던 기세가 전반적으로 꺾인다. 경상도로 내려간 우군 주장 모리의 본대는 양산에 주둔하고, 구로다의 제3군은 동래를 거쳐 기장 왜성으로 들어갔으며, 제1군 가토는 대구와 영천, 경주를 거치는 동안 살인, 방화, 약탈로 분풀이한 끝에 10월 8일경 울산 서생포 왜성으로 들어가 농성 준비에 착수했다.

전라도 방면으로 다시 내려간 좌군 역시 9월 상순 무렵부터는 조선 의병부대와 관군의 추격을 거듭 뿌리쳐가며 강행군을 거듭했다. 금구 지역을 통과하면서도 조선군 소부대의 줄기찬 습격에 적지 않게 시달렸다.

이들은 9월 15일, 정읍에서 전열을 가다듬고 수군함대와 연결하려 했으나, 명량해전으로 수군함대가 참패해 지원받을 수 없게 되자 우여곡절 끝에 가까스로 10월 6일 남원에 도착했다. 그러고는 장기 주둔 태세에 돌입한다. 그러나 10월 10일 이후부터 명군 제독 마귀 휘하의 각 부대가 속속 남원을 압박하면서 밀어닥쳤고, 전라도 해역마저 완전히 조선 수군의 세력권에 들게 되었다. 우키다의 좌군 예하 각 부대는 고립당할 것을 우려해 순천, 사천, 고성, 창원, 김해 등지에 마련된 왜성으로 제각기 들어가 주둔하면서 농성하기 시작했다.

한편 조선과 명나라 연합군은 일대 공세로 전환해 남해안 왜성에서 농성 중인 일본군을 격퇴하기 위해 나섰다. 명군 지휘관들은 3만 6000명으로 편성된 이른바 '동정군'으로 울산에 농성 중인 가토의 제1군을 공격했다. 조선군 지원군 1만 1500명도 공격에 합세했다.

12월 24일부터 이듬해 1월 초순까지 압도적인 병력으로 울산 왜성을 포위하고 줄기차게 공격을 퍼부은 연합군은 가토의 제1군에게 막대한 피해를 입혔다. 그러나 때마침 가토의 제1군을 구원하러 일본군 증원부대가 양산, 부산, 멀리 순천, 남해 등지에서 몰려드는 바람에 아쉽게도 철수하고 말았다.

격렬한 공방전에서 가토의 제1군은 1,200명의 병력을 잃고, 100여 명이 연합군에게 사로잡혔으며, 부상자는 수천 명에 이르렀다. 연합군 측도 명군 1,000여 명이 전사했으며 3,000여 명이 부상을 당했다. 조선군 역시 300여 명이 전사하고 900여 명이 다치는 손실을 보았다.

울산 공략에 실패한 명군은 다시 병력을 동쪽과 서쪽, 중앙부 세 방면으로 나눠 남해안을 거점으로 농성 중인 일본군 주둔지에 대한 총공세를 펼쳤다. 동부전선을 맡은 명군 마귀의 직할부대 2만 4000명과 조선군 김응서의 부대 5,500명은 가을부터 울산 공략에 나서 격렬한 공방을 벌였으나, 가토 군의 교묘한 유인전술에 걸려 사상자만 속출하고 번번이 실패로 끝났다. 가토의 제1군 역시 굶주림과 극심한 목마름에 시달리면서 끈덕지게 저항하다가 연합군이 경주로 철수하는 바람에 가까스로 명맥을 유지할 수 있었다.

중부전선 쪽에서도 명군 제독 동일원의 부대 3만 6000명과 조선군 정기룡의 부대 2,300명이 합세해 사천 왜성에 주둔해 농성 중인 시마즈의 제5군 1만 3000명을 공격했다. 사천 왜성을 3면으로 포위한 연합군은 회포로 집중사격을 가해 거의 함락시킬 지경에 이르렀지만, 명군 화포의 오발탄이 화약고를 폭파시키는 바람에 오히려 시마즈 군에게 역습을 당하는 어처구니없는 사태가 벌어졌다. 이로 말미암아 명군은 3,000명이나 되는 막대한 사상자를 낸 채 후퇴하고 말았다.

서부전선 방면에서는 명군 제독 유정의 부대 3만 3000명이 도원수 권율의 부대 1만 명과 합세해 광양만 왜성에 농성 중인 고니시의 제2군에 대한 공격을 개시했다. 이때 조선 수군통제사 이순신과 명나라 수군 제독 진린의 연합함대가 나로도에 집결해 노량露梁 수로를 통한 일본군의 해상 탈출로를 봉쇄해놓고, 수군 병력을 상륙시켜 지상군의 공세에 보조를 맞췄다.

그러나 10월 2일부터 열흘에 걸쳐 줄기차게 펼친 수륙 양면 공격전은 고니시 군의 완강한 저항에 부딪혀 800여 명의 사상자를 내고 실패했으며, 모처럼 상륙을 시도한 수군함대도 오히려 포위 역습에 걸려 명군 제독 진린의 함선 23척이 파괴되거나 불타 침몰하는 등 큰 피해를 보았다.

명나라 제독 유정이 고니시의 뇌물에 매수되어 스스로 철수하자 이순신의 수군도 아무런 소득 없이 나로도에 귀환하고 말았다. 이후 장기 농성에 지친 일본군은 투지가 흔들리면서 기회가 있을 때마다 귀국하기를

조선과 명나라 연합군의 공략전

직산 전투에서 패한 것을 고비로 일본군은 승승장구하던 기세가 꺾인다. 이에 조선과 명나라 연합군은 일대 공세로 전환해 남해안 왜성으로 들어가 장기 농성 중인 일본군들을 격퇴하기 시작한다.

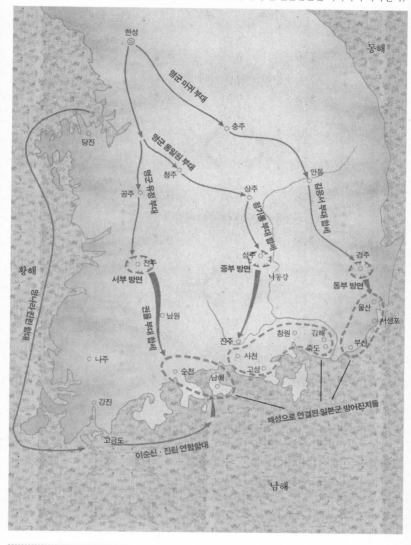

바랐다. 결국 노장 우키다의 직할부대를 비롯해 7만 5000명이 본국으로 철수하고, 6만 4000여 명의 병력만 조선에 잔류하게 되었다.

일본군은 이 무렵 식량 부족에 시달리면서 해동기를 맞아 경상도 각처에 약탈부대를 내보내 군량 확보에 혈안이 되어 있었다. 그러나 경상우도 병마사 정기룡의 부대가 명군과 협동해 이들 약탈부대를 차례차례 섬멸해나갔다.

마지막 해전

1598년 8월 18일, 전쟁의 향배를 판가름 짓는 중대한 변화가 일본에서 발생했다. 교토京都 후시미 성伏見城 대본영에 깊숙이 들어앉아 전쟁을 지휘하던 도요토미 히데요시가 급작스레 병들어 죽은 것이다.

도쿠가와 이에야스德川家康, 마에다 도시이에前田利家, 우키다 히데이에, 모리 데루모토 등 일본의 정치원로 4명은 도요토미의 죽음을 숨기고, 그 지시를 받은 것처럼 꾸며 조선에 주둔하고 있던 일본군에 철수 명령을 내려보냈다. 철수 명령에 따라 울산 왜성에 웅크려 있던 가토 기요마사의 제1군은 11월 18일, 왜성을 불태워버리고 부산으로 철수했다. 사천에서 농성 중이던 시마즈 요시히로의 제5군도 부산으로 철수해 집결을 완료했다. 마지막으로 순천왜성왜교성에 주둔하던 고니시 유키나가의 제2군 1만 4000명이 해상으로 철수하기 위해 선박 500여 척을 대기시켜놓고, 뇌물에 매수된 명군 제독을 상대로 휴전 협상을 벌이기 시작했다.

11월 10일 협상이 타결되어 안전한 철수를 보장받은 고니시는 왜성에 비축된 군수물자와 모든 장비를 명군 측에 모조리 내주고, 부산으로 철수를 서둘렀다. 고니시 군의 철수 계획을 알아낸 명나라 수군 제독 진린은 조선 삼도수군통제사 이순신과 함께 500여 척으로 연합함대를 편성하고 광양만으로 급속히 항진한다. 해상 철수 통로를 차단당할 위기에 처한 고니시는 앞서 명군 제독 유정에게 써먹던 뇌물 수법으로 진린과 이순신을 매수하려 했으나, 이번만큼은 무참하게 실패로 끝나고 말았다. 궁지에 몰린 그는 할 수 없이 사천 남쪽 일본군 진영에 구원을 요청했다.

당초 11월 15일까지 모든 병력을 부산에 집결시켜 한꺼번에 철수하려고 계획한 일본군 총대장 고바야카와는 고니시 군을 기다리느라 20일이 넘도록 철수를 연기하고 있던 참이었다. 그는 고니시 군의 긴급한 구원 요청을 받고 시마즈 요시히로와 쓰시마 도주 소 요시토시의 함선 500여 척에 1만 2000명의 전투병을 싣고 광양만으로 출동시켰다.

11월 18일, 마침내 쌍방의 엄청난 규모의 함대가 노량 앞바다 좁은 물목에서 맞닥뜨렸다. 이순신이 이끄는 조선과 명나라 연합함대는 왜적의 진출로를 막아놓고 요격전을 펼쳤다. 조선군 함대는 지자총통, 현자총통으로 맹렬한 타격을 가했다. 명군 함대 역시 호준포, 위원포, 불랑기 등 파괴력이 뛰어난 함재화포로 집중사격을 퍼부었다. 일본군 함대의 궤멸은 눈앞에 닥쳐왔다. 그런데 승기를 잡은 결정적 순간에 진두지휘하던 이순신이 왜적의 유탄에 맞아 전사하고 말았다.

시마즈 함대는 노량해전에서 크고 작은 선박 200여 척, 수군 병력 500여 명을 잃어버리고, 구출해야 할 고니시 군이 웅크린 왜성에는 얼씬해보지도 못한 채 그대로 패주하고 말았다. 조선과 명나라 연합함대가 시마즈 함대를 격파하는 틈을 타 고니시의 제2군은 왜성에서 탈출해 11월 20일, 남해도 남쪽 끄트머리를 에돌아 거제도로 빠져나가, 드디어 부산에 도착해 다른 부대와 합류하는 데 성공했다.

일본 침공군은 11월 24일부터 사흘에 걸쳐 한 명도 남김없이 철수해 자기네 땅으로 돌아갔다. 이로써 임진년에 조선과 명나라를 정복하겠다는 망상으로 도요토미 히데요시가 일으켰던 조선 침략전쟁도 7년 만에 끝을 맺었다.

노량해전

명나라와 조선 수군의 연합함대는 일본군의 해상 철수를 봉쇄하기 위해 노량 앞바다 좁은 물목에서 혈전을 벌인다. 이 마지막 해전에서 이순신은 적의 유탄을 맞고 전사한다.

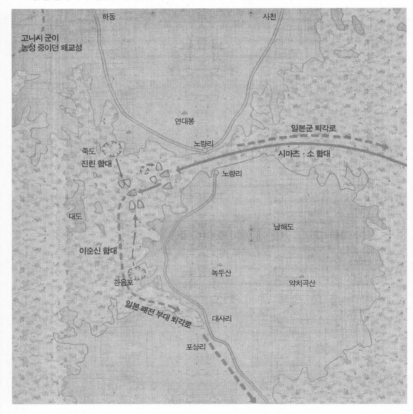

남긴 것은 폐허뿐

전쟁에는 참으로 승자도 패자도 없다. 살인과 약탈, 파괴, 황폐해진 땅 그리고 굶주림 등 쌍방 어느 편에나 처참한 죽음만 똑같이 남을 따름이다.

조선은 팔도 행정구역상 크고 작은 고을 328군데 중 55.2퍼센트에 달하는 181군데가 피해를 입었다. 특히 경상도 지역은 67군데 중 48군데 71.6퍼센트가, 경기도는 37군데 중 35군데94.6퍼센트가 왜적에게 무참히 유린되고 파괴당했다. 조선의 인구 피해는 통계가 없어 알지 못한다. 그러나 농토 면적이 3분의 1로 급격히 줄어든 것만큼은 기록으로 보아 확실하다. 전란은 굶주림과 전염병으로 애꿎은 백성들에게 극심한 고통을 안겨주었다.

문물文物의 피해도 컸다. 일본군은 침공 초부터 전투부대와는 별도로 특수 임무를 띤 약탈부대를 두어 점령지 후방에서 조선의 문화재, 도서, 공예품, 기술자, 특히 세종 때부터 발달된 우리 고유의 산술기법과 금속활자 등을 닥치는 대로 훔쳐 본국으로 가져갔기 때문이다. 그렇다고 침략자 일본도 온전하지는 못했다. 전쟁이 끝난 지 겨우 2년도 못 되어 일본 내에서 다시 전쟁이 일어나 저희들끼리 막대한 피해를 안겨준 것이다.

도요토미가 죽은 직후 일본 정국을 장악한 도쿠가와 이에야스는 조선 출병 순서가 늦어 군사력을 고스란히 보존할 수 있었다. 1600년, 도요토미의 어린 후계자를 앞세운 서부 지역 군대와 도쿠가와를 따르는 동부 지역 군대가 세키가하라 들판에서 정면으로 맞서 결전을 벌인다. 조선 침략 당시 선봉을 다투어 악명을 떨치던 고니시 유키나가와 가토 기요마사, 두 앙숙의 운명도 이 한 판의 결전에서 갈렸다.

서군을 편든 고니시는 조선 침공 때 보유했던 1만 8700명의 병사 가운데 1만 2074명64.5퍼센트을 잃은 채, 다시 말해 절반 이상 줄어든 부대 병력으로 도쿠가와의 동군에 맞섰다가 패하면서 끔찍하게 처형되었다.

　도쿠가와의 동군을 편들어 싸운 가토 기요마사 역시 조선 침략 때 45.7퍼센트의 병력을 잃었지만, 이 전투에서 승리자가 되어 한때 일본 전역에서 기세를 떨쳤다. 하지만 이후 온몸이 썩어 들어가는 무서운 화류병에 걸려 늘그막에 비참한 죽음을 맞아야 했다.

　명나라는 이 전쟁에 연인원 20여만 명의 병력을 투입했다. 게다가 군량 공급에 은화 58만 냥, 곡물 조달에 300여만 냥을 쏟아부었다. 정유재란 때도 비슷한 비용이 들어 결국 2,000여만 냥에 달하는 재정 부담을 떠안게 되었다. 은화 한두 냥이면 당시 한집안 식구가 1년을 먹고 살 수 있는 금액이었으니, 얼마나 거액인지 알 수 있을 것이다.

　명나라는 이렇듯 막대한 비용을 지출한 끝에 나라 재정이 파탄에 이르러 국방력이 약화되더니, 임진왜란이 끝난 지 겨우 64년 만에 동북방 여진족이 세운 청나라에 대륙의 패권을 넘겨주고 멸망하고 만다.

　끝으로 박종화 님이 지은 장편소설 《임진왜란》 머리말 한 대목을 쉽게 풀어 옮겨서, 독자 여러분을 모두 ' '역사'라는 거울 앞에 세워두고 이 이야기를 마치려 한다.

　"360여 년 전 우리 조상이 겪은 임진왜란은 360여 년 뒤 오늘날1950년 우리들 모두가 당하고 겪은 비참한 이 6·25전쟁과 닮았다. … 다른 것이 있다면, 임진왜란은 남에서 북으로 왜놈들이 삼천리 강토를 짓밟았고, 오늘날 이 전쟁은 북에서 남으로 동족이 진흙발길을 내디뎠으니, 지역적으로 침략의 발단이 남과 북이 다르고, 침략한 족속이 서로 다를 뿐이다. … 공교롭게도 임진왜란 때 한양 도성을 버리고 의주까지 피했던 조선 정부가 다시 한양에 돌아온 것이 계사년1593이었는데, 작년 우리 정부가 부산에서 서울로 돌아온 것이 또한 계사년1953이다. 우연이랄까, 알지 못할 노릇이다. … 전쟁의 참혹성과 인정 세태의 구슬프고, 답답하고, 쓰디쓰고, 시큼하고, 괴로운 맛은 감각을 가진 사람이기 때문에 시대를 뛰어넘어 예나 지금이나 마찬가지다.

화살이 총으로 변하고, 대완구 총통이 대포로 발달되고, 화약 폭탄이 원자탄, 수소탄으로 바뀌는 등 사람을 죽게 하는 병기가 진보되어 옛 전쟁과 오늘의 싸움하는 방식이 달라졌다 하나, 사람의 인정과 여기 따르는 염량 세태는 마찬가지다. … 나는 지금 공연히 소일거리로 이 글을 쓰려는 것이 아니다. 옛날에 비참했던 우리의 발자취를 되돌아보며 오늘날 우리 겨레가 마주한 이 모든 커다란 수난이 행여나 조금이라도 가벼워질 수 없을까 하는 희망과 심경에서 장편소설 《임진왜란》을 펼쳐 보이려는 것이다. … 6·25 사변, 1·4후퇴 등 굽이굽이 죽음의 땅을 넘어서서 위아래로 옛날과 오늘날 침략 전쟁을 똑바로 바라보며 이 붓을 잡는다.

1950년 7월 28일, 피란처 부산에서. 월탄 박종화 씀"

종이 표지_두성빛깔컬러 185g/㎡   본문_전주 그린라이트 100g/㎡

징비록

1판 1쇄 찍음   2015년 2월 5일
1판 1쇄 펴냄   2015년 2월 15일

원작   유성룡
옮긴이   김기택
그린이   이부록
해설   임홍빈
아트디렉터   안지미
펴낸이   정혜인
편집주간   성한경
기획위원   고동균
편집   천경호 성기승 배은희
디자인   김수연 한승연
책임 마케팅   심규완
경영지원   박유리
제작처   영신사

펴낸곳   알마 출판사
출판등록   2006년 6월 21일 제406-2006-000044호
주소   (우)121-869 서울시 마포구 연남로 1길 8, 4~5층
전화   02) 324-3800(판매)   02) 324-2845(편집)
전송   02) 324-1144
전자우편   alma@almabook.com
페이스북   www.facebook.com/almabooks
트위터   @alma_books

ISBN   979-11-85430-49-2 03910

알마 출판사는 아이쿱생협과 더불어 협동조합의 가치를 구현하기 위한 출판공동체입니다.
살아 숨 쉬는 인문 교양, 대안을 담은 교육 비평, 오늘 읽는 보람을 되살린 고전을 펴냅니다.